Anita von Raffay

Abschied vom Helden

WV

Anita von Raffay

Abschied vom Helden

Das Ende einer Faszination

Walter-Verlag Olten und Freiburg im Breisgau

2. Auflage 1990

Satz: Jung SatzCentrum, Lahnau
Druck und Einband: Grafische Betriebe
des Walter-Verlags
Printed in Switzerland

ISBN 3-530-67458-3

Inhalt

Für Richard-Nikolaus und Valerie

Ich danke Albin Beck für viele gute Gespräche und Anregungen in Zusammenhang mit diesem Buch. Ebenso verdanke ich Sepp Maderegger wertvolle Hinweise und Gedanken. Auch Helmut Hark wirkte beratend im Hintergrund. Besonders danke ich Valerie von Raffay für ihr genaues Lesen des Manuskriptes. Ich verdanke ihr nicht nur strukturelle Veränderungen, sondern sie hat durch den Beitrag von Ideen und Gedanken in Gesprächen vieles für mich noch transparenter gemacht.

Gedanken zur Frau und ihrer Situation heute

«Ich will keine Harmonie,
aus Liebe zur Menschheit will ich keine.»
Dostojewski

Wir leben in einer Zeit, in der die Kollektivvorstellungen sich gewaltig verändern und die alte archetypische Bilderwelt neue Formen und Gefäße sucht.
Diese Veränderung erleben wir besonders auf dem Gebiet des weiblichen Bewußtseins. Jahrtausendelang war die Frau zum Außenseitertum verdammt, da die kollektive Welt der «Väter», des Patriarchats, nur einen sehr begrenzten Ort der Entfaltung für das Weibliche bietet. Die weibliche Intuition, das Leben nach Gefühlen wird noch immer in unserer Gesellschaft in die Nähe des Suspekten, zumindest aber des Unheimlichen, gerückt. Körper und Sexualität, die beide als Verführungsmacht dem Weiblichen zugeordnet sind, haben noch immer etwas Gefährliches und auch Minderwertiges an sich. So wird das Weibliche projiziert, abgeschoben auf Schattenbereiche und wird so zum Außenseiter. Viele Frauen versuchen dem alten Muster des Weiblichen zu entsprechen, weil die neuen Wertvorstellungen, die durch die Frauenbewegung im Entstehen begriffen sind, herabgesetzt und diskriminiert werden. Das traditionelle Bild des Weiblichen ist von männlich-väterlichen Kollektivvorstellungen geprägt und stammt vorwiegend aus der «Anima» des Mannes, also einer unbewußten archetypischen Sphäre, die auch die Angst des Mannes vor dem Weiblichen beinhaltet. So entspricht das kollektive Frauenbild in unserer Gesellschaft weitgehend

dem Bild, das der Mann sich gemacht hat. Projiziert er es dann auf die Frau, wird sie für ihn, den Mann, zur beängstigenden Verfolgerin oder zur hellen Seelenführerin. Mit beiden Rollen ist die Frau überfordert.

Heute sind mehr und mehr Frauen nicht mehr bereit, diesem männlichen Bild des Weiblichen zu entsprechen. Sie wollen sich nicht mehr nach dem Frauenbild richten, das Männer sich von ihnen gemacht haben. Durch vielfältiges Bemühen von Frauen werden neue Formen und Möglichkeiten für ein neues weibliches Bewußtsein und weibliche Eigenständigkeit gesucht. Die Frauen wollen zu ihrem eigenen Wesen und damit zu ihrer eigenen Dunkelheit finden.

Es ist schwer heute zu definieren, was weiblich ist, denn das alte Rollenverhalten, ungültig geworden, erscheint uns als leer. Man muß es erleben – an sich selber, in eigenen Träumen oder denen von Freundinnen oder Freunden und wach sein für das Zeitgeschehen, für Literatur, Filme, Theaterstücke, neue Inszenierungen, die Art, wie Reklame gemacht wird, wie Politiker sprechen. Überall treten uns da Facetten des Weiblichen entgegen.

Um zur eigenen Weiblichkeit zu kommen, müssen Frauen auf die Macht und Sicherheit verzichten, die ihnen über den Mann zuteil wird. Sie werden dann aufhören können, dem Mann mit ihren Gaben und Begabungen zu dienen und damit ihn und seine Macht aufzuwerten und ihre eigene zu reduzieren. An *seiner* Macht zu partizipieren, werden sie dann nicht mehr nötig haben. Ein Beispiel für einen solchen Verzicht der Frau auf männliche Macht ist Kassandra, der Christa Wolf in ihrem Roman ein Denkmal gesetzt hat. Kassandra verzichtet auf die ihr von Apollon verliehene Sehergabe, weil diese nur der Männersache des Krieges dienen kann. Und auch im Allerpersönlichsten bringt sie das Opfer, ihrem Geliebten, Aineas, zu entsagen, weil er nämlich ein Held werden muß und will und weil das Heldische das Weibliche zerstört. Kassandra ruft ihm zu: «Aineas, Lieber, du hast mich verstanden, lange eh du's zugabst . . . Bald, sehr bald wirst du ein Held sein müssen . . .! Ja! hast du gerufen. Und? –

An deinen Augen sah ich, du hattest mich begriffen. Einen Helden kann ich nicht lieben. Deine Verwandlung in ein Standbild will ich nicht erleben, Lieber. Du hast nicht gesagt, das werde dir nicht passieren, oder: ich könnte dich davor bewahren. Gegen eine Zeit, die Helden braucht, richten wir nichts aus, das wußtest du so gut wie ich.»[1]

Es ist nicht leicht für eine Frau, sich vom Helden zu verabschieden und ihn nicht mehr zu lieben, denn es geht eine Faszination von ihm und seinen Allmachtsfantasien aus. Aber diese Liebe der Frau zum Helden wird teuer bezahlt, denn sie, die Frau, erliegt meist seinen und ihren eigenen Machtansprüchen. Mann-Frau-Beziehungen dieser Art sind geprägt von Herrschaft und Gewalt, Sentimentalität oder Versorgtwerden. Bestimmte Formen des Helden korrespondieren mit solchen Frauen, die, wenn sie sich mit ihm näher einlassen, dazu bestimmt sind, seine Opfer zu sein bzw. sich in die Opferrolle zu begeben.

Um aber nicht länger Opfer zu bleiben, trennen sich immer mehr Frauen von traditionellen Frauenrollen: von der als treuer Begleiterin des Mannes, als nährender Mutter, als *femme fatale* oder *femme inspiratrice,* oder von der des ewig hilflosen Kindes an der Seite des starken Mannes. Sie sind alle nicht mehr zeitgemäß und verursachen Depression und Abhängigkeiten, die die Frau daran hindern, ihr eigenes weibliches Potential zu leben.

Die Muttergebundenheit des Mannes in unserer Kultur ist m. E. der herausragendste Grund für diese fatalen Beziehungen. Und die Frau erfüllt diese seine infantilen Ansprüche aus Angst, aus Gewohnheit, aus Mangel an Fantasie, aus der ängstlichen Befriedigung heraus, wenigstens gebraucht, wenn schon nicht geliebt zu werden.

«Allmählich sieht eine immer größere Anzahl von Frauen im Geschehen dieses Jahrhunderts das wahrhaftige Bild ihres eigenen Zustandes der vergewaltigten Frau. Wahrhaftig, die vergewaltigte Frau hat, in gewissem Sinn, den Platz des gekreuzigten Christus eingenommen als die mächtigste und bedeutsamste Ikone.»[2] Es sind insbesondere die faschistischen Ideologien, im

persönlichen wie im politischen Bereich, die das Weibliche benutzen und herabwürdigen.
Die brutale Gewalt des Nationalsozialismus und des Faschismus, die wir in diesem Jahrhundert erlebt haben, persönlich oder durch Bilder und Erzählungen, ist noch mit uns, ist nicht von uns gewichen, geistert durch unsere Träume und Fantasien. Eigene Träume und Träume von Frauen und Männern, mit denen ich analytisch arbeite, spiegeln das wider. Hannah Arendt sagte, daß, wenn wir auf dieser Erde und in diesem Jahrhundert zu Hause sein wollen, wir versuchen müssen, an dem unendlichen Dialog teilzuhaben, der die Essenz dieses Jahrhunderts ausmacht.[3]
Ich meine, daß die Essenz dieses ausgehenden Jahrhunderts der Dialog mit dem Weiblichen ist. Die Beziehung Mann-Frau ist von dieser Gewalt auch geprägt: Das Faschistische geistert auch durch die Geschlechterbeziehungen. Ingeborg Bachmann und Max Frisch haben den Begriff faschistisch auch für bestimmte Beziehungsmuster benutzt.
Eine kleine Zahl Frauen hat im Patriarchat viel geleistet, besonders im Beruf konkurriert die Frau mit einem oft sehr überzeugenden äußeren Auftreten (Persona) und starken sogenannten männlichen Anteilen erfolgreich mit dem Mann. Aber dahinter steht meist ein beschädigtes Selbstwertgefühl und Selbsthaß, was damit zusammenhängt, daß sie ständig zwischen dem Wunsch nach freier Entfaltung und der Tendenz zur Abhängigkeit und Hilfsbedürftigkeit hin- und herschwankt. Da die Erfolgsprinzipien unserer Kultur auf Distanziertheit und Mißtrauen gegenüber Gefühlsäußerungen basieren und verbunden sind mit einem Wahn nach Perfektionismus, der mit einem männlichen Prinzip zusammenhängt, das ich heldisch nenne, sind die dunklen Anteile des Weiblichen aus dem täglichen Leben ausgeschlossen. Frauen heute bemühen sich, diese dunklen Seiten ins Leben zu integrieren.
Welches sind die Dunkelheiten? In meinem Buch «Traumbild Unterwelt» (Olten 1986) beschrieb ich jenen Ort der Seele, wo

alte Bindungen an Prinzipien wie Erfolg, Fortschritt um jeden Preis, Prestige, also an alte Ideale der «Väter» ihre Gültigkeit verlieren. Sylvia Perera legt in ihrem Buch «Der Weg zur Göttin der Tiefe» den alten sumerischen Mythos von Inanna aus, der sinnlichen, lichten Göttin des Himmels, die in die Unterwelt herabsteigt, um ihre dunkle Schwester Ereschkigal zu besuchen. Dadurch kann die helle sonnenhafte Inanna jenen Teil ihrer dunklen Schwester in die Oberwelt, d. h. ins Bewußtsein zurückbringen, der ihr, Inanna, gefehlt hat, nämlich die Fähigkeit zu Haß, Härte und Mitleidlosigkeit, die Frauen in unserer Kultur nicht zu leben wagen.[4]

Beide Göttinnen, Inanna und Ereschkigal, stellen jene weiblichen Qualitäten dar, die bei uns zum Außenseitertum verdammt sind: weibliche Lust genauso wie weibliche Wut und Haß sind für das Männliche zutiefst bedrohlich, denn ihm Patriarchat ist das Ausleben von Lust und Haß Privileg des Mannes. Lust als Hauptmerkmal des sogenannten Verführers, Haß und Größenideen als die des Helden. Von beiden archetypischen Gestalten wird später die Rede sein, und wir werden sehen, daß beide nur solange Macht über Frauen haben, als diese ihre dunkle Seite nicht kennen und daher nicht leben. Solange die Frau ihre Tochteridentität nicht aufgibt, wird das Patriarchale für sie seine Macht nicht verlieren. Perera sagt, die Macht und die Leidenschaft des Weiblichen «hat in fünftausendjähriger Verbannung in der Unterwelt geschlafen»[5], und diese Kräfte müssen die Frauen zurückgewinnen; nur dann sind sie vor den Demütigungen und Leiden, die von seiten der «Helden» und Verführer kommen, geschützt.

Die meisten Frauen, besonders intellektuelle, sind mit jenem heroischen patriarchalischen Geist identifiziert und dadurch natürlich besonders anfällig, dem Verführer oder dem Helden zu erliegen. Diese Männertypen sind für solche Frauen faszinierend, weil sie Teilhabe an der Macht des Helden und am Dionysischen des *Verführers* versprechen. Um aber zum Eigenen zu kommen, ist es notwendig, sich zu den Paradoxien und den Vieldeutigkei-

ten des Weiblichen zu bekennen, sich zu lösen von jenem polaren Bild der Frau, das in der Seele des Mannes entstanden ist und sie entweder als Jungfrau oder Hure sehen will, was dann wieder von entsprechenden Ängsten gekennzeichnet ist.
Der Grund für die Angst des Mannes vor dem dunklen Weiblichen liegt in seiner besonders ausgeprägten *Angst vor dem Tod.* Barbara Walker[6] hat die Beziehung zwischen männlicher Todesangst und Frauenhaß herausgearbeitet: Daß die Frau, die Leben gibt, mit diesem naturgemäß auch den Tod bringt, daß Lebengeben mit Sterben verknüpft ist, brachte dem Weiblichen Haß über Jahrtausende ein. Im Christentum besteht die folgende Idee: «Laut früherer rabbinischer Kommentatoren und Kirchenväter erlegte Gott nur wegen Evas Ungehorsam der Welt den Tod auf. Und Tertullian behauptet, es sei ausschließlich Evas Schuld, daß der Tod kam, um ‹Gottes Ebenbild, den Mann› zu zerstören, und daß deswegen ‹sogar der Sohn Gottes sterben mußte›»[7]. Die Grausamkeiten der Kirche gegenüber der Frau, die Hexenverbrennungen z. B., beruht, nach Walker, auf einer Angst vor dem Tod und stellt Versuche dar, diesen dadurch auszumerzen, daß man das unheimlich anmutende Weibliche tötet. Auch die Frau hat Angst vor dem Tod, da sie dieses männliche Bild übernommen hat. In vorpatriarchalen, matriarchalen Zeiten hingegen war, so Walker, der Gedanke, sterblich zu sein, keineswegs schrecklich, wie auch das Bild der sogenannten Todesmutter keineswegs ein schreckliches war: Es wurde akzeptiert, daß die, die Leben gebiert, auch den Tod bringt, mit anderen Worten: daß alles Leben auch Tod bedeutet.
Das dunkle, vernachlässigte Weibliche in uns, in Frauen, wie in Männern, führt uns weg vom männlich-patriarchalen Denken und stellt so ein wirksames Gegenmittel zu den *heldischen Größenfantasien* des Männlichen dar, die H. E. Richter als «Gotteskomplex» in seinem gleichnamigen Buch beschrieben hat.[8] Der Gotteskomplex besteht darin, daß der Mann anstatt des Gottesbildes seine eigenen wahnhaften Größenvorstellungen und Omnipotenzfantasien gesetzt hat und diese auslebt.

Auch Liebe und Vertrauen zu einem männlichen Gott verflüchtigen sich in unserer Zeit immer mehr. Schon vor fünfzig Jahren hat Jung in seinem Buch «Antwort auf Hiob» dem liebenden Gott einen dunklen entgegenstellt, den man fürchten muß. Und eben dieser fürchterliche Gott tritt in den Träumen und Fantasien moderner Menschen als strafender Richter und Rächer auf. Das nährende Göttliche ist heute das dunkle Weibliche und liegt in den Tiefen der Seele. «Die Möglichkeit einer zukünftigen wahren Ethik und Moral liegt nicht in der Gottesfurcht, sondern in den noch unbekannten Bedeutungen der alten grimmigen Göttin ... Sie ist es, die wir vor allem verstehen müssen: nicht die schöne Jungfrau, nicht die fruchtbare Mutter, sondern die weise, eigenwillige, wölfische Alte.»[9] Alt ist hier nicht als chronologisch «alt» zu verstehen, sondern alt, weil sie viele Jahrtausende eine göttliche archetypische Gestalt von hoher Bedeutung gewesen ist, die heute aus den Tiefen des Unbewußten aufsteigend, neue Bedeutung für uns gewinnt.

Denn jenes Weibliche ist nicht nur ein Gegenbild zum Helden und seinen Größenfantasien, es bewirkt auch eine Loslösung von den Bindungen an die Mutter. Die «Augen des Todes», die Inanna von Ereschkigal in der Unterwelt erhalten hatte, sind mitleidlose und keine mütterlich-hegenden. Die allseits vielzitierte sogenannte negative Mutter ist nur dann «negativ», wenn man sich von ihr nicht lösen kann und zeitlebens Bemutterung erwartet von anderen, von der Welt. Aber man kann auch lernen, daß einem niemand etwas schuldig ist, und wenn man das gelernt hat, muß man die Mütter auch nicht mehr mit Selbstmitleid und Haß verfolgen. Die Schuld ewig bei der Mutter zu suchen, ist auch frauenfeindlich. Die erwähnten faschistischen Beziehungsmuster zwischen Frau und Mann beinhalten immer einen muttergebundenen Mann[10], einen, dem alles gestattet ist, der nicht aufhören kann, Sohn zu sein, den die Frau in seiner Größe und Einzigartigkeit immerfort bestätigen muß und dabei selber immer mehr an eigener Kraft ver-

liert. Solche Verhältnisse werden wir bei der Besprechung von Ingeborg Bachmanns Romanfragment «Der Fall Franza» noch kennenlernen.
Mit dem Aufkommen eines neuen Wissens um ein anderes weibliches Selbstverständnis wird vielleicht auch eine neue Form der Beziehung möglich. Neue Phantasmen von Beziehung, von Liebe, Sehnsucht, Rache, Verzweiflung und Tod kommen auf uns zu. Phantasmen, die uralt sind, aber doch auch neu, da die Frau heute einen freieren seelischen Ort gefunden hat und noch finden wird, um diese zu entwickeln und zu leben. Noch vor kurzer Zeit mußten Frauen sowohl in der Literatur wie auch in der Realität sterben, wenn sie den Mut besaßen, die dunkle Seite des Eros offen zu leben. Diese Frauen starben, weil eine alleinstehende und gleichzeitig liebende Frau in unserer Gesellschaft mit wenigen Ausnahmen bis vor kurzem undenkbar gewesen ist, besonders wenn sie kreativ war.[11] Wenn eine Frau allein war, dann wurde ihr Alleinsein durch das definiert, was ihr *fehlte,* nämlich der Mann oder auch ein Kind. Diese Frauen blieben Außenseiterinnen, wenn sie den Eros nicht in geordneten bürgerlichen Verhältnissen lebten.
Ein neues Phantasma, das ich meine, stellt die Frau und ihr Alleinsein nicht als Makel oder Manko dar. Es wird auch nicht als Leiden erlebt, sondern als ihre Form der Selbständigkeit, die ihr jene Kräfte zufließen läßt, die sie jahrtausendelang unterdrücken mußte.
Adorno schrieb, daß man es den Frauen und den Juden ansieht, daß sie jahrtausendelang nicht an der Macht gewesen sind.[12] Ich meine, man wird es ihnen *dann* nicht mehr ansehen, wenn sie in der Lage sein werden, das Außenseitertum als Wagnis und Abenteuer *freiwillig* zu leben. Dann werden ihnen innere Kräfte vom Weiblichen her zufließen, die nichts mit der Kraft des Helden zu tun haben.
Der Ausschluß von Außenseiterischem hingegen führt in die totale Macht faschistischen Denkens und Handelns, denn dort galt und gilt als «entartet», was den Machtstrukturen zuwiderläuft.

Das Faschistische verlangt immer totale Anpassung an männliche Normen. «Ich glaube, die Repression des Faschismus und jedes totalitären Zugriffs besteht im tendenziellen Ausschluß alles Abweichenden, sogar bei sich selbst; es gibt keine harmlose Normalität.»[13]

Vor einigen Jahren, als ich begann, mich mit den psychologischen und sozialen Problemen von Frauen zu beschäftigen, träumte ich:

Ich befinde mich in einem Holzhaus mitten im Wald. Es heißt, es sei das Haus meiner Mutter. Plötzlich erhebt sich ein gewaltiges Sturmesbrausen, das dann von draußen durch das Haus hindurchtobt. Weiße Gardinen wehen gespensterhaft durch die sich öffnenden Fenster in den Wald und in den tosenden Sturm hinaus. Das Haus wird durch den Sturm geschüttelt, der außen und innen tobt.

Ich erschrak fürchterlich und zitterte vor Angst. Es fand also in den Tiefen der Natur eine starke Erschütterung statt. Die Grundfesten wurden durchgerüttelt von dem Sturm, der eine neue Geisteshaltung bringen wird. Der Wind wehte draußen und auch durch das Haus und schuf so eine Verbindung zwischen außen und innen. Aber nicht nur das Haus, ich selber wurde durch mein Erschrecken mitgeschüttelt. Die Geisterhaftigkeit der Traumatmosphäre weist auf ihren unterweltlichen Charakter hin, wie ich ihn in meinem Buch «Traumbild Unterwelt»[14] beschrieben habe. Solche Erschütterungen im Traum deuten auf tiefgreifende Veränderungen im Bewußtsein und Unbewußten hin.

Nicht nur Träume von heutigen Frauen und Männern geben die Lage und Zukunft des Weiblichen wider, auch alte Mythen und Märchen, neu erzählt und neu gesehen, liefern einen Beitrag zur Erhellung heutiger kollektiver weiblicher Werte und Möglichkeiten.

Ich werde die Geschichte von Frauen besprechen, modernen wie auch mythischen und solchen in Märchen, die versucht haben, selbständig zu werden und ihre Eigenständigkeit dadurch zu finden, daß sie sich vom Machtsystem des Patriarchats lösten und den Abstieg in die eigene Dunkelheit wagten. Es wird aber auch die Rede sein von solchen, die sich nicht lösen konnten oder die es nur konnten um den Preis des Todes, wie Franza oder Medea.

Aber mich interessieren nicht so sehr Lösungen, weil ich meine, daß es oft gar keine Lösungen gibt, mich interessieren die Tiefen und Abgründe der menschlichen Seele und die Prozesse, die Bewußtseinsveränderungen schaffen können. Auch die Erkenntnis, daß etwas unveränderbar ist, die Unwandelbarkeit selbst, ist von Bedeutung für uns. Ich meine jene Seiten der Seele, die trotz Leiden und Bemühen so bleiben, wie sie sind. Das ist dem maskulinen Geist zuwider: Das Männlich-Heldische verlangt immer nach linearer Entwicklung, die Wandlung und Fortschritt verspricht, und lebt dadurch immer auf ein Zukünftiges hin, das besser sein soll als das Gegenwärtige. Das Weibliche hingegen als Urgrund hat es leichter, die Vergangenheit zu berücksichtigen und in der Gegenwart zu Hause zu sein.

Sophie

1. Herkunft

Sophie stammte aus einem großbürgerlichen Haus und wurde von drei Frauen aufgezogen, ihrer Mutter, ihrer Großmutter und einer Köchin. Ihr Vater war gestorben, als sie noch sehr jung war. Sie wuchs in einer Atmosphäre von Großzügigkeit und Toleranz auf, die genauso zu ihrem Lebensatem gehörte – diese Liebe zu Menschen und der freundliche Umgang mit ihnen – wie die Bewunderung von schönen Dingen. Das zarte Porzellan und die barocken Silberschüsseln, die auf den Tisch kamen, hatten etwas Vornehmes, und haben schon seit Generationen in ihrer Familie so auf dem Tisch gestanden.
Sophie war fantasiebegabt und enthusiastisch, schnell begeistert und tief berührt von Menschen oder einer Landschaft, die ihr ans Herz gingen. Da konnte sie dann ganz eintauchen. Sie war begabt fürs Atmosphärische, konnte erspüren, was um sie herum vorging. Und von ihrer Mutter hatte sie die Intimität gelernt, sie konnte anderen nahekommen – solchen, die sie bewunderte, liebte. Was sie aber nicht gelernt hatte, war Intimität sich selbst gegenüber: Sie wußte, wie man sich in andere hineinfühlt und dabei selber Hintergrund bleibt.
Das ist der Nachteil, großbürgerliche Toleranz, besonders bei Frauen: Sie lernen Noblesse, aber sie wissen nicht, wie man zugreift und nimmt. Denn «Kultur haben» bedeutet in jenen Kreisen, großzügig sein und Rücksicht nehmen, zuerst an andere denken, andern den Vortritt lassen. Eine solche Erziehung hat Vorteile, denn Sophie lernte Respekt für Andersartige, selbst für solche, die einem wehtun oder «keine Lebensart» haben,

wie ihre Mutter sich auszudrücken pflegte. Eine derartige Lebenseinstellung gibt einem ein ruhiges Gewissen, das Gefühl, gut zu sein. Wenn man aber nicht auch mit dazulernt, wie man sich etwas nimmt, andere überlistet, so ist man nicht gut gerüstet für diese Welt. Sophie war es nicht.

Etwas Sehnsuchtsvolles umgab Sophie, und sie spürte etwas Feuriges in sich, was sie mit niemandem teilen konnte, weil sie es einerseits hüten wollte und andererseits selbst kaum verstand. Es gab immer wieder Erlebnisse, die diese Sehnsucht befriedigten: wenn ihre Großmutter sich an den Flügel setzte und Opern-Arien sang. Später, als sie größer war, trieb sie Sehnsucht und Neugier durch die Straßen, wo sie in kleinen, verwinkelten stillen Gassen alte Paläste oder Kirchen aufsuchte. Um die Fassaden und durch die Innenräume dieser Bauten spann sie dann ihre Fantasien.

Sophie war immer ein neugieriges und mutiges Kind gewesen, voller Ideen beim Spielen, war sie mit eigenen Gedanken meist tonangebend, hatte fantastische Einfälle und wagte tiefe Sprünge bei wilden Spielen. «Nicht zu wild, nicht zu leidenschaftlich!» hörte sie oft als Ermahnung, weniger von ihrer eigenen Mutter als von den Müttern ihrer Freundinnen. Widerspruchsgeist und Kampfeslust regten sich früh bei ihr, vor allem wenn sie irgendeine Ungerechtigkeit erlebte oder auch nur ahnte. Später litt sie darunter, wenn Freunde oder Freundinnen nicht bereit waren, mit ihr gegen eine Ungerechtigkeit zu kämpfen. Sie stand dann oft allein da. Ich bin wahrscheinlich zu begeistert, zu leidenschaftlich, dachte sie dann. Ähnlich erging es ihr in der Liebe zu einer Landschaft oder zur Musik – sie war da oft allein. Aber damals als Kind und junges Mädchen litt sie nicht darunter, sondern dachte eher mit leisem Bedauern und leichter Scham, daß *sie* zu leidenschaftlich sei. Erst viel später erkannte sie, wie schwierig es für Frauen ist, ihren Mut und ihre Unabhängigkeitswünsche, ihre Sehnsüchte und Leidenschaften zu verteidigen und vor männlich-heldischem Zugriff zu schützen.

Sophie lebte äußerlich in einer geregelten, sittlichen, hellen

Welt, und die Dunkelheiten, die aufgrund ihrer sehnsuchtsvollen Leidenschaftlichkeit auch da waren, schienen weit weggerückt.

2. Das Geheimnis

Es kam ein großer Bruch in ihr Leben und äußere Dunkelheit umschattete sie, als ihr Vater plötzlich starb. Wie er starb, wurde von ihrer Mutter und allen Verwandten vor Sophie verheimlicht, weil man ihr kindliches Vertrauen in den Vater, ihre Liebe zu ihm, ihr Vertrauen in das Leben überhaupt nicht erschüttern und verdunklen wollte. Ungewollt geschah aber gerade das, was man versucht hatte zu verhindern: Durch eine Verkettung verschiedenster Umstände und Aufschreie in jener Todesnacht erfuhr Sophie vom Freitod des geliebten Vaters. Aus Scham und Angst behielt sie es als *ihr Geheimnis* für sich. Sie tat dies auch, um ihre Mutter zu schonen, sie nicht noch mehr zu belasten, und um ihr die Illusion nicht zu nehmen, daß sie, Sophie, noch ein ahnungsloses Kind sei. Der Vater, der sie geliebt hatte, der jeden Sonntagvormittag Geige gespielt hatte, an dessen Hand sie jeden Tag in die Schule gegangen war, der ihr Bücher ausgesucht hatte, war nicht mehr da, hatte sie verlassen; verstohlen hatte er sich aus dem Staub gemacht. Viel später schrieb Sophie in ihr Tagebuch:

«Man fühlt sich sehr allein, wenn man ein Geheimnis hat, das man mit niemandem teilen kann. Schon als Kind war ich dadurch plötzlich abgesondert, wegen diesem Geheimnis um meinen Vater, das mich so mit Scham erfüllte – ich weiß gar nicht warum, denn ich hatte doch gar nichts getan. Aber ich wollte meine Mutter schützen und allein unglücklich sein. Ich wollte sie nicht noch beschämen, aber ich fühlte mich ungewollt und ungeliebt. So lebte ich mit diesem schrecklichen Geheimnis allein in einer Welt ganz für mich. Niemand konnte mich dort trösten. Ich glaube, ich war lange Zeit untröstlich. So verschwindet ein Stück von einem selber aus der äußeren Welt. Man wird für die anderen dünner, substanzloser und lebt mit dieser dünnen Schicht und dem Geheimnis in der Verborgenheit. Und langsam existiert dann nur noch dieses Geheimnis und man bemüht sich, es zu bewahren. Als Kind dachte ich dann oft: am besten vergesse ich es. Es war doch nicht so schlimm, dachte ich dann später, nur ein kleiner Ausschnitt in meinem Leben, dachte ich. Nur ein Tag in meiner Kindheit, an dem *Es* geschah – mehr nicht!»

Durch das Verstecken dieses Geheimnisses und das Verleugnen ihres Schmerzes wurde Sophie allmählich zur Außenseiterin, aber ohne es selbst wahrzunehmen. Sie bemerkte nur die nagenden Zweifel an sich selber, ob sie denn liebenswert sei, wenn doch der Vater sie verlassen hatte! Sie verdächtigte sich, ihm nicht genug gegeben zu haben, und beschuldigte ihre Mutter insgeheim derselben Unterlassung. Ihre Mutter hatte sie ja auch belogen – um sie zu schonen zwar. Und doch: ihre Mutter hatte ihr nicht zugetraut, mit ihr die Trauer um den Tod des Vaters zu teilen und zu tragen. Sie hatte Sophie gar nicht als stark angesehen, die Mutter. Das waren Sophies Gedanken damals.

Jeder in dieser Familie litt also *allein* und auf seine Art: die Mutter als verlassene Witwe, berufstätig, couragiert mit einem Schuß «lustige Witwe» – Sophie als einsames und innerlich verzweifeltes Kind. Ihre innere Trennung von der Mutter kam also zu früh und in einer Zeit, wo Sophie noch ein Kind war, wo Ablösung von den Eltern nicht Erwachsensein bedeutet, sondern Ungeborgenheit und Verzweiflung.

Später, um geliebt und angenommen zu werden, um wenigstens in der Welt keine Außenseiterin zu sein, wenn sie es schon innerlich war, begann Sophie möglichst problemlos zu werden. Dazu lernte sie, die Wünsche anderer zu verstehen, zu erfüllen, und sie selber für andere auszuleben. Sie lernte so zu sein, wie andere sie haben wollten – ein typisches weibliches Schicksal! Dadurch entstand eine Kluft zwischen ihrem Innern und dem, wie sie von anderen wahrgenommen wurde. Sie war sich selber so fremd geworden, kannte ihre eigenen Werte nicht und war immer

erstaunt, daß andere Qualitäten an ihr schätzten, die sie selber an sich nie entdeckt hatte.
Sophie begann also, die Fantasien anderer, zunächst die ihrer Mutter, später die ihrer Männer, auszuleben. Sie wurde zu einer Leinwand, die die Leidenschaften anderer sichtbar machte, ein Echo der Wünsche anderer.
Die Liebe erlebte sie, indem sie Sexualtät lebte und die Männer gleichzeitig inspirierte. Wie fast alle intelligenten Frauen unserer Kultur wußte sie nicht, daß es für eine Frau noch nicht alles ist, Liebe dadurch zu erleben, sie zu erkaufen, daß sie dem Mann auch ihre Ideen und Fähigkeiten zur Verfügung stellt, ihm als *femme inspiratrice* hilft, sich selbst zu verwirklichen, dem Mann, den sie liebt, ihren Geist buchstäblich zu schenken.
Solange die Frau die Fantasien und geistigen Aspirationen des Mannes fördert anstatt ihre eigenen in der Welt zu verwirklichen, lebt sie aus zweiter Hand, fühlt eigenen Wert und Schöpferisches nur über den Mann und nährt so auch seine Größenideen. Denn sie vermittelt ihm die Überzeugung, daß ihre Ideen eigentlich die seinen sind. Die Frau hat dadurch selber zwar an seiner Macht teil, aber ihre eigene Macht und ihr eigenes Können bleiben ihr verborgen. Bei Sophie war das Eigene tief unten bei dem unsagbaren Geheimnis versteckt, und an der Oberfläche lebte sie, wie es erwartet wurde von ihrer Mutter, von der Gesellschaft und vor allem von den Männern, die ihr Glück versprachen. In ihr Tagebuch schrieb sie einmal später darüber:
«Meine Mutter hat immer gesagt: ‹Du mußt schauen, daß du einen Mann bekommst, damit du versorgt bist, damit du glücklich wirst.› Das Versorgtsein spielte eine große Rolle in unserer Familie für die Frauen, die mein Vater mittellos zurückgelassen hatte. Manchmal sagte sie auch zu mir: ‹Du mußt auf die Männer mehr eingehn!› Und so ging ich auf die Männer mehr ein! Wenn ich hungrig war, ließ ich mich von dem Mann ins Restaurant einladen und wenn ich Liebe brauchte, ging ich mit einem ins Bett. Das war schön und aufregend – auch beruhigend. Aber langsam begann noch eine andere Stimme in mir zu sprechen, nicht mehr

nur die meiner Mutter, die gesagt hatte: du mußt einen Mann kriegen. Diese andere Stimme war viel beunruhigender, denn sie sagte: ‹Du bist nichts, du hast keine Talente, und nur deshalb mußt du dich so um Männer bemühen.› »

Neben dem Studium verdiente Sophie ihren Lebensunterhalt für sich und oft auch für ihre jeweiligen Liebhaber. Sie hatte viele Freundinnen und Freunde und war beliebt. Einmal gewann sie sogar bei einem Wettbewerb den Titel des «populärsten Mädchens». In ihr Tagebuch schrieb sie später über diese Zeit:

«Ich war beliebt und strahlend, weil ich es sein *wollte,* ich glaube nicht, daß es aus meinem Innern gekommen ist damals, aber andererseits war ich glücklich. Ich mußte meine Trauer und Melancholie und Entmutigung, jene zweite innere Stimme in mir wegschieben, sonst hätte ich nicht überleben können. Studium, Erfolg, Popularität waren so eine Art Rettung für mich.»

Aber dadurch war Sophie gespalten: außen die Strahlende, hart Arbeitende, innerlich die Außenseiterin und Einsame. Und doch war die Verdrängung des Geheimnisses um den Tod des Vaters ein wichtiger Schutz für sie, denn sonst wäre sie wie er am Leben verzagt. In ihr Tagebuch schrieb sie nach einer Zeit der Arbeitslosigkeit und des Hungerns:

«Ich verspreche es mir: ich werde nicht verzagen und ich schwöre, ich will nie mehr im Leben hungrig sein!»

Es zeigte sich, daß vom Tod ihres Vaters und dem Geheimnis, das sie hüten mußte, nicht nur Traurigkeit ausging, sondern es stellte auch eine Verbindung zu ihren ungebrochenen Kräften und ihrem Durchhaltevermögen her. Und noch mehr: das Geheimnis wurde allmählich für Sophie zum Tor, das sie in ihre eigene Dunkelheit führte. Die Energien, die da im Unbewußten lagen, waren nicht nur Schutz, sondern auch Möglichkeit zu tiefen Erkenntnissen, die sich eines Tages mit Vergessenem und Verratenem aus der Kinderzeit verbinden sollten.

Daß Sophie das Geheimnis so lange für sich behalten und die Scham und Schande, die es für sie beinhaltete, allein getragen hatte, zeigte ihre Fähigkeit, etwas allein für sich abmachen und

Alleinsein und Außenseitertum ertragen zu können ohne Hilfe. Es sollte sich später als ihre Stärke herausstellen, Leiden ertragen zu können, die unausweichlich sind, ohne Klagen, ohne gleich nach Abhilfe zu suchen und ohne andere zu behelligen und mit sich in ihr Unglück hineinzuziehen. Eine Fähigkeit, die bei Frauen ausgeprägter ist als bei Männern und die dazu beiträgt, Frauen selbständiger zu machen, und auch dazu, das gesellschaftliche Zusammenleben erträglicher zu gestalten. Im «Zauberberg» läßt Thomas Mann den bemitleidenswerten Wehsal zu Hans Castorp sagen: «Es ist aber ein Menschenbedürfnis, ein Menschenbedürfnis, lieber Castorp, zu reden und sich das Herz zu erleichtern, wenn man in solchen Schwulitäten sitzt wie ich.» Und Hans Castorp erwidert: «Es ist sogar ein Menschen*recht*, Wehsal, wenn Sie wollen. Aber es gibt Rechte, meiner Meinung nach, von denen man unter Umständen vernünftigerweise keinen Gebrauch macht.»[1] Ich glaube es ist gut, andere, auch Partnerinnen und Partner, Freunde, manchmal nicht zu belasten durch zu viel Nähe, durch Verlautbarung von Intimitäten, die leicht zu Indiskretionen werden. Denn Beziehung gründet sich nicht auf das Ausbreiten von eigenen Herzensangelegenheiten; das ist in der Psychotherapie besser aufgehoben. Andere schonen und sich selber schützen gehört zusammen.
Sophie ahnte das. Sie verdrängte und verschwieg ihr Geheimnis so lange, bis sie innerlich stark genug war, es zu ertragen, und bis sie davor nicht mehr weglaufen mußte.

3. Die Wende

Ein Problem der heutigen Frau ist, daß sie fast immer unter ihrem Niveau lebt, unter dem, was sie eigentlich weiß und kann, und *unter* ihren Möglichkeiten arbeitet, aus Mangel an Gelegenheiten und aus fehlendem Selbstvertrauen. Meist sind ihr weder ihre Talente noch ihre Hingabefähigkeit oder die Möglichkeit, Einfluß zu nehmen, bewußt. Das hängt mit ihrer jahrtausendealten Rolle zusammen, in der sie als Liebe- und Wärmespenderin festgelegt war. Diese Qualitäten haben sich bei ihr eingeprägt und auch beim Mann und in der Gesellschaft, als einzulösende und einzuklagende Forderungen. Als Liebegebende muß die Frau oft zurückstehen, und von da zur Opferrolle ist es dann nicht mehr weit. So hatte sie immer die «machtlose Verantwortung»[2]. So blieb ihr kaum etwas anderes übrig als zähes Festhalten an der Bindung zu einem «mächtigen» Mann, denn dadurch wurde ihre eigene Machtlosigkeit kompensiert bzw. sogar scheinbar aufgehoben. Margarete Mitscherlich schreibt dazu: «Die passiv-aggressive, abhängige und leidensbereite Haltung der Frau wird durch die geschlechtsspezifische Sozialisation begünstigt, die dem Mann nach wie vor Aggression, Selbstbehauptung, Gefühlsabwehr offen zugesteht, der Frau aber unverändert die Rolle der sich Anpassenden, Gefühlsvollen und Dienenden zuweist.»[3]

Die Schuldgefühle, die Frauen dabei empfinden, gelten im tiefsten Inneren einem Unwertgefühl, das zu Recht besteht, weil sie nämlich Selbständigkeit und eigene kreative Möglichkeiten vernachlässigen. Sie leben dann *unter* ihren geistigen und intellektuellen Möglichkeiten.

Sophie ging es auch so. Sie lebte zwar ein volles Leben in ihrer Arbeit, mit ihren Kindern, aber sie hatte keinen Zugang zu ihrer eigenen Bedeutung und konnte deshalb den Sinn ihres Lebens nicht entdecken, der ihr als Frau hätte Halt geben können.

Wir wissen, daß Sophie ihren Vater idealisierte. Sie mußte dies tun, um so mehr, da sie ihn früh verloren hatte und wenigstens diese Idealvorstellung eines «guten Vaters» brauchte. Hätte sie die nicht gehabt, wäre es ihr sicher nicht möglich gewesen, sich eine Karriere aufzubauen und in der Außenwelt zu bestehen. Sie hatte aber nicht nur seine musischen Fähigkeiten, seine Kultiviertheit bewundert, sie hatte vor allem an ihm seinen großzügigen Charakter geliebt. Ihr Onkel hatte einmal zu ihr gesagt: «Dein Vater war der nobelste Mensch, dem ich je begegnet bin!» Das hatte Sophie nie vergessen und hat sich ihr eingeprägt.

Heimlich oder unbewußt wollte sie so sein wie er, weil sie ihn liebte und idealisierte und auch, um sich so zu beweisen, daß er *nur gut* gewesen war. Und so suchte sie sich nicht solche Männer, wie der Vater gewesen war, sondern sie selbst verhielt sich so, behandelte Männer immer nobel und großzügig, auch solche, die es in keiner Weise verdienten.

Warum geriet sie an solche, die es nicht wert waren? Sie mußte sich immer wieder Männer suchen, die sie verrieten und verließen, wie es seinerzeit ihr Vater getan hatte. Damit bewies sie sich, unbewußt natürlich, daß der Vater ja doch nicht so schlecht gewesen war, doch keiner, der einen verläßt. Da ihr Haß und Wut auf den Vater, der sie so früh freiwillig verlassen hatte, unbewußt waren, mußte sie dieses Muster mit anderen Männern immer wieder durchleben. Und um diesen unverläßlichen Vater ungeschehen zu machen, auszumerzen sozusagen, war Sophie selber in Beziehungen besonders verläßlich.

Sie war zwar auch von Natur aus beständig und zuverlässig, aber sie steigerte diese Eigenschaften bis zur Selbstaufgabe, nicht zuletzt auch, weil sie die Forderungen ihrer Mutter verinnerlicht hatte, nämlich einen Mann zu suchen, der ihr Halt und finanzielle Sicherheit geben konnte. Dieser Rat der Mutter war gut gemeint, aber er war, dem patriarchalischen Stil gemäß, eine Aufforderung, unselbständig und vom Mann abhängig zu bleiben. So geschah es, daß Sophie sich oft von ihren Liebhabern ausnutzen ließ, ohne es zu merken; sie dachte, das müsse so sein. Diese unbemerkte Abhängigkeit erzeugte Wut in ihr, die sie auch wiederum nicht wahrnahm. «Die Wut, die die Herrschaft über Frauen durch den Mann bei Frauen hervorruft, bleibt den Beteiligten meistens verborgen.»[4] Diese innere Wut war eine außerordentliche Kraft, die, wenn sie auch unbewußt war, Sophie den Mut gab, oft gegen gesellschaftliche Konventionen einen Mann zu lieben und sich in der Liebe zu verlieren. Sophie blieb dadurch nie Zuschauerin im Leben, sondern war immer aktiv und leidenschaftlich involviert.

Bis vor kurzer Zeit gab es für eine talentierte Frau nur die Möglichkeit, ihre Talente und Werte über männlich definierten Erfolg zu leben, und der Preis dafür war, daß sie nicht wußte, wer sie war. «Indem man sich den idealisierten, machtvollen anderen angleicht, kann niemand uns finden. Man ist ja nicht da! Der Preis, den wir zahlen, ist der Verlust unseres Selbst und als Folge der Verlust der Nähe zueinander.»[5] Ein typisches weibliches Schicksal unserer Zeit! Diese Falle, der Verlust des Selbst, wird meist nicht wahrgenommen, denn die Frau meint, durch Aufopferung für einen Mann ihren Lebensinhalt gefunden zu haben – es wird den Frauen ja so anerzogen –. Hannelore Kohl, die Frau des Bundeskanzlers, sagte kürzlich: «Die Ehe ist meine Heimat.»

Die Furchtlosigkeit und Naivität, mit der begabte und sensible Frauen sich an Männer hängen, die eigentlich frauenfeindlich sind, ist für mich immer ein Phänomen gewesen. Ich meine, es hängt mit der Faszination der Macht zusammen, für die Machtlose – in diesem Fall Frauen – besonders anfällig sind. Mächtig sein wurde seit jeher bei den Unterdrückten mit Freisein gleichgesetzt. Aber leider ist diese weibliche Machtsuche an eine Frauenfeindlichkeit gekoppelt, die den Frauen selber sehr lange unbewußt geblieben ist, die ihnen nur scheinbar Freiheit gab, nur scheinbar die ewige Opferrolle aufgehoben hat. Männliche Macht, ob beim Mann oder bei der Frau, ist mit der Verachtung gegenüber weiblichen Werten verbunden. «Die Freiheit, der Macht nachzujagen, um nichts von Furcht wissen zu müssen, verbündet sie mit der Verachtung, die Männer für das weibliche Geschlecht haben.»[6] Die Falle besteht darin, daß Frauen durch die Jagd nach männlicher Macht – übrigens fast die einzige, die sie kennen – selber zu Feindinnen des Weiblichen werden, ohne es zu merken.

Oft ist es dann eine immer wiederkehrende untragbare äußere Situation oder eine innere Katastrophe oder auch ein Traum, der sie, die Frau, auf diese Misere aufmerksam macht. Bei Sophie war es ein Traum. Bevor sie ihn träumte, schrieb sie in ihr Tagebuch:

«Langsam verstehe ich, wie ich meine Leidenschaften und das Dunkle, Namenlose gelebt habe, um dann aber ganz schnell wieder noble Prinzipien und starre Gesetze für mich zu errichten, weil ich nicht so schrecklich leiden wollte und weil diese Ordnungen eine Zuflucht waren vor meinen Sehnsüchten, ein Versteck für meine Leidenschaften. Meine Anständigkeit und Ehrenhaftigkeit verschafften mir Linderung, wenn ich im Chaos von Eros zu versinken drohte. Sie gaben mir auch die Möglichkeit, in der Welt zu bestehen mit meinen Idealen, fleißig, arbeitsam, aufrichtig zu sein und freigiebig, schnellvergessend, über die Fehler anderer leicht hinwegsehend, nie zu hassen, nie Wut zu zeigen – alle diese Ideale unserer Familientradition gaben mir zwar äußeren Halt, aber ist das denn alles? Ist Frausein nur, einen Mann zu lieben, zu leiden, ihn zu verlassen oder selber verlassen zu werden? *Ist es nur das: Wärme zu erleben und dann wieder draußen in der Kälte sein?*»
Danach brachte sie folgenden Traum in die Analyse:
Ich ging eine heiße, staubige Landstraße entlang und traf da auf ein älteres Ehepaar. Die Frau hielt mich an, breitete ein Tuch auf der Straße aus, auf dem ich niederknien mußte. So kniend sollte ich den Mann dieser Frau, der steif und grießgrämig dastand, sexuell oral befriedigen. Seine Ehefrau sah unbeteiligt zu. Mir wurde von ihr gesagt, daß auch andere Frauen dies immer getan hätten. Und so tat ich es ebenfalls. Aber plötzlich packte mich Wut und Ekel vor dem Mann, dem Straßenstaub und vor der unverschämten Gleichgültigkeit der Frau. Die Sonne brannte heiß auf uns herab. Da stand ich auf und lief davon. Als ich rannte, bemerkte ich noch, daß die Frau mit meiner Flucht einverstanden war.
Dieser Traum stellt nicht nur Sophies seelische Situation dar, sondern ist auch ein Abbild der masochistischen Rolle von Frauen in unserer Gesellschaft. *Es geht in dem Traum auch gar nicht um Sexualität, sondern um die demütigende Unterwerfung des Weiblichen, das den Mann befriedigen will, auch wenn dieser völlig starr und unbeteiligt ist.* Die Träumerin, Sophie, kniet vor

dem Mann buchstäblich im Staub, um ihm Lust zu verschaffen, einem Mann, mit dem sie nichts verbindet, der alt und starr und nicht zu geben gewillt ist. Er stellt das ewig-muttergebundene große Kind dar, dem die Ehefrau (Mutter) alles bereitet. Es wird hier sehr deutlich, wie die Bemutterung des Mannes durch die Frau diesen nicht nur in der Kindrolle des nimmersatten Säuglings hält, sondern gerade auch dadurch zur Demütigung des Weiblichen beiträgt. Frauen haben jahrtausendelang vor dem Mann gekniet, es ihm rechtgemacht, um akzeptiert zu werden. In diesem Traum scheint diese Zeit, für die Träumerin Sophie, zu Ende gegangen zu sein. Der Mann, hier auch als Repräsentant des sozialen Systems Patriarchat, hat nichts mehr zu bieten, weder Freude noch Lustgewinn noch Akzeptanz. Er ist erstarrt, und das Beste für die Frau ist, wegzulaufen. Sophie tut es.
Im Traum heißt es: alle Frauen haben das so getan, und deshalb fühlt sich die Träumerin veranlaßt, dem Gebot der Ehefrau zu folgen. Diese stellt die «alte Frau» in unserer Gesellschaft dar, die, die dem Männlichen dient, auch wenn es sinnlos und absurd geworden ist. Aber plötzlich, und zwar als einzige im Traum, kann Sophie emotional mit Wut und Ekel reagieren, und dadurch ist der Bann gebrochen, und der Fluch der ewigen Wiederholung – alle Frauen haben es so gemacht – ist aufgehoben. Sophie wird sich ihres Tuns bewußt, der ekligen Prozedur bar jeder Erotik und Intimität. In dem Moment, wo sie aufsteht und wegläuft, hat sie auch die «alte Frau» auf ihrer Seite. Das heißt: Erst wenn die Frau bereit ist, aus der alten Rolle auszusteigen, ist die Macht des alten weiblichen Rollenverhaltens und damit die Gefahr, manipuliert zu werden, gebrochen. Es wird in diesem Traum deutlich, wie sehr diese weibliche Art nicht mehr mit Leben erfüllt, sondern ein Abbild von Gewalt ist, und zwar Gewalt, die der Frau angetan wird und die sie sich selber zufügt. Es ist jetzt nicht mehr als ein zur Schau gestelltes Klischee. Der alte «Traum» der Frau, dem Mann in Ergebung zu dienen, ist ausgeträumt!
Mitleidlos scheint in dem Traum die Sonne auf das Geschehen an

der staubigen Straße – ein Bild der Verlassenheit und Desolation, von Geborgenheit, Liebe oder Lust ist nichts zu spüren. Das Maß an Erniedrigung ist voll, und die Träumerin bemerkt endlich, daß nicht sie, nicht ihre Loyalität oder ihre Hingabe gegenüber dem Mann das Tuch ausbreitet, sondern daß es ihre Mutterrolle ist, die dieses «Fest» bereitet, sehr zum Verderben der «Tochter». Es ist dieselbe, die, wie Sophies Mutter, im Chor mit allen Müttern seit ewigen Zeiten der Tochter eingibt, eingeben *mußte:* «Tu alles, um einen Mann zu finden, um ihn zu halten, um versorgt zu sein!»

Für Sophie war dieser Traum eine Wende und gab ihr jene Erkenntnisse, die für sie notwendig waren, um aus alten Mustern auszusteigen, um sich selbst zu finden. Sie sah nach dem Traum mit dem «Penismann», wie sie ihn nannte, ein, daß sie in einer Starrheit gegenüber dem Mann, insbesondere ihrem Freund, gefangen war, aus der sie herausmußte. In der Analyse konnten wir dann gemeinsam die Verbindung zwischen diesem Traum und Sophies Beziehung zu einem Freund herstellen, von der sie schon lange ahnte, daß sie zerstörerisch war. Sie war in einen alternden Mann verliebt, der am Ende seiner Kreativität angelangt war, nicht so sehr wegen seines Alters als wegen seiner Machtziele, die er brutal und rücksichtslos verfolgte. Sie ließ sich von ihm als *femme inspiratrice* benutzen, eine Rolle, die sich zum Nutzen beider angeboten hatte: Sophie liebte Jerry und wollte ihm «neuen Glanz» geben, in dem sie sich dann auch sonnen konnte. Sie fand aber bald heraus, daß Jerry nicht der inspirierende Liebhaber war, sondern einer, der durch seine Muttergebundenheit einem maßlosen und rücksichtslosen Ehrgeiz und Machtstreben verfallen war und Sophie dafür brutal ausnutzte. Marion Woodman beschreibt den muttergebundenen Mann als den perfekten Vater, Ehemann und Sohn, der aber seine eigenen Gefühle nicht kennt und das Weibliche ausnutzt und benutzt, um seine eigene Macht zu festigen.

«Die Identifizierung mit dem Rollenbild von der schwachen und abhängigen Frau geht einher mit dem Bedürfnis, im Mann den

Mächtigen zu sehen, der Lebenshilfe bietet und Lebensziel ist. Die erotische Unterwerfung dient mancher Frau dazu, Einfluß auf den Mann zu gewinnen und dadurch an seiner Macht teilzuhaben.»[7]

Es ist nicht einfach, die Grenze zwischen Liebe und Macht zu erkennen, zu wissen, wann man auf der Eros- und wann auf der Machtseite ist. Und doch gibt es Zeichen: wenn wir nämlich innerlich verhungern, wenn wir immer trockener und leerer werden und uns an überholte Ideale klammern! Und dann kann uns nur emotionales Reagieren und ein Gefühl, das wir dann plötzlich für uns selber bekommen, retten. Solche Gefühle entdeckte Sophie nach dem «Penismann-Traum».

Es gibt Zeiten im Leben, in denen man an einem Kreuzweg angelangt ist, und ein Traum hilft dann, damit man weiß, auf welchem der vielen Wege es weitergeht. Oft steht hinter einer leidvollen Liebe die dunkle Seite des Eros, die man immer meiden wollte. Sophie, die lange nur Jerry «gedient» hatte, stellte dadurch ihre Talente ihm zur Verfügung, während sie sie für sich nur sporadisch und undiszipliniert nutzte. Erst nach der Trennung von ihm konnte sie die Kräfte, die durch sie hindurchtobten, bewußt erleben und später auch gestalten. Hinter einer Liebe, vor allem hinter einer «unmöglichen», steht oft der leidenschaftliche Wunsch nach einer Erosbeziehung zur eigenen Seele, zum eigenen inneren Prozeß!

Ich glaube – und das besprach ich auch so mit Sophie in der Analyse –, ihre Seele brauchte die Leidenschaft zu diesem ehrgeizigen Machtbesessenen, um ihr den Weg zu ihrer eigenen Macht und Kraft zu weisen. Durch sexuelle Leidenschaft werden alte Gefühle der Machtlosigkeit aktiviert und auch überwunden. Leidenschaftliches Begehren nach eigener Schöpferkraft und Stärke werden freigesetzt – wenn man sich von der Abhängigkeit löst! Liebe und Schmerz, Wut, Angst und Traurigkeit halfen Sophie, zu sich zu finden und ihrem Eigenen Struktur zu geben. Wäre sie an einen liebevolleren, weniger ausbeuterischen Mann gekommen, so hätte sie möglicherweise im Schutz dieser Beziehung

versorgende Geborgenheit erlebt, wäre aber weiter die idealisierende «Tochter» eines fürsorglichen «Vaters» geblieben.
Nach dem Traum begann ein langsamer innerer Prozeß, in dem Sophie zu sich fand. Aber sie konnte Jerry nicht gleich verlassen, dazu war sie zu sehr involviert und hatte ihn, wie den Vater, zu stark idealisiert. Auch war ihre emotionale Stabilität zu sehr von Jerrys «Liebe» und Faszination abhängig. Sie begann jedoch mehr für sich zu leben, fing an, Stücke zu schreiben, Geschichten. Aber Jerry, der sie nicht aus den Augen ließ, seit sie versuchte, sich zu befreien, begann nun noch mehr als zuvor, sie geistig auszubeuten. Er benutzte ihre Ideen, ja selbst ihre Redewendungen und ausgefallenen witzigen Wortfindungen griff er öffentlich auf und eignete sie sich an. Er tat dies ohne sie, Sophie, zu erwähnen, ohne ihr Kredit dafür zu geben, ja selbst, ohne mit ihr darüber zu sprechen. Als sie ihn zur Rede stellte, lächelte er nur. Es ging in jener Zeit sogar so weit, daß Sophie für ihn langwierige literarische Hilfsarbeiten übernahm und er ihr dafür weder dankte oder sich erkenntlich zeigte noch ihren Namen an dem gebührenden Ort in seiner Arbeit erwähnte. Als Sophie ihn danach fragte, behauptete er – ohne Bedauern auszudrücken –, er hätte es vergessen. Die Ähnlichkeit von Sophies Schicksal in diesem Punkt mit Ingeborg Bachmanns Romanfigur Franza ist frappierend. Ich werde in einem späteren Kapitel noch darauf eingehen.
In der Analyse wurde Sophie immer deutlicher, wie sehr sich Jerry von Sophies neuen kreativen Impulsen bedroht fühlte, denn seine Kräfte waren durch seine Machtmanipulationen im Abnehmen begriffen. Und so mußte er Sophies Talente entweder bekämpfen oder sich deren Früchte hinterrücks aneignen.
Dennoch existierte Jerry in Sophies Fantasie noch weiter als der ideale Liebhaber, von dem sie sich nicht trennen konnte. Ich nenne dieses Phänomen einer völlig irrealen Liebe das des «Geisterbräutigams». Sie wußte zwar inzwischen, daß sie ausgenutzt wurde, und sie hatte erkannt, daß er einfallslos und glanzlos geworden war, von Macht besessen, aber sie hielt noch an

ihm fest. Ein Traum zeigte ihr seine Heruntergekommenheit deutlich:

Ich ging zu Jerry, und er wohnte in einem kleinen Schrebergartenhaus. Es war sehr spießig. Als ich kam, zählte er gerade die Rüben und Kohlköpfe, die in einem Beet vor dem Haus angepflanzt waren, damit auch keiner fehlte. Die Kohlköpfe waren symmetrisch angeordnet. Ich wunderte mich über seine Tätigkeit, und er sagte, daß es sein Lebensinhalt sei, dieses Gemüse zu pflanzen und täglich zu zählen. Er wirkte alt und grießgrämig.

Dieser Traum zeigte Sophie und mir deutlich die Unlebendigkeit und Zwanghaftigkeit von Jerry, die Sinnlosigkeit seines Tuns, die er zu seinem Lebensinhalt deklariert hatte, nämlich das Zählen von Kohl und Rüben. Aus dem großen Helden, dem Geliebten, war für Sophie der kleinkarierte Schrebergartenbesitzer geworden. Der Traum warnt sie aber auch vor ihrer eigenen starren Unlebendigkeit in der Beziehung zu diesem Freund. Ihre eigene Lebendigkeit, ihre Leidenschaftlichkeit, ja ihr Leben selbst schienen in Gefahr zu sein. Sophie sah die Ausweglosigkeit dieser Beziehung und das Tödliche daran, aber wie der Frau im Märchen von «Blaubart» schien es auch ihr zu gehen: sie mußte erst die letzte Kammer betreten und die Leichen sehen, um aufzuwachen und zu merken, daß *sie* jetzt dran war. So konnte Sophie erst ihre tödliche Bedrohtheit voll erkennen, nachdem sie folgenden Traum hatte:

Ich ging eine dunkle Straße entlang, die tief hinunterführte. Es wurde immer finsterer, und nichts war mehr um mich herum. Plötzlich sah ich in der Ferne meinen Freund. Eine furchtbare Ahnung und ein Schrecken ergriffen mich. Als ich näher kam, bemerkte ich, daß er zwar einen normalen Körper hatte, aber anstatt einem Kopf hatte er einen Totenschädel. Ich rannte laut schreiend davon.

Als Sophie den Traum in die Stunde brachte, sagte sie zu mir: «Ich weiß jetzt, daß diese Beziehung für mich tödlich ist, es stimmt, ich mußte weglaufen, nichts anderes geht mehr! Jerry ist todbringend – für mich!»

Ich schlug Sophie vor, eine aktive Imagination anzuschließen. In dieser sagte der «Totenkopfmann», wie sie ihn nannte, zu ihr mit unglaublichem Zynismus: «Ich bin der Tote-Kopf, der ewige Know-how», und eine weibliche Stimme, rief: «Geh, geh weg, er ruiniert die Herzen durch seine Ambition!» Ich sagte Sophie, das Ruinöse sei nicht *ihr* Ehrgeiz, sondern die Dienste, die sie *seinem* Ehrgeiz und Machtstreben leistete, dadurch habe sie zu wenig Zugang zu und Erfahrung mit ihren eigenen durchaus berechtigten Ambitionen.
Was Sophie erlebt hatte, passiert Frauen sehr oft, wenn sie großzügig und fraglos und allzu bereit andere schnell und leicht inspirieren. Dies geschieht, weil ihre eigene Kreativität oft verpönt ist und nicht in die herrschenden Machtstrukturen paßt. Dadurch erscheint die Frau gespalten: offen für Neuerungen auf der einen und ängstlich konventionell auf der andern Seite. «Wie sollten Frauen anders als gespalten erscheinen, wenn die ‹Vernunft› der Macht ihrer Offenheit und Disponibilität, ihrer kreativen Erwartung, Lebendigkeit und Zärtlichkeit und ihrem Eingehen auf Hilflosigkeit und Leiden widerspricht?»[8]

4. Die Trennung

Nach diesen Träumen schien die Zeit der Trennung von Jerry endgültig beschlossen. Es waren Ferien, ich war verreist. Da traf Sophie zufällig einen alten Freund wieder. Sie erzählte ihm ihre Geschichte mit Jerry. Der Freund hörte sich alles an. Er brachte alles, was er hörte, Jerrys Verrat, Sophies Festhalten an ihm in Zusammenhang mit der Beziehung zu ihrem Vater, dem Frühverlorenen. Sie war immer überzeugt gewesen, daß ihre Mutter sich nicht genug um Versagen und Leiden, um die Bitternisse ihres Vaters gekümmert hatte, kurzum, daß die Mutter den Vater seelisch im Stich gelassen habe, sich amüsiert und damit den verzweifelten Vater weggetrieben habe. Sophies alter Freund sagte ihr: «Du hast das alles mit Jerry ausgehalten, weil du, ein einziges Mal wenigstens, einen Mann finden wolltest, der mächtig ist – im Gegensatz zu deinem Vater – und der trotzdem bei dir bleibt, sich dir verpflichtet fühlt, der dich nicht im Stich läßt wie dein Vater. Du hattest auch Angst, Jerry würde, wenn du dich ihm nicht hingibst, im Verderben, im Selbstmord enden wie dein Vater – deshalb machtest du das auch alles mit. Du wolltest auch ganz anders sein als deine Mutter, die sich nicht so hingebungsvoll um deinen Vater bemüht hat wie du um Jerry.» Zum Schluß sagte der Freund zu Sophie sehr ernst: «Du mußt dich sofort trennen!»

Als ich aus den Ferien zurückkam, hatte Sophie, die mir alles erzählte, den Absprung hinter sich: Sie hatte sich von Jerry gelöst. An diesem Punkt fiel mir die Parallelität von Sophies Liebesgeschichte zu Ingeborg Bachmanns «Der Fall Franza» ein, nur, daß Franza nach der Trennung schon zu schwach war, um zu überleben.

Bald bemerkte Sophie, daß Jerry überhaupt nicht verstehen konnte, warum sie, Sophie, gelitten hatte und warum sie sich von ihm trennte. Er fühlte sich verraten! Und das Leiden von Sophie war ihm nicht nur lästig, sondern auch fremd, damit wollte er nichts zu tun haben. Er war ja selber nicht in der Lage zu leiden; als Muttersohn war er immer nur konditioniert, bestätigt und inspiriert zu werden, und da ihm die Quelle seiner Inspiration – Sophie – entzogen wurde, verfiel er in eine Vorwurfshaltung und wurde rachsüchtig. Er empfand ohnehin, daß seine Macht in der Männerwelt, sein Aufstieg und seine Karriere durch Gefühlsregungen, seien es Sophies oder seine eigenen, bedroht waren. Die Idee, daß seine eigene Seele vielleicht genauso leiden könnte wie die Sophies kam ihm nicht in den Sinn, denn Leiden hatte in seiner Welt, in der es vorwiegend um Image und Machtausübung ging, keinen Platz. Gefühle waren ihm unbequem, durften nicht sein, jedenfalls, sobald sie nicht der Bewunderung oder der Selbstdarstellung dienten. Jerry wollte weiter der ewige Muttersohn bleiben, der Don Juan spielt und immer wieder Frauen braucht, die Mütterlichkeit ausstrahlen oder die ihn durch Inspiration (ver)führen.

5. Die Befreiung

Nach der Trennung ging es Sophie zunächst sehr schlecht. Ihre Freiheit forderte ihren Tribut in Form von Zweifeln und Schuldgefühlen. Die alte Vaterwelt meldete sich in Träumen, machte einen Aufstand, erhob Anklage, drohte mit Rache, ja sogar mit Vernichtung. Das ist so bei Frauen, die sich aus der Gebundenheit zum Vater lösen, die aufhören «spirituelle Töchter des Patriarchats»[9] zu sein. *Die «Väter» entlassen die Frauen nicht so ohne weiteres aus ihrer Macht: Sie kämpfen um das Weibliche, um dessen unterstützende Bewunderung, um die Idealisierung, die sie so lange gratis von den Frauen bekommen und aufgesaugt haben.* Der Vater entläßt seine weiblichen Kinder nicht so ohne weiteres. Wenn er zu vermissen beginnt, was ihn so lange genährt hat, beginnt er zu wüten.

In diese Zeit fielen zwei Träume von Sophie, die ich hier bringe, weil sie die Macht der verschlingenden Väter deutlich machen und uns zeigen, wie diese wütende Kraft weibliche Schuldgefühle induziert:

Erster Traum: Ich bin in einer dunklen Wohnung. Es ist die Wohnung meiner Kindheit. Es läutet an der Tür, und ich mache auf. Ein dürrer Mann überbringt mir ein Kouvert mit der Botschaft meines Anklägers. Schon außen auf dem Umschlag steht geschrieben: «Ich werde dich anklagen und verfolgen, unerbittlich, bis zur letzten Instanz.» Es wird mir von ihm dann über eine Stimme, die von oben kommt, vorgeworfen, daß ich seine, des Anklägers Tochter falsch beurteilt habe. Ich hätte diese Beurteilung nicht durch eine intuitive Gesamtschau machen dürfen, sondern durch minutiöse mathematische Auswertung, wurde gesagt.

In einem anderen Traum erschien Jerry in einer Rauchwolke in Sturmesbrausen und sprach mit fürchterlichem Lachen: «Jetzt siehst du endlich, wer ich bin!» Sophie wollte ihn im Traum fassen, aber er wandte sich ab und entschwand mit schrecklichem Gelächter.

Beide Träume zeigen, daß hinter dem Ankläger, der da auftritt, das Gottesbild von Jahwe steht, der dem Volk Israel in einer Wolke erschienen ist, und Ankläger und Rächer war, wenn man ihn nicht gebührend verehrt hat, oder sich von ihm abzuwenden drohte. Solange Frauen im Bann des Rächergottes stehen, können sie sich kaum schützen vor Leiden und den Gefühlen von Schuld, die durch diese innere Gestalt konstelliert werden.

Nach diesen Träumen und der Auseinandersetzung mit diesem Komplex wurden neue Kräfte frei, und Sophie gewann Anschluß an alte Gefühle aus der Kindheit und Jugend, die ihr abhanden gekommen waren. Sie konnte wieder lachen, zärtlich sein und erlebte Wut, Rachegelüste, die sie früher nie gekannt hatte. Ja, diese Gefühle waren es, die sie dann auch in der Verteidigung gegen den Komplex des Anklägers einsetzen konnte. In dieser Zeit schrieb Sophie in ihr Tagebuch:

«Sehnsucht ist noch nicht Liebe. Wir Frauen müssen lernen, unsere Sehnsüchte selber zu stillen, ihnen *allein* zu begegnen, uns nicht mit ihnen an Männer auszuliefern. Die Seele ist der Ort, wo ich mich zuhause fühle. Jetzt kommt eine neue Zeit. Ich will wieder staunen können und Wunder erleben – nicht nur mit einem Mann zusammen, sondern allein. Ich habe den Atem der Sehnsucht kennengelernt und die Dunkelheit der Liebe. Jetzt aber will ich meine Seele tanzen lassen: *Ich will eine Tänzerin des Glücks sein!*»

Bald darauf erschien der Ankläger-Richtergott ihr noch einmal im Traum. Diesmal nicht furchterregend, sondern als normaler Mann, der zu ihr sagte: «Ich werde bald sterben, aber vorher muß ich noch einen Fall lösen, ich muß kämpfen für den Fall der verlorenen Tochter.» Er sah Sophie traurig an und sagte zum Schluß: «the case of the *lost* daughter ... or the case of the *last* daughter» (der Fall der *verlorenen* Tochter ... oder der Fall der *letzten* Tochter). Damit entschwand er.

In ihr Tagebuch schrieb Sophie danach:
«Das Leben ist keine paradiesische Angelegenheit, aber ich will doch mein Glas heben: *Auf das Leben!*»
Das rächende Gottesbild, der Vater, der nur lieben kann zum Preis von totaler Unterwerfung, wurde allmählich weniger mächtig. Der Vater-Richter-Ankläger wollte zum Schluß sogar noch die Angelegenheit mit seiner Tochter in Ordnung bringen. Daß sie als die «verlorene» und als die «letzte» Tochter von ihm im Traum beschrieben wurde, heißt, daß sie, Sophie, aufhören kann, Tochter des Vaters, des Rächergottes spirituelle Tochter zu sein.
Ich sagte schon, daß Jerry Sophie in diesem Trennungsschmerz durch angebliches Nichtverstehen des Konflikts alleingelassen hatte. Sie war allein mit ihrem Schmerz, ihrer Wut, ihren Racheideen. Und als die Ablösung von dem Ankläger geschehen war, war Sophie erleichtert über die Trennung.

6. Freiheit und Abstieg

Es ist heute meist so, daß Frauen Konflikte und den damit zusammenhängenden Bewußtwerdungsprozeß allein tragen müssen. Horst-Eberhard Richter schreibt im «Gotteskomplex», daß der Mann, anstatt selber Gefühle zu entwickeln, sich die Gefühle der Frau einverleibt und die Frau dann, anstatt mit ihr in Beziehung zu treten, zu seinem Anhängsel macht.
«Es scheint so zu sein in unserer Zeit, daß die Frau bewußter wird und der Mann nicht, weil er auch diese Aufgabe der Bewußtwerdung der Frau aufbürdet.»[10] Der Bewußtwerdungsprozeß ist aber etwas, woran jeder nur für sich selbst arbeiten kann.
Früher war Sophie immer ins Chaos ihrer Emotionen hereingezogen und ihnen ausgeliefert gewesen. Immerfort schien es ihr, war sie in irgendeine Rettungsaktion der eigenen Gefühle vor den eigenen explosiven Leidenschaften oder denen anderer verwickelt gewesen. Erst als sie Wut und Rachegelüste und damit

ihre eigene Stärke spüren konnte, war sie von der Beziehung zu Jerry befreit. Denn Wut erleben bedeutet immer auch, Verlust hinnehmen zu können, jedenfalls bereit dafür zu sein.

Frauen verbieten sich Wut, nicht nur, weil es als unweiblich angesehen wird, weil sie Angst haben, verstoßen zu werden, sondern vor allem, weil sie wissen, daß Wut Trennung bedeuten kann. Mit dieser Wut allein zu sein und ihr zu folgen, ohne auf Beschwichtigung oder Versöhnung zu sinnen, dazu war Sophie dann bereit.

Sie ging in Imaginationen in unterweltliche seelische Tiefen und begegnete da einer Frau, die sich *«La Grigia»* nannte. Diese befahl ihr, sich freiwillig auf eine Holzbank in einem unterirdischen Gewölbe zu legen. Dort riß La Grigia ihr das Herz heraus, warf es ins Feuer und verbrannte es. «Es war ein großes Risiko», sagte Sophie zu mir. «Zuerst hatte ich da, wo das Herz war, ein riesiges Loch und danach, in meiner entsetzlichen Schwäche, bemerkte ich da einen winzigen roten Punkt. La Grigia erklärte mir: «Es ist dein altes Kinderherz, damit mußt du jetzt leben.» Sophie fragte sie dann, wie sie das Kinderherz verloren hätte, und La Grigia antwortete: «Das ist schon lange her!» Der Gang zu ihr wiederholte sich mehrmals, und La Grigia befahl Sophie, sich um das Kinderherz zu kümmern und mit diesem zu denken.

Es war sehr schmerzvoll für Sophie, sich von dem alten Herz auf so zerreißende Art zu trennen, von dem Herz, das sie immer in der Rolle des Opfers gehalten und mit dem sie sich jahrelang geschützt gefühlt hatte.

Mit dem alten Kinderherz konnte Sophie jene Gefühle des Zorns und Hasses, die sie in der Kindheit zwar hatte, aber verdrängen mußte, jetzt plötzlich erleben. Damit trat ihre vornehme Zurückhaltung von ganz allein in den Hintergrund. In ihr Tagebuch begann sie Erinnerungen aus der Kindheit zu schreiben, Gefühle, an die sie sich wieder erinnerte. So passierte zweierlei: Sie fand Anschluß an ihre kindliche Gefühlswelt und sie erhielt Zugang zu jenen Emotionen, die sie zwar als Kind gehabt hatte, aber aus Gründen des Selbstschutzes und der Idealisierung der Eltern nicht hatte erleben können. Margarete Mitscherlich schreibt: «Christa Wolf spricht in ihrem Buch *Kindheitsmuster* davon, daß die Gefühle sich rächen, die man sich verbieten muß. Mit dem Verlust der Erinnerung an Gefühle gehe auch der Verlust des inneren Gedächtnisses Hand in Hand. Damit verliert man den Zugang zum eigenen Selbst, das einem fremd wird. Aber auch die Unfähigkeit, sich von alten Gefühlen, Idealen und Beziehungen trennen zu können, hat schwerwiegende Folgen. Das starre Festhalten an Einstellungen aus der ersten Lebenshälfte führt oft zu Einsamkeit und Bitterkeit in der zweiten.»[11]

Über die Jahre sah ich Sophie ab und zu wieder, und sie erzählte mir von den Gesprächen, die sie mit La Grigia geführt hatte. Sie, Sophie, sagte dann einmal zu mir: «Ich habe viel gelernt, nämlich, vor allem, daß man sich andern nicht unterwerfen darf, egal, wie sehr man ihnen zugetan ist, daß man sich aber ‹denen da unten› », wie Sophie La Grigia und die anderen Gestalten, wie Tiere, denen sie in der Unterwelt, im Unbewußten, begegnete, nannte, «daß man sich denen liebevoll zuwenden muß.» Dadurch fand sie den Weg zu eigenen schöpferischen Tätigkeiten.

La Grigia brachte sie einmal zu einer Riesenschlange. Die Schlange hatte eine wunderbar leuchtende goldene Haut und goldene Augen und sprach folgendermaßen zu Sophie: «Ich wußte, du würdest eines Tages kommen. Jetzt gehörst du zu mir. Ich werde dir leuchten mit den Strahlen meiner goldenen Augen, und durch meine Windungen wirst du finden, was du brauchst!»

Sophie mußte sich nicht mehr auf fremde Macht, nicht auf die ihrer Liebhaber oder anderer stützen. Sie hatte zu ihrer eigenen gefunden. Manche Frauen lehnen es ab, die Macht, die sie durch und über den Mann erleben, mit der eigenen zu vertauschen, denn damit ist Liebesverlust und oft Außenseitertum verbunden.

«Wer als Frau Macht hat, muß mit Liebesverlust rechnen. Eine solche Frau ist oft nicht nur dem Haß der Männer, sondern auch dem der Frauen, die sich machtlos fühlen, ausgesetzt. Ich denke, jede von uns kennt den Zorn, den man als Frau im Beruf, in der

Partnerschaft und als Mutter spürt, wenn man für alles und jedes zuständig zu sein hat, ohne die Macht zu haben, etwas zu ändern, oder wenn man sie aus Angst vor Ablehnung auch gar nicht haben möchte. Als Frauen neigen wir nach wie vor dazu, unsere untergründigen Aggressionen in Vorwurfs- und Opferhaltungen umzuwandeln und dadurch eine für uns wie für die Betroffenen wenig erfreuliche passive Aggression auszuüben.
Wer sich als Frau dazu entschließt, ihre Fähigkeiten offen zu nutzen, selbständig Entscheidungen zu fällen, für Verhaltensänderungen bei sich und anderen zu kämpfen, ihre Angst vor notwendigen Aggressionen zu überwinden, muß ihre masochistische Unschulds- und Vorwurfshaltung aufgeben. Ich weiß, wie schwer das ist, aber ohne kritisches und selbstkritisches Aufbegehren gerade der Frauen kann und wird sich in dieser Gesellschaft nichts ändern. Das setzt voraus, daß Frauen lernen, mit ihren Aggressionen bewußter umzugehen und Schuldgefühle besser zu ertragen. Wenn Frauen die Beziehung der Geschlechter untereinander ändern wollen, wird das nie ohne Aggressionen und Schmerzen vor sich gehen. Konflikte mit nahestehenden Menschen, im Beruf, vor allem mit dem Partner und in der Familie, werden unvermeidlich sein, müssen durchgearbeitet und dürfen nicht vermieden werden.»[12]
Sophie war bereit gewesen, Außenseiterin zu sein. In ihr Tagebuch schrieb sie dazu:
«Es ist ein wunderbares Gefühl, die alte Rolle hinter mir gelassen zu haben. Warum konnte Nora (Ibsen), die versucht, sich zu emanzipieren, nicht aus dieser Rolle der Bedürftigen heraus? Warum ist sie die Schuldige geblieben? Weil sie sich für Thorwald aufgeopfert hat, der, auch noch in seiner Krankheit, der Held bleiben mußte – auch für Nora selber! Bis zum Schluß mußte er der Welt beweisen, daß er einer ist, der eigentlich nichts braucht – von niemandem. Er wollte nicht bedürftig sein! Und Nora machte mit.»
Die heldischen Männer haben keine partnerschaftlichen Gefühle für das Weibliche, sie haben Angst davor und können auch

keinerlei partnerschaftlich bedingte Konfliktsituationen ertragen, denn ihre Muttergebundenheit läßt sie vor solchen Unannehmlichkeiten wie Konflikten zurückschrecken, sie müssen sie verleugnen. Sophies alter Freund hatte zu ihr während der Trennungsphase von Jerry einmal gesagt: «Ein Mann, der die Wut einer Frau nicht ertragen kann, ist kein Mann!»

Solche Männer sind mit dem eigenen dunklen Seelenbild nicht verbunden, sondern haben es ganz – wie auch Jerry – in den Dienst weltlichen Erfolgs gestellt. Der Mann ist dann von einem passivmachenden oder einem ehrgeizigen Mutterbild nicht gelöst, und es ist dieses letztere, das zu immer mehr weltlicher Macht antreibt, während Liebe und Zartheit verachtet werden.

Die Weisheit der Schlange, die Sophie half, sich in der Welt, der inneren und der äußeren, zu orientieren, kann eine Frau erst dann zur Verfügung haben, wenn sie von solchen heldischen Männern weggeht und nicht die aufopferungsvolle Schuldige ist. *Die schlängelnde, aufmerksame, schlaue, sich windende Schlangenhaftigkeit ist auf der Erde zu Hause, auf der Erde mit allen ihren Unebenheiten, angepaßt an ihre Krümmungen – wachsam und beobachtend und rechtzeitig handelnd, das ist die Schlange, die auf dem Erdboden lebt.* Erst wenn Frauen diese Schlange in sich gefunden haben und mit und durch sie handeln, erst dann haben sie zu ihrer eigenen Dunkelheit gefunden, die sie beschützt und die ihnen hilft zu leben.

Als Sophie ihre Stärke langsam fand, lernte sie auch, wenn es notwendig für sie war, sich so zu verhalten wie die, unter denen sie immer gelitten hatte, nämlich *ablehnend.* «Die Identifikation mit dem Aggressor im Sinne der Möglichkeit, ‹nein› sagen zu lernen, kann nach René Spitz eine der wichtigsten Voraussetzungen für die Eigenständigkeit des Menschen sein und hat nicht nur Aspekte des ‹Brainwashing›, der kritiklosen Anpassung.»[13]

Wenn Frauen «nein» sagen können zu bestimmten Situationen und Menschen, können sie ihre Verfolger abschütteln, außen diejenigen, die ihnen vorwerfen, gierig oder schuldig, verräterisch oder unweiblich zu sein, wenn sie Eigenständigkeit zeigen,

innerlich die Richter-Ankläger, die sie verurteilen und beurteilen und sie, die Frau, um jede Freude, jeden Erfolg, jede Lust bringen wollen.
Wir werden im nächsten Kapitel zwei Märchen kennenlernen, die uns zeigen, wie das Fehlen jener oben beschriebenen schlangenhaften Weisheit eine tödliche Gefahr für das Weibliche birgt und wie die Frau dadurch hilflos den zerstörerischen männlichen Seiten ausgeliefert ist, wenn sie nicht rechtzeitig eigene dunkle Kräfte mobilisiert.
Wir merken, wieviele Opfer gebracht werden müssen, bevor alte Muster aufgegeben werden können. Immer wieder melden sich außen und innen Feinde des weiblichen schöpferischen Prozesses an, die nicht besiegt sind, die aber erkannt werden können.
Dazu ein Traum von Sophie:
Ich saß im Café an einem Tisch in der Sonne. Mein Begleiter war ein italienischer Dichter. Wir wollten zusammen etwas schreiben. Da sah ich am Nebentisch Ernst sitzen, den alten unverbesserlichen Gestrigen. Plötzlich sprang Ernst auf und zog den sich sträubenden Italiener von meinem Tisch weg, von mir zu sich hinüber. Als ich protestierte, sagte Ernst, er hätte eine wichtige geschäftliche Besprechung mit meinem Begleiter, dem Dichter. Da gab ich Ernst einen Stoß, so daß er wie eine Pappfigur vom Sessel fiel.
Der Traum zeigt uns, wie der Alte, der Patriarch, der Ewig-Gestrige, in ihr nicht aufgibt, ihr das Kreative und Emotionale auszuspannen, um es für seine Zwecke zu benutzen. Hier will er den Dichter in seine Machtmanipulationen einbeziehen, um ihn in den Dienst von Erfolg und Geschäft zu stellen. Das Weibliche muß also stets auf der Hut sein und sich auch sofort entsprechend zur Wehr setzen. Sophie konnte das jetzt. Dabei half ihr, daß sie immer wieder in Imaginationen in die Unterwelt hinabstieg. Dort führte sie oft Gespräche mit der Schlange:
Sophie: «Ich möchte aufhören zu tun, was *das Beste* ist, das Beste für mich und andere. – Ich wußte gar nicht, daß die Wüste hier so schön ist!» Ich sehe, die Schlange will mit mir sprechen.
Schlange: «Du bist traurig und einsam!»

Sophie: «Ja!» – Sophie schaut die Schlange an. Da erhebt sich die Schlange. Sie ist sehr schön, ihre Farbe, ihre Zeichnung. Sie schlängelt sich im Sand nach Schlangenmanier und beobachtet Sophie. Sie hat eine Zeichnung von schwarz-silbernen Wolken auf der Haut. Als Sophie auf die Wolken schaut, werden sie grau, dann weiß und zuletzt schwarz.
Schlange: «Ja, ich verändere mich und du dich auch, und was du bereust, ist, daß du nicht schon immer das Wissen und die Ideen hattest, die dir heute zur Verfügung stehen!»
Sophie: «Ja, das stimmt – es ist so eine furchtbare Sinnlosigkeit, die mich dann packt.»
Schlange: «Bleibe, bleib ruhig, versuche nicht, diese Verzweiflung zu verändern!» – Die Schlange stellt sich in ihrer ganzen Größe hoheitsvoll auf und sagt: «*Ich* bin die Macht und die Stärke, die du brauchst!»
Sophie: «Ich brauche keine Macht.»
Die Schlange wird sehr ärgerlich: «O ja, du brauchst sie, du Närrin. Die Macht, dein eigenes Leben zu leben, dich frei zu fühlen.»
Sophie: «Ja, wahrscheinlich, sonst bin ich eine Sklavin.»
Schlange mit einer königlichen Gebärde: «Du neigst überhaupt dazu, Sklavin deiner früheren Taten und Erfahrungen zu sein.»
Sophie: «Ich dache, ich darf nicht vergessen. Ich vergaß Dinge viel zu schnell und schaute nicht genau genug hin.»
Schlange, ungeduldig: «Wenn du genau hinschaust siehst du nur alte Fehler und Tragik. Ist denn dieses genaue Hinsehen das einzig mögliche?»
Sophie: «Ja, es stimmt, ich bedauere mich, sehr sogar. Ich bin oft voller Selbstmitleid.»
Schlange: «Das ist schon in Ordnung, tu das nur!»
Sophie: «Ich möchte alles mögliche, was andere auch haben.»
Schlange: «Das wäre aber dann jemand anderer, nicht du. Du hast immer zu lange gewartet, angebetet und zu wenig bekommen. Ändere das! Du wolltest immer die Männer retten, und das gelang dir ebensowenig, wie deinen Vater zu retten. Laß den Unsinn!

Mach es jetzt auf meine Art, auf die listige, schlängelnde Schlangenmanier!» – Die Schlange verschwand hinter einem Tamariskenstrauch.
Sophie, die Gradlinige wird von der Schlange aufgefordert, den öden Pfad zu verlassen und den Weg der Schlange zu gehen. Die Schlange verfügt über ein Wissen und kennt Wege, die der gradlinigen aufrechten Über-Ich-Haltung nicht zugänglich sind. Gewitzt, urplötzlich auftauchend, verspielt, listig und manchmal mit Verrat, erreicht sie ihr Ziel. – In einer weiteren Begegnung mit der Schlange sagt diese zu Sophie:
«Willkommen im Wald der Väter und Mütter. Die alte Ordnung der Dinge steht still, wenn ich mich erhebe. Ich werde dir jetzt den Kuß des Erwachens geben.»
Die Schlange küßt Sophie, und eine riesige Angst ergreift diese. Sophie spürt Kälte und Hitze in ihrem Körper aufsteigen.
Schlange: «Leg dich ins Gras und laß meinen Kuß wirken. Du wirst nicht sterben davon. Man stirbt nur von den Träumen und Seufzern der Ungeliebten!»
Sophie: «Ich will versuchen, auf Schlangenart zu leben, auf die schlängelnde Art.»
Schlange: «Ich verlange, daß du dich um mich kümmerst!»
Sophie: «Wie?»
Schlange: «Indem du mich streichelst, mich anschaust, mich pflegst.»
Sophie streichelt die Schlange, ihre Haut ist wie Seide.
Die Schlange tritt hier als Hüterin und Neuerin von Werten auf, die Sophie nicht in ihr Leben einbezogen hatte. Sie fordert Sophie auf, ihre Märtyrerinnenrolle aufzugeben. Weise, wie sie ist, erlaubt sie Sophie aber Weinerlichkeit und Selbstmitleid.
Die Schlange verfügt über bisher verborgenes weibliches Wissen und bietet sich als Ratgeberin an. Ihr Kuß besiegelt die neugewonnene weibliche Haltung, die wegführt von alten Strukturen. Sie fordert Sophie auf, sich um sie zu kümmern. Der Körperkontakt mit ihr, ihre seidige Haut, stellt die liebende Verpflichtung dar, die Schlange zu ehren, sich ihr und ihrem Wissen nicht zu

entziehen, es zu pflegen. Das Glück, das Sophie bei der Berührung der Schlange erlebt, zeigt, daß sie, trotz ihrer Angst, bereit ist, ihre Weisheit anzunehmen.
Einige Zeit später begann Sophie zu reisen, um «die Landschaften der Seele», wie sie es nannte, zu finden. Als sie zurückkam, sagte sie mir:
«Ich kann jetzt wieder staunen wie in meiner Kindheit. Das Labyrinth ist eine Tanzfläche geworden. Ich werde doch noch eine Tänzerin des Glücks sein! Ich muß nicht mehr immer das Licht suchen, ich kann auch im Dunkeln tanzen. Das Leben beginnt immer wieder, an jeder Ecke kann es neu anfangen. An jeder Ecke wartet es, genauso wie der Tod. Wir maskieren uns vor dem Tod und meinen, er wird an uns vorübergehen. Aber er geht nicht vorüber, – nie tut er das, immer kommt er uns entgegen, frontal kommt er auf uns zu, unser ganzes Leben lang.»
Auch ihren Vater muß sie am Ende nicht mehr hassen; sie verstand seinen Verrat, machte aber ihren Frieden damit. Weder mußte sie ihn aus ihrem Gedächtnis verbannen noch ihn idealisieren.
Die Schlange sagte ihr dazu: «Lausche der Violine von Zeit zu Zeit, höre deines Vaters Spiel! Höre ihn spielen die süße Musik der Kindheit – ohne ihm zu verfallen, ohne in die Falle zu gehen, denn dein Platz ist bei mir, in meinem Reich!»
Von Sophies letzten Worten zu mir habe ich die noch in Erinnerung: «Nur das verlassene Kind in mir, das vom Vater damals verlassene, kennt ihn, den Vater, und hat väterliche Liebe erfahren – das ist meine Tragik, aber auch meine Chance!»

Zwei Märchen: «Der Bräutigam mit der goldenen Nase» und «Mr. Fox»

Der Weg der Schlange ist für die Frau nötig, um sich vor den inneren und äußeren dämonischen Mächten des Männlichen, die oft so verführerisch erscheinen, zu schützen. Droht die Frau ihnen zu verfallen, so muß sie um ihr Leben bangen. Ihre Sehnsucht nach einem starken, glänzenden Mann wird oft zur Sucht, die sie nicht mehr losläßt. Und hat sie den Mann gefunden, der ihr Glanz oder Reichtum, Stärke oder Liebe oder von all dem etwas verspricht, so beginnt meist eine Geschichte des Verlustes. Verlust von Selbständigkeit, von Gefühlen für sich selbst, und es beginnt ein Rollenspiel von Täter und Opfer, aus dem sich beide nicht mehr befreien können. Es ist daraus eine Sucht geworden, bei der die Frau, wie in der Geschichte von «Dracula», dem Vampir ihr Blut gibt, d. h. ihre eigene Lebenssubstanz.
Die Märchen «Der Bräutigam mit der goldenen Nase» und «Mr. Fox» handeln beide von Frauen, die Opfer eines gefährlichen Mannes werden, weil sie einen Mann suchen, um durch ihn Stärke, Ansehen, Geld oder Potenz zu erlangen. Die Märchen haben ähnliche Motive, aber in dem einen wird die Frau von ihrem dämonischen Liebhaber zerrissen, während sie in dem anderen überlebt, indem sie ihn vernichten läßt.

1. Der Bräutigam mit der goldenen Nase

«Es war einmal ein sehr schönes und stolzes Mädchen. Jeden Tag kamen Freier, die sie haben wollten, aber keiner gefiel ihr, denn jeder hatte ja eine natürliche Fleischnase, und das Mädchen wollte einen Mann, der eine goldene Nase hatte.

Als sie nun genug Freier heimgeschickt hatte, ohne die gewünschte Goldnase zu finden, zog sie selbst in die Welt, um sich einen Bräutigam zu suchen. Sie reiste und reiste, aber ohne besseren Erfolg. Schließlich fand sie jedoch den gewünschten Bräutigam mit der goldenen Nase; das war aber Zauberei und ging nicht mit rechten Dingen zu.»

Das Märchen geht dann so weiter, daß der gefundene Bräutigam gerade beim Stiefelmachen ist. Er gefällt dem Mädchen sofort, und sie verloben sich auf der Stelle. Goldnase verlangt von der Braut nur, daß sie vor der Trauung an drei Kirchen mit ihm vorbeifahren soll. Sie willigt ein. Der Bräutigam nimmt einen Wagen mit zwei schwarzen Hengsten davor und jagt mit ihr zu den drei Kirchen. Vor jeder Kirche muß sie draußen auf ihn warten, und es dauert immer sehr lange, bis er wieder zur Kutsche zurückkommt. Bei der dritten Kirche dauert es ihr zu lange, und sie geht hin und schaut durchs Schlüsselloch.

«Aber was sieht sie da! – Ihr geliebter Bräutigam, die Goldnase, frißt in der Kirche Leichen, gerade zu der Zeit, wo der Pastor die Toten einsegnet!»

Schnell steigt sie wieder in die Kutsche und, als er kommt, fragt sie ihn dann unterwegs, warum er in die Kirchen gegangen sei. Er antwortet, er habe an dem Gottesdienst teilgenommen. Aber das Mädchen kann ihr Geheimnis nicht für sich behalten und erzählt ihm, was sie gesehen hat.

«Als der böse Geist das hörte, geriet er in Zorn, weil die Braut sein Verbot übertreten hatte, und erwürgte sie mit schauerlichem Gebrüll. So endete das Leben des stolzen Mädchens.»[1]

Wir hören, daß das Mädchen schön und stolz ist und daß sie keinen gewöhnlichen Bräutigam sucht. Sie möchte einen Mann, der ihrer eigenen Schönheit ebenbürtig ist, der etwas Außergewöhnliches darstellt. Eine Nase aus Gold soll er haben! Sie will sich von anderen Frauen unterscheiden und zwar durch den Mann, den sie «besitzen» möchte. Dafür scheut sie auch keine Anstrengung: sie zieht in die Welt, sie reist und reist. In diesem Motiv

wird die Ruhelosigkeit der Sucht, das rastlose Suchen nach Gratifikation beschrieben.
Die Reisen des Mädchens sind einzig dazu da, einen außergewöhnlichen Mann zu finden, nicht wie bei Sophie, die später Reisen der Seelenfindung machte. Als das Mädchen den Ersehnten findet, ist er gerade dabei, Stiefel zu machen. In der Volkssage sind Schuhmacher mit Tod und Teufel eng verknüpft. Oft geht der Schuster, so wird gesagt, nach dem Tode um, er erscheint an Wegkreuzungen als Geist, der seinem Handwerk nachgeht. In vielen Sagen überlistet er den Teufel.[2] Unheimlichkeit und Zauberei verbindet sich also mit dieser Tätigkeit des Schuhemachens, und Schuhe wurden schon immer als Mittel des Liebeszaubers angesehen. Bestimmte Schuhe entfachen Liebe und wilde Begierden. Sinnliche Liebe, Macht und Herrschaft sind mit Schuhen verbunden, während ohne Schuhe, mit nackten Füßen dastehen, Annäherung und Tribut an die Erde, die reale nackte Wirklichkeit symbolisieren.
So ist die unheimliche Zauberei des Bräutigams schon durch sein Handwerk ersichtlich. Aber das Mädchen hat gefunden, was sie gesucht, nämlich die Goldnase, und will das Verderben, das sich durch diesen Mann für sie ankündigt, nicht sehen, nicht fühlen. Sie ist bezaubert von ihm, noch mehr aber von ihrer Sucht, die ihr Glanz verspricht: Sie hat jetzt einen Bräutigam mit einer goldenen Nase. Diese steht für extraordinäre Potenzwünsche und phallisches Gehabe, hinter dem Potenzängste vermutet werden können. Die goldene Nase bedeutet auch, daß er keinen guten Riecher hat, dieser Bräutigam. Der künstliche Apparat zeigt, daß er ohne Fleischnase kein gutes Gespür fürs Leben hat, keine lebendigen Dinge aufzuspüren vermag, sondern nur Totes.[3] Mit dieser Wahrnehmung kann er nur von Leichen leben. Die Suche des Mädchens nach äußerem Glanz entspricht den aussaugerischen Tendenzen von Goldnase. Ihre Suche nach jenen Werten, die nur äußeres Ansehen und Macht erhöhen, verheißt aber kein Leben und

keine Befriedigung. Das Mädchen wählt gerade ihn, weil sie, wie er, von ihren Trieben abgeschnitten ist. Die Verbindung zu den Tiefen der Seele fehlt beiden.
Sie sucht das am Mann, was ihr selber fehlt, nämlich Macht und Unabhängigkeit und ein Gespür für sich und die eigene Situation. Aber warum findet sie es nicht bei einem guten Mann, warum gerät sie an den «Bösen»? Die Katastrophe ist bei ihr schon in der Suche angelegt: Die fraglose Bereitschaft, sich sofort und auf einen äußeren schnell Befriedigung versprechenden Schein hin in Abhängigkeit zu begeben, läßt sie bei einem dämonischen Liebhaber enden. Die Macht und Liebe, welche die Frau beim Mann sucht, bleibt bei ihr selbst dann unentwickelt und unrealisiert. Das Mädchen, auf der Suche nach Goldnase, entwickelte nicht ihre eigene Intuition und ihr Gefühl für unbewußte, übersinnliche Inhalte, sondern erlebt diese nur, und zwar auf tödliche Weise, an ihrem Bräutigam.
Es gab für sie genügend Warnungen drohenden Unheils. Zunächst die Forderung, vor der Hochzeit mit ihm an drei Kirchen vorbeizufahren. Wenn man so kurz vor der Hochzeit in die Kirche fährt, tut man es gewöhnlich zu zweit: Braut und Bräutigam gehen gemeinsam zur religiösen Andacht. In diesem Fall geht er aber allein hinein und läßt seine Braut draußen warten. Es kann sich also nicht um die von dem Mädchen ersehnte weiße Hochzeit handeln, sondern da schon, deutlich merkbar, kündigt sich das Unheil an. Auch die zwei schwarzen Hengste, mit denen der Bräutigam mit ihr von Kirche zu Kirche jagt, zeugen von einer Todeshochzeit. Trotzdem geben auch diese Kirchenbesuche dem Mädchen noch Gelegenheit, Erkenntnisse über ihren Bräutigam zu gewinnen, die sie aber, in ihrer Verblendung, den «Richtigen» gefunden zu haben, nicht nutzt. Sie vertraut da, wo sie Zweifel haben sollte, und gehorcht blind bei der ersten und der zweiten Kirche wartend. Erst bei der dritten Kirche scheint ihr die Zeit zu lange. Zweifel beginnen sich zu regen, sie wird neugierig und blickt durchs Schlüsselloch. Aber selbst, als sie ihren Geliebten beim Leichenfressen beobachtet, ist sie schein-

bar nicht mit Ekel, Angst und Grauen erfüllt. Jedenfalls wird darüber nichts gesagt. Statt dessen wartet sie dann noch gehorsam auf ihn und fährt auch mit ihm weiter. Anstatt ohne Zögern vor diesem Dämon zu fliehen, erzählt sie ihm mit unglaublicher Naivität, daß sie ihn durchschaut hat. Die Konsequenz ist dann, daß er sie tötet.

Es ist die alte Illusion, die die Frau hier verleitet hat, beim Mann zu bleiben, weil sie meint, auch diesen teuflischen Liebhaber, den Leichenfresser vielleicht wandeln und für sich retten zu können. Die Faszination der Macht, des Glanzes, die abgetrennt ist von seelischen Inhalten, hat in ihr jedes Gespür für die unmögliche tödliche Situation ausgelöscht.

Wer ist dieser Leichenfresser, der sich von Totem nährt? Es ist etwas in uns, das uns zwingt, über und durch andere zu leben, aus zweiter Hand sozusagen. Wir nähren uns von Totem, Abgestorbenem, wenn wir nicht unsere eigenen Möglichkeiten, sondern die anderer verwirklichen. Beide, Bräutigam und Braut, können nicht aus sich heraus leben, sondern müssen vor der Welt etwas darstellen.

In dem Leichenfressermotiv ist auch ein heroisches Moment des Mannes Goldnase, der die Toten aufstöbert, sie nicht ruhen lassen kann. Indem er sie sich einverleibt, wird er zum Überwinder des Todes; das Fressen der Leichen gerade in dem Moment, als der Pastor diese einsegnet, hat etwas, was den Tod verneint und Ausschau nach ewigem Leben hält, es ist da etwas Sich-nach-Erlösung-Sehnendes. Indem er gerade diese Toten verschlingt, die ins Jenseits geleitet werden, will sich der Leichenfresser damit ein Stück Unsterblichkeit sichern, indem er sich die, die fürs ewige Leben vorbereitet wurden, sozusagen einverleibt. So äußert sich Goldnases unbewußte Sehnsucht nach ewigem Leben.

Und doch sind beide, er und das Mädchen, ganz dem Diesseitigen, dem Ansehen, verhaftet. Dieses Streben nach Äußerlichkeit bedeutet ein Negieren des Spirituellen. Die Nekrophilie ist ja ein Konkretisieren des Todes und stellt sowohl eine Entwirklichung des Lebens wie auch eine Verneinung der Macht des Todes dar. Nekrophilie, Liebe mit Toten, heißt aber auch Angst vor dem Lebendigen. Das Tote ist ungefährlich gemachtes Leben. Josef Goebbels schreibt in seinem Roman «Michael»: «Alles Lebendige ist schrecklich.»[4] Aber wer Angst vor dem Leben hat, hat auch Angst vor dem Tod.

Wie Goldnase hat auch das Mädchen keine Ahnung von den Dunkelheiten der Seele und von ihrer eigenen weiblichen dunklen Seite, sonst hätte sie sicherlich nach einem anderen Mann Ausschau gehalten. Und spätestens an der dritten Kirche hätte sie das Grauen packen müssen. Da sie aber weder Grauen noch Angst zu verspüren fähig war, wurde sie von dem Dämon zerrissen.

Es ist wichtig, die Dunkelheiten der *eigenen* Seele aufzuspüren, es ist aber auch lebensnotwendig zu unterscheiden, wann man sich den dunklen Mächten hingeben kann und soll und wann sie so destruktiv sind, daß man sich vor ihnen fürchten muß. In diesem Zusammenhang bringe ich einen Traum von Sophie, die den richtigen Instinkt hatte und die auch vor ihrem sie aussaugenden Liebhaber flüchten konnte:

Ich bin mit einer Frau in einem unterirdischen Raum. Da kommt ein Mann herein, und ich sehe, daß er sehr gefährlich ist. Es geht um Leben und Tod. Er ist ein Riese und geistesgestört. Ich dränge ihn gemeinsam mit einem Löwen, der mir hilft, mit letzter Kraft zur Türe hinaus. Es ist eine Türe, die ich nur sehr langsam und mühsam zukriege. Es gelingt mir, der Frau und dem Löwen, ihn, der immer wieder hereindrängt, endlich auszusperren. Wir sind in Sicherheit.

Sophie sagte, die Frau, die ihr half, war Peggy Ashcroft, die Schauspielerin, die sie als Mrs. Moor in dem Film «Indienfahrt» gesehen hatte. Mrs. Moor war eine Frau voller Gefühl und Standhaftigkeit, nicht bereit, Kompromisse zu schließen, die andere oder sie selbst verraten hätten. Keine falschen Rücksichten hielten sie davon ab, sich für ihre Meinung gegen althergebrachte Regeln und Konventionen einzusetzen.

Sophie entdeckte in dem Traum, daß sie es mit einem Dämon zu

tun hat, mit dem man nicht verhandeln kann, der sie töten würde. Es heißt, der Mann sei geistesgestört, d. h., er ist zu keinem Kompromiß fähig und keiner Auseinandersetzung zugänglich. Das einzig Rettende ist, diesen Riesen herauszudrängen. Eine Frau mit ungeheuerer Zivilcourage sowie auch die Kraft eines Löwen stehen Sophie dabei zur Verfügung. Der Traum zeigt, daß nur ihre Entschlossenheit, mit diesem Mann nicht zu verhandeln, ihr das Leben rettet.
Diesen Mut und Instinkt hatte die Braut von Goldnase nicht.

2. Mr. Fox

«Lady Mary war jung, und Lady Mary war schön. Sie hatte zwei Brüder, und Verehrer hatte sie mehr, als sie zählen konnte. Aber der tapferste und ritterlichste unter ihnen war ein Mr. Fox, den hatte sie getroffen, als sie drunten im Landhaus ihres Vaters gewesen war. Niemand wußte, wer Mr. Fox war; aber er war gewiß mutig und sicherlich reich, und von all ihren Verehrern mochte Lady Mary nur ihn allein.»
Sie verlobten sich also, und als Lady Mary ihn fragte, wo sich sein Schloß befände, beschrieb er es ihr genau. Aber er lud sie und ihre Brüder nie ein, und das verwunderte sie. Und so machte sich Mary eines Tages, als Mr. Fox gerade verreist war, auf, um sich seinen Landsitz alleine anzusehen. Nach langem Suchen kam sie zu einem wehrhaft aussehenden Schloß. Auf dem Brückentor stand geschrieben:
«Hab Mut, hab Mut.»

Sie ging hinein, und über dem nächsten Torweg stand:
«Hab Mut, hab Mut,
doch zuviel ist nicht gut.»

Sie ging auch da durch und kam durch eine Halle, eine Treppe hinauf zu einer Tür, auf der stand:

«Hab Mut, hab Mut,
doch zuviel ist nicht gut,
sonst könnt' dir im Herzen
gerinnen das Blut.»

Da sie tapfer war, öffnete sie auch diese Türe und fand in dem Raum Leichen und Gerippe von schönen jungen Ladies. Da sah sie auch schon Mr. Fox ankommen, der hinter sich eine schöne Frau herschleppte. Mary versteckte sich hinter einem Faß. Mr. Fox wollte seinem Opfer einen Diamantring vom Finger abziehen; als ihm das nicht gleich gelang, fluchte er und hackte der Armen die Hand ab. Die Hand aber flog hinter das Faß, Lady Mary direkt in den Schoß. Als Mr. Fox, nach vergeblichem Suchen, gegangen war, verließ auch Mary eiligst das Schloß.
Am nächsten Tag sollte die Unterzeichnung des Ehevertrages stattfinden, und bei einem prächtigen Frühstück zu diesem Anlaß sagte Mr. Fox zu Lady Mary an der Tafel:
«Wie blaß ihr heute morgen seid, meine Teure.»
«Ja», sagte sie, «ich habe in der letzten Nacht schlecht geschlafen und hatte entsetzliche Träume.»
«Träume sind Schäume», sagte Mr. Fox, «aber erzählt uns euren Traum. Eure liebliche Stimme wird uns die Zeit vertreiben, bis die Stunde unseres Glücks da ist.»
«Ich träumte», sagte Lady Mary, «daß ich gestern morgen zu Eurem Schloß ging. Und ich fand es in den Wäldern. Es hatte hohe Mauern und einen tiefen Graben, und über dem Brückentor stand geschrieben . . .»
Und so erzählt Mary ihrem Verlobten und den Gästen an der Tafel noch einmal genauestens, in einen Traum gekleidet, was sie in Wirklichkeit in dem Schloß erlebt hat. Mr. Fox sagt dazu jedesmal:
«Aber das ist nicht so, noch war es jemals so. Und Gott behüte, es wäre so . . .» Am Ende der Geschichte angelangt, ruft Lady Mary. . . «Aber das ist so, und das war so. Hier ist die Hand und der Ring – ich habe sie noch und kann sie Euch zum Beweis zei-

gen.» Und sie zog die Hand aus ihrem Gewand und richtete sie auf Mr. Fox. Und sogleich zogen ihre Brüder und ihre Verehrer die Schwerter und schlugen Mr. Fox in tausend Stücke.[5]

Ganz anders als dem Goldnasemädchen erging es in diesem englischen Märchen der Lady Mary. Auch sie suchte einen Mann. Wir erfahren aber gleich am Anfang etwas Wichtiges, daß sie nämlich nicht, wie das Goldnase-Mädchen, allein auf der Welt ist, sondern Mary hat einen Vater und zwei Brüder. Ihren Bräutigam, den Mr. Fox, hat sie im Landhaus ihres Vaters kennengelernt, was bedeutet, daß ihre Wahl mit dem väterlichen Prinzip verquickt ist und sie den zukünftigen Mann als Vaterersatz sieht. Wenn der Mann den Vater nahtlos ersetzt, heißt es, daß die Frau sich nicht mehr um Eigenes bemüht, sondern versorgt werden möchte – wie als Kind vom Vater.

Beide, Vater und Bräutigam, sind reich, haben Landhäuser bzw. Schlösser.

Wie das Goldnase-Mädchen hatte Mary viele Verehrer. Sie bringt ihnen aber nicht, wie erstere, Verachtung entgegen, sondern scheint sich mit ihnen so gut zu verstehen, daß sie ihr später auch zu Hilfe kommen. Im Gegensatz zu der Vereinsamung des ersten Mädchens geht es in den englischen Landhäusern, wo Mary zu Hause ist, lustig zu, deshalb kann ihr der sadistische Mann Fox, der auch einer inneren Figur Marys entspricht, letztlich nichts tun.

Es heißt, niemand kennt Mr. Fox, was bedeutet, daß er dem Kollektiv, in dem Mary sich bewegt, fremd ist. Es bricht also ein unbekannter Komplex ein in das komfortable, wohlgesittete englische Landleben. Sein Name, Fox, verrät, daß er wohl nicht zu der vornehmen hellen Welt der Countrygentlemen gehört, sondern aus einem dunklen Bau kommt, ein Räuber und Einzelgänger, der sich das stiehlt, was er braucht. Lady Mary verliebt sich in ihn, weil er mutig ist und reich, vor allem aber, weil er ganz anders zu sein scheint als sie.

Es zeigt sich jedoch später, daß sie sich diese Eigenschaft des

Mutes gar nicht von einem Mann zu holen braucht, da sie sie selber besitzt und auch in Notsituationen anwenden kann. Die eigene Fuchsigkeit und Schläue, die ihr an Fox imponiert hat, rettet ihr auch das Leben. Sie braucht Fox aber doch und muß gerade ihn treffen, weil sie ihre eigenen füchsischen Seiten nicht kennt, durch ihn wurden sie erst mobilisiert. Sie ist, im Unterschied zu dem ersten Mädchen, neugierig genug, um Dingen, die ihr seltsam erscheinen, schnell nachzugehen. Sie fragt Mr. Fox nach der Verlobung, wo sie leben würden, und läßt sich die Lage seines Landsitzes genau beschreiben. Daß er weder sie noch ihre Familie je eingeladen hat, kommt ihr schnell eigenartig vor; sie ist also nicht naiv! Sie muß unheilvolle Ahnungen gehabt haben und ein Gespür, daß etwas mit Fox nicht stimmt. Wichtig ist, *daß sie diesen Ahnungen auch nachgeht und sie nicht beiseite schiebt.* Sie will, als er auf Reisen ist, allein sehen, wo er wohnt. *Sie verdrängt also ihre unheilvollen Ahnungen und ihr Gespür für das Unheimliche nicht.*

Da der Bräutigam ihr sein Schloß so genau beschrieben hat, ist anzunehmen, daß er sich die Entdeckung seiner mörderischen Seite wünscht, genau wie Blaubart, der seiner Frau den Schlüssel zur Kammer gibt. Diese Komplexe hoffen insgeheim durch die Entdeckung von anderen auf Erlösung. Auch Goldnase hoffte vielleicht auf Rettung, da er seine Braut mit zu den Kirchen nahm.

Wenn man Komplexe bearbeitet und internalisiert, Goldnase und Mr. Fox in sich selbst erkennt, kann dies rettend sein. Aber eine direkte, ungeschützte und naive Konfrontation mit diesen frauenmörderischen Eigenschaften und dem Leichenfressen ist tödlich. Es handelt sich da um Komplexe, die nicht wandelbar sind, vor denen man davonlaufen muß, um nicht vernichtet zu werden. Auch Dracula, der Vampir, ist ein solcher Komplex.

Mary fand das Schloß erst nach langem Suchen, was bedeutet, daß ihr das Bedrohliche, das Mörderische, sehr fern liegt – sie muß lange suchen, um es zu finden. Es gelingt ihr durch Ausdauer, Mut und Schläue. Das Schloß, der seelische Ort, an dem mörderische Aggressionen geschehen, ist abgetrennt und weit weg von ihrem Bewußtsein und der sie umgebenden Schicht des Countrysquire. Bei Mr. Fox gibt es Dinge, von denen sich die guten Manieren der Landadligen nicht träumen lassen! Und doch besitzt Mary den Mut, zu dieser Dunkelheit zu gehen, und was sie dort erfährt, rettet ihr Leben.

Die Sprüche vom Brückentor, Eingangstor bis zur Galerie werden immer dichter und unheimlicher. Weil sie aber couragiert und neugierig ist, geht sie bis zur Kammer. Die Szene, in der Fox einer anderen halbtoten Lady die Hand um des kostbaren Ringes willen abhackt, erregt Grauen und wird für Mary der spätere Beweis, daß sie nicht geträumt hat. Sie nimmt die abgehackte Hand und flüchtet, bereit die Gefahr zu erkennen und jede Illusion von ihrem Bräutigam aufzugeben.

Was bedeutet es, Hand und Ring abzuschlagen? Der Ring ist ein Zeichen von Bindung und Bezogenheit, und dieser wird von Mr. Fox begehrt. Hier wird seine Spaltung deutlich: er will Bindung, aber ohne Gefühl, grausam aggressiv, ohne die dazugehörige Frau, buchstäblich um jeden Preis, um den Preis des materiellen Wertes! Es ist nicht auszumachen, ob die Gier von Fox primär der Frau oder ihrem Schmuck und Reichtum gilt.

Frauen, denen Reichtum und Ansehen in der Beziehung zu einem Mann derartig wichtig sind, begeben sich so in die Gewalt von alten väterlichen Wertsystemen und neigen dazu, ihre Gefühle und seelische Tiefe zu ignorieren. Auch die Frauen von Blaubart erlagen ihm, weil sie von seinem Reichtum so fasziniert waren.

In diesem Märchen rettet Mary sich selbst, weil sie eben nicht nur einen reichen, sondern auch einen *mutigen* Mann sucht. Ihre eigene Tapferkeit und Schläue bewahrt sie davor, dem reichen Mr. Fox blindlings zu vertrauen. Nicht nur materielle Schätze, sondern auch seelische Werte sucht sie. Sie unterschätzt auch Mr. Fox als Gegner nicht, deshalb geht sie bei der Entlarvung nicht naiv, sondern äußerst vorsichtig vor: Sie kleidet was sie weiß in eine Traumerzählung. Vor allem aber, das Wichtigste, sie konfrontiert den Bräutigam nicht *allein und ungeschützt,* sondern beim Verlobungsmahl, als sie im Kreise ihrer Familie und Freunde sitzt.

Mr. Fox zeigt bei dieser Gelegenheit noch einmal seine oberflächliche und frauenfeindliche Gleichgültigkeit Mary gegenüber, als er ihre Träume als Schäume deklariert, ihr aber herablassend zubilligt, ihren Traum doch zu erzählen, indem er sagt: «Aber erzählt uns euren Traum. Eure liebliche Stimme wird uns die Zeit vertreiben, bis die Stunde unseres Glücks da ist.» – Es ist dies das kalte Gehabe eines Verführers, der zeigt, wie wenig er von dem, was eine Frau ihm zu erzählen hat, hält und berührt ist, der ihr aber zu verstehen gibt, daß sie ein netter Zeitvertreib ist und sexuell begehrenswert.

Für viele Frauen ist es beglückend, Liebesobjekt des Mannes zu sein, selbst wenn sie Demütigungen in Kauf nehmen. Außerdem sind diese Verführbaren in die Illusion verstrickt, daß er, dieser Verführer, sich demnächst ändern und ihre Werte doch noch erkennen wird. Frauen, die sich selber als Dekorationsstück und Zeitvertreib des Mannes betrachten, mit denen hat ein Mr. Fox leichtes Spiel!

Frauen lassen sich oft von solchen frauenmordenden Verführern verleiten, hinhalten, in illusionäre Hoffnungen verstricken, wie hier durch das In-Aussicht-Stellen eines bevorstehenden Glücks, meist sexueller Natur. Es macht sie glücklich, sexuell begehrt zu werden, selbst wenn aus dem Begehren Verachtung für den weiblichen Geist deutlich herauszuhören ist. Aber dieses Begehrtwerden gibt ihnen oft die einzige Macht, Macht, die sie auf andere Weise nicht erleben und ausüben können. Liebesobjekt für einen Mann zu sein und äußerer Zeitvertreib für ihn, ist für viele Frauen noch besser als den Mann ganz zu verlieren. *Sie wollen dann die Verächtlichkeit gegenüber dem Weiblichen nicht sehen.* Deshalb haben es die Verführer durch die Jahrhunderte auch immer wieder leicht mit Frauen, die aufwuchsen ohne viel Selbstwertgefühl, mit allen, die erzogen wurden, die Launen des Mannes «nicht so tragisch zu nehmen».

Aber in dieser Geschichte ist die Frau voller Voraussicht, klug und selbstbewußt. Unbeirrt erzählt sie ihren «Traum» und wirft dem dämonischen Liebhaber zum Schluß die abgeschlagene Hand als Beweis, als Anklagehand, entgegen.

Es ist wichtig zum Verständnis des Märchens, daß Mr. Fox durch seinen Namen gerade die Eigenschaften zu besitzen scheint, die Mary auch hat und die ihr das Leben retten: List, Schläue, schnelles Zupacken, Draufgängertum. All dies zusammen mit ihrer aktiven Neugier läßt sie Mr. Fox zur Strecke bringen.

Das Goldnase-Mädchen zeigte erst vor der letzten Kirche milde Neugier, die aber emotionslos ist. Mary hingegen ist neugierig und unternehmungslustig genug, das Schloß ihres Verlobten aufzusuchen und durch alle Gefahren und Drohungen hindurch bis zur letzten Kammer vorzustoßen.

Es ist hilfreich, neugierig zu sein. Neugierige Kinder und Erwachsene entdecken Unvorhergesehenes, Unerlaubtes, entwikkeln Pläne und können diese auch besser realisieren – die Neugier treibt sie an. Mangelnde Neugier endet oft in Apathie und Verderben, besonders im Falle von zwischenmenschlichen Beziehungen. Viele Eltern entmutigen ihre Kinder, indem sie ihnen sagen: «Sei nicht so neugierig», oder: «Das wirst du noch früh genug erfahren.» Aber vieles kann man nicht früh genug erfahren!

Die Braut von Goldnase besitzt diese Neugier nicht und will den Bräutigam auch gar nicht durchschauen. Und ihren intuitiven Ahnungen konnte sie nicht folgen, weil sie sie gar nicht aufkommen ließ. Schläue, Fuchsigkeit, Findigkeit, die sie gebraucht hätte, um die eigenen Dunkelheiten und Realitäten sowie die des anderen zu erkennen, besaß sie nicht. Die Fleischnase fehlte ihr! So konnte sie sich auch nicht fürchten, es fehlte ihr das natürliche Grauen vor dem, was sie mit dem Mann erlebt hat. Daß sie ihn dann als Leichenfresser erkennt und sich trotzdem wieder zu ihm in die Kutsche setzt, heißt, daß sie, wie er, den Tod nicht wahrhaben will.

Dieses Streben, den Tod zu besiegen, ist ein typisch heldisches

Motiv. Indem der Tod negiert wird, hält man ganz am Diesseitigen fest und vermeidet die Auseinandersetzung mit ihm. Hinter dieser Angst vor dem Tod ist eine *Angst vor dem Leben* verborgen. Goldnase und Mr. Fox haben kein eigenes Leben in sich. Wie die Helden sind sie perfektionierte Standbilder, vom Eros abgeschnitten.

Der Held und Das Weibliche

«Aber was ist das für eine Krankheit,
unter der die anderen
leiden und der Kranke nicht?»
Ingeborg Bachmann

1. Der kranke Mann unserer Zeit

Der heldische Mann leidet an der Krankheit, nicht kranksein zu können.[1] Er kann sich nicht schwach und hilfebedürftig zeigen und hält alles für machbar. Stärke, Wissen, Leistung, Kontrolle sind seine Götter, während er vor seiner Innenwelt ständig auf der Flucht ist. Er vollbringt äußere Taten, außergewöhnliche Leistungen, die andere bewundern sollen – davon zehrt er –, nur so meint er leben zu können. So ist er nicht mit seinem Inneren, dem Selbst, verbunden, und ist auch, wegen des fehlenden Eros, außen von den anderen Menschen abgeschnitten. Denn was ihn mit anderen verbindet, ist eher ein Machtgefüge, dem er und diejenigen, mit denen er sich zusammentut, unterworfen sind. Es ist für ihn eine Tugend, keine Angst zu haben; schon früh wurde er zu dieser Haltung erzogen. Die einzige Angst, die er nicht ganz verbergen kann, die er zuläßt und auch gerne äußert, ist die vor der Frau. Aber er projiziert diese Ängste auf sie, so daß sie, die Frau, ihm als fürchterlich und verschlingend erscheint und er sie so verachten oder sich ihr entziehen kann, um wieder seinen Unternehmungen nachgehen zu können. Während er im Krieg oder bei anderen «männlichen» Unternehmungen seine Angst unterdrückt oder kontraphobisch in sie hineinläuft, läßt die

Angst vor der Frau ihn eher die Flucht ergreifen. Oder: Um seine eigene Unterlegenheit zu cachieren, verachtet und entwertet er die Frau. «Die ‹Freiheit›, der Macht nachzujagen, um nichts von Furcht wissen zu müssen, verbündet sich mit der Verachtung, die Männer für das weibliche Geschlecht haben.»[2]
Aber nicht nur das Weibliche wird vom Helden verachtet, auch das Seelische, die eigene Innerlichkeit wird von ihm negiert. Die Eroberung äußerer Ziele dient als Abwehr, um die Bedürfnisse der eigenen Seele nicht wahrnehmen zu müssen. Das Christentum hat auch dazu beigetragen, daß Feinde vor allem *außen* bekämpft werden; immer wurden sie außen gesucht und gefunden. Sowohl das Missionieren, das Christentum nach außen tragen, wie die «heiligen» Glaubenskriege brachten es mit sich, daß äußere Feinde verfolgt und getötet werden mußten. Selbst die «inneren» Feinde, die sogenannten Versuchungen des «Fleisches», des Teufels, wurden durch die Inquisition außen bekämpft. Erlebte der Mann Feinde aber wirklich «innen», in Form von sexuellen oder aggressiven Visionen und Fantasien, so wurden sie schnell auf die Frau projiziert, und dann wieder in ihr, außen, verfolgt.
Es ist fast unglaublich, daß das Christentum – diese Religion der sogenannten Innerlichkeit – gerade diese Innerlichkeit mit allen Mitteln geleugnet hat. Eine Ausnahme bildeten zwar die Mystiker, die aber nur eine kleine Minderheit in der Geschichte des Christentums dargestellt haben und von denen viele als Ketzer verfolgt worden sind. Bedrohungen sind im Christentum kaum als solche der eigenen Seele wahrgenommen worden. Dies bewirkte eine generelle Abwertung der Innenwelt, die mit einem Unverständnis für symbolische Seeleninhalte einhergeht, wodurch es im Christentum zu einer Historisierung der Glaubensinhalte und zu Streitereien um literalistische «Wahrheiten» kam. Damit war auch die Transzendenz nach außen projiziert, und so lagen transzendente Inhalte nicht in der menschlichen Seele, sondern waren *außen,* über den Wolken, hinter der Zeit, in der Ewigkeit zu Hause. Jung sagt mehrfach in seinen Schriften, das

Schlimme am Christentum sei, daß alles außen liege und daß im Namen keiner anderen Religion so schreckliche Kriege geführt wurden, wie im Namen des Christentums. Der Feind war immer der andere.

Heute hat dieses Außensein dazu geführt, daß Transzendentes in der protestantischen Kirche weitgehend verloren gegangen scheint und man dort von der Psychologie Anleihen macht, um damit «Seelsorge» zu betreiben, die eigentlich Psychotherapie sein soll. Und auch soziale Unternehmungen wie Ausflüge, Kaffeetafeln, Jugendarbeit mit Parties und Ping Pong, Spielen u. a. werden als Kirchenarbeit betrieben. In der katholischen Kirche entwickelt der Papst hektische äußere Aktivitäten, indem er z. B. durch Lateinamerika reist, um sich über die Not der Bevölkerung ein Bild zu machen, und sich um die Geburtenkontrolle Sorgen macht. Frauen, die bereits zwölf Kinder haben und keine Wohnung, wie ich sie in Mexico in U-Bahn-Schächten gesehen habe, werden belehrt, daß sie noch mehr Kinder bekommen sollen. Auch da werden innere Probleme außen angegangen. Daß Menschen, die Verhütung anwenden, eine innere religiöse Einstellung haben können, ist offensichtlich unvorstellbar. Dahinter stehen gewaltige Machtprinzipien und der männliche Wille, die Frau und das Leben selbst unter Kontrolle zu halten. Die Selbständigkeit des Menschen, besonders aber die der Frau, wird durch die Kontrolle des Elementarsten und Vitalsten, der Sexualität, bekämpft. Die Sexualität des Menschen und die Art, wie er sie praktizieren will, hat etwas mit seiner Autonomie zu tun. «Diesen Selbständigkeitstrieb will die Kirche unter ihrer Kontrolle halten, das hält unmündig.»[3]

Weil innere Erlebnisse negiert werden, können auch Ängste und Gefühle wie die des Zweifels, der inneren Leere nicht zugelassen werden. Und nichts ist fürchterlicher für die heldische Seele als der Zweifel. Alles Ambivalente, Zweifelhafte, Zwiespältige wurde in die Domäne des Teufels verbannt und somit wieder außen gesehen und bekämpft. Ebensowenig konnte die

Angst vor dem Weiblichen als Bedrohung der *eigenen Seele* erkannt werden. An diesem Erbe haben wir heute noch zu tragen. Schon im dritten Jahrhundert wurde die Welt der Psyche, das Innenleben, so auch das Reich der Träume, von den «Heiligen der Wüste» dämonisiert: «Der Schlaf entführt den Asketen in eine Welt der Illusionen und Irrtümer, das Reich des Satans», heißt es bei einem solchen Heiligen. Auch trat in den Visionen dieser heiligen Männer der Teufel als nackte Frau auf, und sie glaubten, der Teufel irre als schöne arme Frau, die Mitleid erregen wollte, in der Wüste umher. So wurde Mitleidlosigkeit und Gewalt schon damals als Heilmittel gegen das Weibliche und seine «Dämonie» empfohlen. *Diese Männer verkehrten ihr eigenes Bedürfnis nach Schwäche, Sinnlichkeit, Eros, ihre Sehnsucht nach trunkener Hingabe in eine «Gottrunkenheit»*[4]. Dabei ging es den Wüstenheiligen sehr ums Konkurrieren mit ihren Mitheiligen: So ließ einer den anderen, der zu ihm von weither auf Besuch gekommen war, tagelang in der Sonnenglut und im Nachtfrost an seiner Türe klopfen, um seine Ausdauer und Demut zu prüfen. Oder einer goß dem andern kostbaren Honig in den Sand, den dieser dann vom Sand trennen mußte. Oder Steine mußten in der Wüste gezählt und sortiert werden. Es scheint, als ob es dabei um das Ausleben eigener Omnipotenzwünsche ging, und um die Frage: Wer wird vom Vater-(Gott) mehr geliebt?
Auch heute sind diese «Athleten des Exils», wie sich die Wüstenheiligen selber nannten, noch unter uns. Das Beispiellose, das diese Athleten auch heute vollbringen, liegt weniger in dem Neuen als in dem Überhöhten. Der Fortschritt, der zunächst in der Verwirklichung von Neuem *tatsächlich* erreicht wird, endet dann doch in Anpassung und Konformität. Ein Beispiel, das für viele andere steht, sind die Besteigungen von allen vierzehn Achttausendern in 29 Expeditionen des Reinhold Messner. Ohne Sauerstoffmaske und im Alleingang bestieg er den Everest und den Nanga Parbat. Seine Geschichte ist nach Lütkehaus «die eines modernen Helden, in dem sich Widerstandskraft und An-

passungsvermögen so miteinander verbanden, daß er schließlich genau dort wieder ankam, von wo er einst aufgebrochen war»[5]. Messner selber nannte sich einen modernen Sisyphos: «Ich bin nicht nur ein Alleingänger, ich bin auch eine Art Sisyphos, der niemals wirklich zum Gipfel kommt. Ich bin Sisyphos, und der Stein, den ich auf den Berg rolle, ist meine eigene Psyche.»[6]. Seine größte Tragödie ist es daher, daß, wenn er sein Ziel erreicht hat, er bereits wieder eine neue Großtat planen muß, da sich wahrscheinlich nach jeder solchen Unternehmung eine riesige innere Leere einstellt. Messner beschreibt es als ein «Nie-oben-sein-Können sowie [ein] Nie-unten-sein-Können»[7]. Das heißt aber, daß er nicht genießen kann, keine Ruhe findet in der wunderbaren Bergwelt, daß es ihm mehr um *das Erreichen des Außerordentlichen* geht, und so stellt sich entsprechend auch nach dem Ankommen am Ziel ein Gefühl der Sinnlosigkeit und Leere ein. Denn solange der Sinn nur in der *Erreichung* des Ziels liegt, ist man auf ewige Steigerungen und auf eine gewisse Maßlosigkeit angewiesen. Läge der Sinn im Aufbruch und im Weg selbst, so wäre man unabhängig von der Bewunderung anderer.
Und was bei Messners Taten, nach Lütkehaus, als ein Zurück zur Natur im Sinne Rousseaus begann, endete, durch einen zwanghaften Steigerungswahn bedingt, in extremem Konformismus. Er, der ausging, die Berge im Alleingang zu erleben, der die Natur so vor Tourismus und Konsumdenken zu bewahren gedachte, endete damit, daß er Reklame für Allrad-Fahrzeuge macht, die «Erlebnis-Urlauber», so Lütkehaus, zurück in die Berge des Himalaya führen sollen.
Der Unterschied dieses modernen Bergsteigers zu dem antiken Sisyphos ist gewaltig. Während ein heutiger Held ein freudlos Getriebener ist, der seinen inneren leeren Zustand immer wieder überdecken und beschwichtigen muß, der den Beifall und das Staunen der Welt noch mehr zum Leben braucht als den Sauerstoff, ist der antike Held *Sisyphos* einer, der sich mit seinem Schicksal abgefunden hat, der auf den Beifall anderer nicht angewiesen ist. Der Sinn des Steins liegt für Sisyphos im Leben

selbst, liegt gerade in der Sinnlosigkeit und darin, daß er diese akzeptiert. C. G. Jung sagt: «Denn in allem Chaos ist Kosmos und in aller Unordnung geheime Ordnung, in aller Willkür stetiges Gesetz.»[8] *Sisyphos muß nichts steigern, vor anderen nichts leisten.* Er hat Zeit, nachzudenken, er ist nicht rastlos und nicht gejagt. Er ist von den Göttern bestraft worden, er hat es akzeptiert, er kennt sein Los und nimmt das Leben so, wie es ist. Er hat keine Omnipotenzfantasien, sondern *unterwirft sich seinem Schicksal, der Endlichkeit des Menschseins, was der moderne Held ja gerade nicht kann.* Sisyphos nimmt sein Los an und empfindet dieses Schicksal als sein eigenes. Dadurch wird er frei und autonom. Nach Camus weiß er, daß der Stein, den er wälzen muß, sein Schicksal ist, der Stein ist seine Aufgabe. «Sisyphos [lehrt] uns die größere Treue, die die Götter leugnet und die Steine wälzt... Wir müssen uns Sisyphos als einen glücklichen Menschen vorstellen», schreibt Albert Camus.[9] Sisyphos ist einer, der allein ist und es sein kann, der nicht auf fremdes Staunen angewiesen ist. Er ist kein Held, sondern ein Unabhängiger auf einem einsamen Weg. Er hat keine Erwartungen.

Der Held hingegen ist ein Konformist, denn die Sucht, bewundert zu werden, verlangt eine ununterbrochene Anpassungsleistung, bis sie zur Farce wird. Es ist eine Illusion zu meinen, daß narzißtischer Alleingang Individualität garantiert; das Gegenteil ist der Fall – er endet meist in Regression und Konformismus. Im Falle Messner ist es eine Rückkehr zu etwas, was er bereits lange hinter sich gelassen hatte: Er, der sich als modernen Rousseau im «Zurück zur Natur» sah, endete als «Sisyphos Messner – der Geschäftsführer der Himalaja-Boutique»[10].

Gruen spricht von der «Seelenlosigkeit des Konformisten»[11], der es versteht, die Öffentlichkeit von sich zu überzeugen, der sich jeder Realität sofort mühelos anpaßt. Es ist dies letztere wahrscheinlich auch der Grund, weshalb Messner diese Leistungen ohne Sauerstoffmaske überhaupt vollbringen konnte: er konnte auch unter unmenschlichen Bedingungen noch atmen – da, wo es anderen schon längst den Atem verschlagen hätte!

Um des Erfolges willen flüchtet der Held nach außen – weg von seiner Innenwelt. Er unterwirft sich den Machthabern, um dabei zu sein, und spaltet so seine Gefühle von sich ab. Der Held ist ein falscher Sisyphos, einer, der nichts aus der Hand geben kann, auch den Stein nicht und ihn, im Gegensatz zum antiken Sisyphos, nie fallen läßt, so daß er sich entspannen könnte. Er ist in ewiger Anspannung. Er ist immer im Einsatz.

2. Frauenfeindlichkeit und Selbsthaß des Helden

Die französische Philosophin Elisabeth Badinter nimmt an, daß die Frauenfeindlichkeit eine Krankheit ist, «die anschließend eine entsprechende Taktik nach sich zieht»[12], nämlich die, Frauen in Mißkredit zu bringen, damit die schöpferischen Fähigkeiten des Mannes besser zur Geltung kommen. Auch da geht es um Konkurrenz und Macht. Kreativität und Produktivität der Frau flößt dem Mann auch Angst ein, es sei denn, sie dient ihm und ist unter seiner Kontrolle. Adrienne Rich meint, daß dies auf den Gebärneid des Mannes zurückzuführen ist. Ich denke, es ist auch Neid auf und Bewunderung für eine gewisse Leichtigkeit und Unkonventionalität im Schöpferischen, das Frauen oft haben.

Wir werden bei der Besprechung des Fliegenden Holländers sehen, daß der Held von der Frau die Garantie seiner Unsterblichkeit fordert und sie dafür haßt, daß sie Leben gibt, dieses aber mit dem Tod verbunden ist. Diese narzißtische Kränkung des Nicht-unsterblich-Seins lastet er unbewußt der Frau an. Deshalb ist mit dieser Todesverneinung eine Verachtung des Weiblichen verknüpft. Auch die Verehrung der Maria im Christentum ist nur eine scheinbare Erhöhung des Weiblichen, denn Maria wird verehrt als Lebensgeberin des männlichen Gottes. Als Gottesgebärerin besitzt sie den Wert, einen Unsterblichen geboren zu haben. Mit der Geburt ihres Sohnes ist unsterbliches Leben für alle in Aussicht gestellt. Maria wird nicht als ein weibliches Wesen mit weiblichen Werten aus und für sich selbst dargestellt, sondern sie ist eine auf den Mann bezogene Funktion. Die Verehrung gilt nicht primär Maria, einer selbständigen, vom Männlichen unabhängigen Weiblichkeit, sondern der *Mutter* Gottes. Die moderne theologische Interpretation, die die Jungfräulichkeit Marias als selbständige und vom Mann unabhängige Weiblichkeit deutet, ist falsch. Gerade selbständig und unabhängig ist sie *nicht,* sondern im Gegenteil: sie findet nur durch das Männliche ihre Daseinsberechtigung, ist ganz auf das Männliche bezogen, auf Jesus, auf den Heiligen Geist, auf Gott-Vater.

Eine andere Wurzel der Frauenfeindlichkeit, die auch im Christentum verankert ist, ist die erwähnte Askese, eine Ideologie, die die Beziehung zwischen den Geschlechtern schwer belastet hat. Im 3. Jahrhundert in vehementer Form begonnen, zielt der Asketismus auf die Abtötung körperlicher, vor allem sexueller Bedürfnisse hin, weil Sexualität und das Weibliche Gott mißfallen. In der asketischen Bewegung der «Wüstenheiligen» spielten Rivalität und Konkurrieren, wie bereits besprochen, eine überragende Rolle. Jeder wollte den anderen in seinen Kasteiungen übertreffen, um vom Vatergott mehr geliebt, schneller zu ihm gerufen zu werden. Ihr Konkurrieren glich dem der heutigen Sportler. Die «Athleten des Exils» haben schon damals zu ihren Lebzeiten von ihren Kasteiungen als Heldentaten gesprochen. Wir sehen also, daß solche Taten Frauen nicht nur ausschließen müssen, sondern auch Frauenhaß implizieren: «Ich bin gekommen, um die Werke der Frau abzuschaffen», sagt Jesus in den apokryphen Schriften des Thomas.[13]

Die Wüstenheiligen sind aber keine historische Kuriosität, sie sind noch unter uns. Wenn das Leben sich nur aus einer Reihe von Taten zusammensetzt, um andere zu überrunden, so überdeckt es nur schlecht die eigene Leere. Diese wieder verstärkt den Selbsthaß, weil man ja irgendwo ahnt, daß man unverbunden ist mit dem eigenen Selbst. Sicherlich liegt hinter der Kasteiung der Asketen eine Sehnsucht nach Unterwerfung und nach

Aufgabe des eigenen Ego, aber wenn es nur beim Ausagieren bleibt, wird das Ich durch die erwähnten Allmachtsfantasien eher gestärkt. Der Verdacht liegt dann nahe, daß es sich bei ihren freiwilligen Abenteuern der Weltflucht und der Kasteiungen, wie das Leben in der Sonnenglut auf Säulen stehend zu verbringen, daß es sich da um Selbsthaß handelt.
Ähnlich wie bei den Asketen ist der Glaube an das ewige Leben auch bei den Terroristen und den Sportlern von heute erkennbar und sichtbar mit Selbsthaß gekoppelt. Beide wollen den Tod überlisten und nehmen an, daß sie unsterblich sind. Die Terroristen legen Bomben, die Sportler spritzen sich fremde Hormone und setzen sich anderen gesundheitsgefährdenden Dopingmaßnahmen aus. Beide rechnen damit, unbeschadet an Körper und Seele am Leben zu bleiben. Der Tod ist in ihrer Fantasie immer nur der der anderen. Auch benutzen diese Menschen nicht ihre eigenen Kräfte und ihre eigene Stärke, sondern erschwindelte: Die Terroristen rauben fremdes Geld für ein utopisches Ziel, die Sportler nehmen fremde Hormone für ihre Siege. Das Problem ist aber, daß sie diese Kräfte als ihre eigenen ansehen und so eine falsche Identität aufbauen. Würden sie dies erkennen, müßten sie sich ihrer eigenen Ohnmacht stellen und sich ihrer Schwäche bewußt werden.

3. Falsche Gefühle

Diese «Metaphysik des Heldentums»[14] bewirkt eine Realitätsverkennung, ein Vermeiden der Wirklichkeit, und läßt diese Menschen in einer Welt leben, «in der Gefühle der Ohnmacht und der Wut ständig auf Unverwundbarkeit und Unanfechtbarkeit ausgerichtet sein müssen»[15]. Nicht, was man ist, ist wichtig, sondern das Image, und nicht, was man fühlt, sondern, was man fühlen sollte, was erwartet wird. Ja, es ist oft so, daß man selbst nicht weiß, was man fühlt – man wird zum «Schausteller» seiner Gefühle und des Gewissens. Es werden Gefühle verkündet, ja sogar erlebt, die unecht sind, nicht mit dem Inneren verbunden.

Wir alle kennen solche Gefühle, die wir meinen haben zu müssen, um eine Illusion aufrecht zu erhalten, und denen wir dann auch Wirklichkeit zuschreiben.
Andere viel fürchterlichere Beispiele kommen in den Aussagen der NS-Ärzte vor, wo kein Gefühl für die Opfer und das an ihnen begangene Verbrechen vorhanden ist. Statt dessen zeigen die Täter Gefühle des Selbstmitleids über ihre mißliche Situation, die sie als Mörder innehaben. Oder es werden andere, falsche Gefühle hergeholt, um nicht die furchtbaren, echten zulassen zu müssen.[16] So erklärte ein gewisser Dr. Ernst B. seine positiven Gefühle für den NS-Arzt Mengele und wich in fünf Interviews, die Robert Jay Lifton, ein amerikanischer Wissenschaftler, mit ihm über zwei Jahre geführt hatte, nicht von seinem Urteil ab, daß Mengele ein guter Mann gewesen sei. «Ich habe sehr guten Kontakt mit Mengele gehabt. Sie wissen, wer Mengele war... Und ich muß sagen, er ist von allen dort[17] der anständigste Kollege gewesen, den ich je hatte.» Auf die Frage Liftons, «wie weit seine Verstrickung in das Auschwitz-System ging», geht er gar nicht ein.[18]
Gruen bezeichnet es als «die äußerste Perversion unserer Zeit... daß Menschen so auftreten können, als hätten sie Gefühle»[19].

4. Der «Gotteskomplex» und die Politik

Durch die geschilderte totale Anpassung und durch das Verhaftetsein an das Imagedenken kann der Held immer auf seiten der Machthaber sein: Der Weg vom Heldischen zum Faschistischen ist kein sehr weiter. «Konformismus verträgt sich mit jeder Ideologie»[20], besonders mit der faschistischen, weil da das andere, das Fremde gehaßt wird und unterworfen werden muß.
Aber nicht nur das Fremde, auch das Vielfältige wird abgelehnt und verfolgt, denn Einheit, Einheitlichkeit ist der sichere Boden, auf dem sich Macht am wohlsten fühlt. So ist die sogenannte deutsche Teilung, die Nicht-Einheit, auch zum Machtfaktor ge-

worden. Herrschaft des Einen über das Viele ist das Prinzip, das Diktaturen beherrscht, in ihnen wird der Pluralität der Kampf angesagt. Auch hinter dem monotheistischen Gottesbild steht dieses einheitliche Denken, das zum Machtprinzip des eifersüchtigen Gottes geworden ist. «Einheit bezeichnet überhaupt ein Herrschaftsverhältnis, nicht etwa eines von Gleichheit. Gleichheit wäre Vielheit.»[21]

Allerdings beginnt sich heute dieses starre monotheistische Gottesbild zu wandeln. Es scheint, daß wir zu einem Polytheismus zurückkehren müssen, denn die Göttin, von der in der feministischen Theologie, und nicht nur dort, die Rede ist, steht gleichwertig neben dem bisherigen Gott. Der bisher als fortschrittlich gesehene Monotheismus hat sich als eine Machtfalle erwiesen, denn durch das einheitliche männliche Gottesbild wurde zuviel abgespalten, vor allem das Weibliche und damit ein Großteil der äußeren Realität.

Letztlich steht hinter dem Wunsch des Mannes – sei es der Asket, der Sportler oder der heldische Terrorist –, andere zu übertrumpfen, sich als Sieger zu fühlen, das patriarchale Gottesbild. «Das universelle Verlangen des Mannes, sich als überlegen zu fühlen, einer Elitegruppe anzugehören, war nirgends augenfälliger als in den christlichen Weltuntergangsfantasien von den Geretteten und Verdammten.»[22] Und diejenigen Männer, die dem Zölibat anhingen und in Askese lebten, gehörten zu den Geretteten. Auch heute wirken diese alten Fantasien noch weiter. Die Anbetung des Vatergottes hat sich auf die Vergottung des Mannes verschoben[23], so daß heute der Beweis der Erwähltheit darin zu finden ist, ob man an der Macht ist, sie auch halten kann, sie nicht abzugeben braucht. Der faschistoide Mensch kann Macht weder teilen – er hat es auch sehr schwer mit Team-work – noch kann er sie abgeben, weil er der Erwählte bleiben muß. Er kann nicht verlieren, denn das wäre der Beweis, daß er von Gott verlassen worden ist. In dieser Eschatologie versteckt sich maßloses Konkurrenzverhalten: man muß sich gegen den anderen durchsetzen, nicht nur in diesem Leben, sogar bis in alle Ewigkeit muß man es tun, muß man an der Macht bleiben! Dieses Konkurrieren hört auch mit dem Tod nicht auf; bis in die Ewigkeit, bis über den Tod hinaus geht es, damit man zu den Erwählten gehört!

Auch in der Politik wird Wert auf ein uniformiertes Image gelegt, das auf Konformismus und dem Wunsch, nicht aufzufallen, beruht. So zeigen viele Politiker eine durchgehend nichtssagende, größtenteils optimistische Fassade. Sie scheinen keine Gefühle zu haben und konfrontieren uns, auch in den Demokratien, mit unechten Gefühlen, die sie fürs Fernsehen und andere Auftritte aus Popularitätsgründen zeigen. Ihre geübte Mimik dient ihnen zur Erhaltung ihrer Macht und stellt meist eine Verleugnung der Realitäten dar. Besorgniserregendes darf es nur kurz und Tragisches darf es für die Politiker möglichst gar nicht geben, sagt Ulrich Greiner. «Tatsächlich wirken die Gesichter mancher Politiker, als hätten sie notorisch gute Laune, als hätten sie nie schlecht geschlafen, als hätten sie sich nie gesorgt oder gegrämt, als wären ihnen schlechtes Gewissen, Selbstzweifel oder Reue absolut fremd.»[24] Diese Politiker glauben, so der Bevölkerung Sicherheit zu vermitteln, und dies, so denken sie, läßt sie die Macht behalten. Zweifel, Sorge, Schwäche, meinen sie, verkaufe sich schlecht. Auch hier der Wunsch, ewig als Sieger an der Macht zu bleiben! Greiner allerdings meint sogar, daß diese neue Politikergeneration sich gar nicht zu verstellen braucht, gar keine Rollen mehr spielt; sie sind einfach alle so, bland, bieder: «Auf ihren Gesichtern liegt die tückische Harmlosigkeit altgewordener Kinder.»[25]

In den Diktaturen werden die Andersdenkenden gehaßt und bekämpft; im Nationalsozialismus auch die, die einer anderen Rasse angehören. Jedoch in allen patriarchalen Gesellschaften, selbst in den Demokratien, wird auch die Frau als die andere erlebt und entsprechend behandelt. Solange das Weibliche Chaos, Unordnung, das Schlechte, das Wankelmütige usw. darstellt, solange der «Dualismus der Geschlechter»[26] so wahrgenommen wird, daß die Frau das Böse verkörpert, ist der Mann sicher, außer aller Konkurrenz mit ihr zu sein. So stellen die Frauen in allen führenden Positionen von Wirtschaft, Politik und Intelligenzberufen weiter eine kleine Minderheit dar und können sich nur durch Anpassung an den herrschenden Geist behaupten. «In einigen patriarchalischen Gesellschaften, die ‹kränker› sind als andere, wurde durch ständige Absonderung und Ausschließung die Idee, daß beide Geschlechter zusammen die Menschheit bilden, ad absurdum geführt. In solchen Systemen gibt es nicht eine Menschheit, sondern zwei heterogene Menschheiten. Die eine, die männliche, ist die gute, die andere, die weibliche, ist die schlechte, und beide stehen einander wie Natur und Kultur gegenüber.»[27] Dieses Gefälle zwischen Mann und Frau ist Ausdruck nicht nur eines Systems «sexueller Unterdrückung. Es ist auch Ausdruck eines politischen Systems, das sich in unseren Gesellschaften auf eine Theologie gestützt hat.»[28]

Die «Agonie des Patriarchats», wie Elisabeth Badinter es nennt, wurde durch die französische Revolution eingeleitet. Gott, Vater, König und Gott-Vater «fielen den demokratischen Werten zum Opfer»[29]. Aber diese erwähnte Agonie, die in den demokratischen Ländern vorangetrieben worden war, hat durch das Aufleben der Diktaturen in Deutschland, Spanien und Italien Rückfälle erlitten. Unter der nationalsozialistischen Herrschaft hat Männerherrschaft einen nie dagewesenen Wahn der Männlichkeit in seiner mörderischsten Form praktiziert, schreibt die französische Philosophin. – Jedoch profitierten von diesem langsamen Untergang der alten Werte seit der französischen Revolution fast ausschließlich Männer.

Erst die Frauenbewegung und ihre Errungenschaften, so Elisabeth Badinter, die Autonomie der Frau, haben dem Patriarchat durch das neue weibliche Selbstbewußtsein den Todesstoß gegeben.

5. Das dunkle Weibliche – Aufgabe unserer Zeit

Während der Mann durch die beschriebenen Machtstrukturen eine Heimat in Politik, Familie, Kunst, Kreativität gehabt hat, die ihm Macht und Entfaltungsmöglichkeiten gab, war die Frau nur in ihrer Rolle als Mutter, Tochter und Ehefrau halbwegs geborgen.

Die Suche nach Autonomie bedeutet für die Frau die Suche nach neuen Bildern des Weiblichen. Alte Muster müssen neu durchdacht und verstanden werden. So habe ich mich mit Medea und Ariadne befaßt und diese Mythen neu zu verstehen versucht. Medeas Schicksal wird deutlich machen, daß die Autonomie der Frau heute nur zu erreichen ist, wenn sie ihre dunklen Seiten kennenlernt und lebt.

Aber das neue Weibliche wird nur sehr langsam entstehen, erst dann, wenn die Frau vom heldischen Mann, wie ich ihn dargestellt habe, Abschied nehmen kann. Wenn sie und auch der Mann nicht mehr andere Menschen benutzen müssen, um an der Macht zu bleiben, wenn Autonomie, auch um den Preis des Leidens, wichtiger sein wird als Anpassung und Konvention. Und wenn sich auch der Mann um eine neue Form der Männlichkeit kümmern wird, denn die Frau kann und soll den Bewußtwerdungsprozeß des Mannes nicht von sich aus antreiben, sonst ist sie wieder in ihrer alten Rolle der Erlöserin. Erst dann werden die Geschlechter zu neuen Beziehungen fähig sein. Auch der Mann möchte autonom werden, seine Erlösungssehnsucht vom Bild der Frau ablösen und zu seiner eigenen Dunkelheit finden. Es kann sein, daß sein Weg zu den eigenen ungelebten und verpönten Seiten wie Schwäche, Hilflosigkeit, Krankheit auch über die Erfahrung des dunklen Weiblichen gehen muß. Sicherlich lassen sich die Erlösungssehnsüchte nicht zum Verschwinden bringen, denn es scheint so zu sein, daß immer die Frau für den Mann, und umgekehrt, die Sehnsucht nach Erlösung wachruft. Aber es ist wichtig sie zu erkennen als das, was sie sind, und sie nicht dazu zu benutzen, Macht auszuüben oder unselbständig zu bleiben. Die Sehnsucht des Mannes erhält durch die Erhöhung und Erniedrigung des Weiblichen, das Erlösung bringen soll, oft religiös gefärbte Dimensionen, während bei der patriarchalen Frau die Sehnsüchte auf Erlösung vom Wunsch geprägt sind, aus persönlicher und kreativer Impotenz befreit zu werden. Der alte sumerische Mythos von Inanna und Ereschkigal deutet dies an. In diesem Mythos steigt Inanna, Königin des Himmels, in die Unterwelt, in das Land ohne Wiederkehr, um ihre dunkle Schwester Ereschkigal zu besuchen. Inanna, die Königin des Ortes, wo die Sonne aufgeht, bittet ihre Schwester um Erlaubnis, sie im Land des Großen Unten zu besuchen. Sylvia Perera legt dar, daß Inanna, die vorher dem Himmelsgott ihre Heimatlosigkeit geklagt hat, in die Unterwelt gehen muß, um ihre Abhängigkeit von den patriarchalen Göttern zu opfern. Es wird hier deutlich, daß das Gefühl der Heimatlosigkeit des Weiblichen mit jener Gebundenheit an die väterlichen Mächte zu tun hat. Inanna muß während des langen Abstiegs zur Unterwelt an den sieben Pforten all ihre Werte zurücklassen, Schmuck, sexuelle Attraktivität, kostbare Gewänder. Nackt und bloß tritt sie vor Ereschkigal. Diese tötet sie, und ihr Leichnam wird an einen Pfahl aufgehängt – wie ein Stück rohes, faules Fleisch hängt sie da drei Tage. Durch ihre Helferin Ninschubur, die den Gott des Wassers und der Weisheit Enki um Hilfe bittet, wird Inanna befreit, denn Enki sendet zwei Gestalten, die nicht nur das Wasser des Lebens für Inanna bringen, sondern die auch Empathie mit Ereschkigal und ihren Schmerzen zeigen können, denn Ereschkigal windet sich in Geburtswehen. So wird Inanna gerettet und kommt wieder an die Oberwelt. Aber sie ist eine Verwandelte. Ereschkigal hatte sie mit den «Augen des Todes» getötet. Und diese Augen des Todes besaß Inanna dann, als sie wieder auferstanden war, selber auch: Mitleidlos und mit einer zuvor nie gekannten Härte ausgestattet lebt Inanna nun. Die Augen des Todes haben aus der Vaterstochter eine Frau gemacht, die selbständig geworden ist. Diese Augen, sagt Perera, «durchbohren die Seele, um die nackte Wahrheit zu finden, die Wirklichkeit

hinter allen ihren Myriaden von Formen, Illusionen und Verschanzungen... Solch eine Art des Sehens ist gefährlich und radikal erneuernd... es entblößt uns von unseren Schutzmechanismen und fordert das Opfer sämtlicher bequemer kollektiver Auffassungen»[30]. Hier wird deutlich, wie sehr das dunkle Weibliche in einem Gegensatz zum heldischen Männlichen, das durch Anpassung an die Konventionen der Macht lebt, steht.
Inanna kehrt zurück als eine Gewandelte, eine, die auch hassen, die Härte zeigen kann. Frauen fehlt diese Härte sehr oft, so daß sie sich aus einer für sie tödlichen Beziehung nicht lösen können, denn Mitleid sich selbst und dem Partner gegenüber hindert sie daran. Mitleidlosigkeit ist ein Charakterzug, der als unweiblich gilt. Härte, Mitleidlosigkeit und Kritikfähigkeit gehören zu jenen sogenannten dunklen weiblichen Eigenschaften, die Frauen vermeiden, weil sie Angst haben als unweiblich und als Außenseiterinnen zu gelten.
Die Augen des Todes, das Aufgehängtsein am Pfahl in der Unterwelt sind auch Erfahrungen der modernen Frau, die aufgehört hat, Vaterstochter zu sein und sich der Vaterwelt anzupassen, einer Frau, die auch allein sein kann und nicht Beziehung um jeden Preis halten muß. Der Abstieg Inannas zur dunklen Schwester, ihre dort erlebten Schrecken und ihr Tod bedeuten, daß sie zu ihrer Einsamkeit und ihrer Introversion gefunden hat.[31]
Den Preis, den Inanna für ihre Rückkehr erbringen muß, ist, einen Ersatz für sich in der Unterwelt zu stellen. Ihre Wahl fällt auf ihren Gatten Dumuzi; ihn blickt sie an mit den Augen des Todes. Sie, die mit ihrem geliebten Gatten die höchsten Wonnen sexueller Lust erfahren hat, will nun, daß er sie verläßt. Er hatte sie vernachlässigt, sich nur mehr um die Geschäfte des Regierens gekümmert, die eigentlich die ihren gewesen waren, die sie ihm nur übertragen hatte. Er wollte sie auch kaum noch sexuell befriedigen, er war kalt, herrschsüchtig, sachlich und machtgierig geworden. Als Inanna in die Unterwelt aufbrach und dort verschwand, hatte er sie nicht einmal vermißt.[32] Er, der nur noch die

lichte Oberwelt mit ihrer Glorie von Macht gelten ließ, der Inanna nur als sonnenhafte Königin des Himmels gekannt und dann auch mißachtet hat, er soll nun, auf seiner Gattin Geheiß, in die dunkle, feuchte, kalte Unterwelt, in das Reich Ereschkigals gehen. Er, der die Sonne und die Macht liebt, der zu hoch oben war die ganze Zeit, weigert sich jetzt zu gehen, flieht und versteckt sich. Er wird aber gefunden und muß ein halbes Jahr jeweils in die Unterwelt, während das andere halbe Jahr seine Schwester für ihn dort zubringt.

Es wird hier deutlich, daß Inanna, die durch ihre Unterwelterfahrung Gewandelte, nicht mehr mit einem Mann, der von dieser dunklen Welt nichts weiß, zusammenleben will, und so schickt sie ihn dorthin. Nicht nur ist sie in der Lage, auch ohne ihn zu sein, sie sieht auch die Notwendigkeit, daß er durch die Erfahrungen des Todes hindurchgehen muß so wie sie, wenn er weiterhin ihr Gefährte sein soll. Dumuzis Flucht und die Tatsache, daß er zu diesem Abstieg gezwungen werden muß, zeigt, daß der Mann, der hoch oben ist, es sehr schwer hat, diese Macht aufzugeben, etwas für seine Seele und für die Beziehung zum Weiblichen zu tun; Opfer, die seine Macht und Glanz schmälern, erscheinen ihm zu groß.

6. Heimatlosigkeit der Frau

Es wird sicherlich eine Zeit kommen, in der der Mann den Abstieg zum dunklen Weiblichen freiwillig antritt, um dann zu seiner eigenen Dunkelheit zu finden. Erst dann wird er autonom sein und aufhören, die äußere Frau und das innere Weibliche als nährende Mutter oder Retterin zu benutzen. Er wird umgekehrt auch nicht mehr in die Rolle des heldischen Retters oder Versorgenden schlüpfen, eine Rolle, die auch der Frau lange nützlich war. Auch die Zeiten, in der Identifikation und selige Verschmelzung mit dem Partner oder der Partnerin die Beziehung zusammenhielten, sind vorbei.

Die Frau muß aufhören, Zubringerin des Mannes für seine kreativen Entwürfe zu sein. Sie muß sich jenen Machtgefügen entziehen, die die Beziehung der Geschlechter auf polaren Gegensätzen aufbauen. Denn diese Strukturen konservieren das Alte und können Neues, Radikales nicht zulassen. Außerdem bewirkt dieses Polarisieren, daß eingeteilt wird in gut und böse, richtig und falsch, schwarz und weiß, und es sorgt für Intoleranz.
Wenn die Frau mit den Augen des Todes sehen, Härte und Wut, ja auch Haß und Rache zulassen kann, wird das Gefühl der Heimatlosigkeit, das Inanna beklagt, bevor sie sich zum Abstieg entschließt, aufhören. Heimatlos ist sie, weil das Alte sie nicht mehr trägt und das Neue noch nicht zugelassen wird.
In zahlreichen Träumen taucht die erwähnte Notwendigkeit der Trennung vom Heldischen auf.[33] Der Weg der Trennung, wenn er gelingt – und er kann gelingen, wenn er freiwillig angetreten wird –, führt meist in eine seelische Heimat, die sowohl alt ist, weil man sie vielleicht als Kind gekannt hat, wie auch neu, weil sie bewirkt, daß man sich in der alten Außenwelt nicht mehr eingebettet fühlt. Dann steigen oft Träume auf, die in ihren Bildern schreckenerregend und zwingend zugleich uns darauf aufmerksam machen wollen, daß es Zeit ist, von alten Illusionen zu lassen.
Der Traum einer jüngeren Frau, Elsa, soll hier als Beispiel dienen, um den Aufeinanderprall zweier unvereinbar gewordener Welten, der der alten Männerwelt und der des dunklen Weiblichen, zu zeigen:

Ich bin auf dem Fest einer schlagenden Verbindung oder so ähnlich. Kaum sitze ich, da kommt ein attraktiver großer Mann, nackt und fragt, ob ich «seine Dame» sein will. Ich freue mich sehr und sage zu. Aber er geht weg von mir und macht Sport. Es laufen da ganz viele Männer herum, Athleten, es ist eine Art Fitneßcenter. Zwischendurch gehe ich da heraus und komme auf einen Friedhof, wir gehen über lauter Gräber, man muß die Wege genau einhalten. Ich stehe dann an einer besonderen Stelle, wo «drei Tote im See» liegen, die gut zu sehen sind. Es sind drei Frauen. Danach sehe ich eine Szene auf einer Bühne, wo eine «tote» Frau sitzt und mit einer lebenden Frau ein Gespräch führt. Als ich in das «Fitneßcenter» zurückkomme, sagt man mir, daß der Mann, der mich gewählt hat, statt einem Penis einen Fuß hat, den ich auch sehe. Gegen Abend, als alle in Paaren, zu zweit, ihr Lager aufsuchen und ich so froh bin, auch einen Mann gefunden zu haben, um nicht allein zu sein, bemerke ich, daß mein Partner als einziger gar nicht da ist.

Die heldische Männerwelt, hier durch die schlagende Verbindung und das Fitneßcenter dargestellt, fängt Elsa wieder so ein, daß sie sich glücklich schätzt, daß ein Mann sie erwählt hat. Seine Frage, ob sie «seine Dame» sein will, weist schon auf das Überholte der Situation hin. Trotzdem nimmt sie an. Der Mann lockt auch sexuell durch Nacktheit, aber das ist unverbindlich, gleich ist er wieder weg bei seinen narzißtischen Betätigungen im Fitneßcenter und kümmert sich nicht mehr um Elsa. Am Schluß stellt sich heraus, daß er keinen Penis, sondern einen Fuß hat. Elsa sagte dazu, sie meine, daß er dann schneller vor ihr weglaufen könne. Mir selber fiel noch das Treten ein. Solche Männer verführen oder geben Versprechungen auf Verführung, treten die Frau dann und laufen weg. So ist auch der Ausgang des Traumes, denn Elsa findet sich zum Schluß als einzige ohne Partner. Wichtig ist hier, daß Elsa den Fuß zuerst nicht sieht, obwohl der Mann ihr gleich zu Anfang nackt erscheint. Es scheint, daß der Fuß für die Frau erst dann sichtbar wird, wenn sie einem solchen Mann vertraut – dann wächst der Fuß, d. h., sie kann nur getreten und verlassen werden, wenn sie sich so gutgläubig ausliefert.

Die Einlage des Ganges zum Friedhof, auf dem Elsa drei Generationen von Frauen wie tot im Wasser findet, zeigt, wie eng die beiden Welten, die des Fitneßcenters und die der lange vernachlässigten und deshalb wie tot dargestellten weiblichen Existenz, beieinanderliegen. Aber erst wenn Elsa die alte Welt verläßt, kann ihr die Frauenwelt, die im Wasser auf Erlösung harrt, zum

Bewußtsein kommen. Denn die Frauen sind nicht tot, sie warten nur darauf, befreit zu werden. Die eine, Elsa sagte, es sei die mittlere der drei, war diejenige, die dann auf der Bühne Unterricht wohl in Angelegenheiten des Frauseins gibt. Diese Szene stellt, so Elsa, auch den Unterricht in der Fähigkeit, allein sein zu können, dar. Eine Fähigkeit, die viele Frauen und Männer in unserer Kultur noch nicht besitzen.
Elsa sagte noch zu dem Traum: «Ich meinte immer, es muß so sein, wie die es da im Fitneßcenter gemacht haben, aber dieses Center, die schlagende Verbindung, kann mir ja gar nichts bieten außer Demütigung.» Der Sog zur alten Männerwelt ist noch da, und obwohl brüchig und fragwürdig geworden, hat sie für die Träumerin noch Anziehung. Der «tolle Typ» nährt in Elsa noch die trügerische Hoffnung, daß sie einen Partner gefunden hat, und daß sie, wie alle anderen, am Abend nicht allein auf der Matte liegen wird. Aber diese Hoffnung erweist sich als falsch: Er kommt nicht.
Doch der Friedhof ist nahe, und die drei Frauen im See deuten nicht nur auf ein persönliches Problem der Träumerin, sondern auch auf ein kollektives hin: daß es nämlich seit Generationen so ist, daß die Frau neben dem Männlichen wie tot, begraben, unter Wasser, im Unbewußten auf Befreiung wartet. Nach der Entdeckung dieser verschütteten Frauen tritt das dunkle Weibliche endlich auf die Bühne, und die Szene ist bereit für neue Werte, die in einem Nebenraum des patriarchalen Systems bereits geprobt werden. Es hat sich Neues zugetragen: Die im Wasser Begrabene ist auferstanden.
Der Traum macht deutlich: Die Frau, Elsa, kann sich mit diesen Fißneßcentermännern nicht mehr einlassen; weder durch Verführungsangebote noch durch Unterwürfigkeit kann sie ihnen nahe kommen. Die Faszination durch den Helden ist zwar noch da, aber sie ist im Schwinden begriffen.
Wie sehr der dunkle Anteil des Weiblichen in der Psyche der Frau noch ungelebt und unerlöst ist, zeigt der Traum einer anderen jungen Frau, Hella:

Ich sehe vor mir eine Frau, dunkel, mittleren Alters. Sie ist sehr verhärmt, aber sie besitzt eine außergewöhnliche Fähigkeit, denn sie kann, so wird gesagt, mit ihrem Rücken heilen. Sie geht ihren eigenen Weg, verläßt ihre Kinder und lebt mit einem Mann. Ich begegne ihr dann später noch einmal, es heißt, sie habe die Fähigkeiten zur Heilung noch.

Die Träumerin sagte dazu: «Diese Frau im Traum lebt das Gegenteil von mir, sie weicht nicht aus, und sie läßt sich mit dem Leben ein. Sie verliert vieles in ihrem äußeren Leben, doch daß sie es erträgt, ist ihr Geheimnis. Nach der zweiten Begegnung mit ihr verstand ich, daß es das Wichtigste ist, daß sie ihr Geheimnis des Heilens noch hat. Sie hat eine klare, aufrechte Haltung und ist sehr ernst. Sie will mir sagen: ‹Sei nicht nach außen angepaßt, mach es nicht allen recht!› Zwischen ihren Schultern, mit direktem Zugang zum Herzen, liegen ihre Kräfte der Heilung. Diese Frau hilft mir, mich zu finden, wenn ich mir selber abhanden komme.»

Auch in diesem Traum geht der Weg über einen Verlust (der Kinder), ins Abseits, und gerade das bringt Heilung. Für Hella, eine Frau, die sich aus beruflichen Gründen völlig an eine machtvolle Männerwelt angepaßt hatte, ist dies eine schmerzhafte Entdeckung. Die vernachlässigte dunkle Frau ist eine Art weiblicher Stärke, die Hella nie gekannt, um die sie sich nie gekümmert hat. Deshalb ist die dunkle Frau im Traum so verhärmt und vernachlässigt; es ist eine archetypische Gestalt, eine Ereschkigal, die sich nach menschlichem Mitgefühl und Ausdruck sehnt.

Für einen Mann die Kinder verlassen, heißt hier für die Träumerin, Über-Ich-Pflichten aufgeben, gerade das nicht mehr tun, was die Gesellschaft am meisten von ihr erwartet. Eine Frau, die ihre Kinder verläßt, ist bei uns eine verwerfliche Außenseiterin, die ihre Daseinsberechtigung aufgibt. Dieser Traum half Hella, von ihrem ständigen Bemühen, es anderen recht zu machen, abzulassen. Der Traum führte sie weg von diesen gefürchteten Autoritäten hin zu sich und zeigte ihr eine heilende weibliche Kraft.

Hier der Traum einer anderen Frau, Stefanie, die erfolgreich in der sogenannten Vaterwelt lebte. Stefanie erfährt in diesem Traum, daß gerade die Männerwelt, in der sie integriert schien, das Kranke und Ekelerregende darstellt.

Ich bin mit einem Mann, wir gehen in ein Restaurant, das ihm von einem anderen Mann empfohlen worden ist. Als wir eintreten, befinden wir uns in einem düsteren Lokal, wo große Unordnung und Schmutz herrschen. Es sind dort nur ältere Männer, die halb bekleidet und verwahrlost herumlungern; sie tragen alle lange Unterhosen und schmierige Unterhemden und sind außerdem alle betrunken. Einige liegen halb auf den Tischen oder wälzen sich auf dem Boden. Für mich ist nur ein unbequemer Hocker übrig, und neben mir ist auch ein Betrunkener, der sich übergeben muß. Ich kann gerade noch aufspringen, um nicht beschmutzt zu werden. Ich frage meinen Freund, ob wir nicht irgendwo anders einen besseren Platz finden können, aber er sagt, es sei überall das gleiche hier. So gehe ich allein in einen Nebenraum, aber dort ist alles noch viel schlimmer, schmutziger, chaotischer. Ich bin entschlossen, hier nicht zu bleiben und gehe weg, gebe mir einen Ruck und verlasse auch den Mann, der mit mir gekommen war, obwohl er sehr nett aussieht, denn er will bleiben.

Ich trete allein ins Freie. Draußen empfängt mich die frische Nachtluft. Es ist aber völlig dunkel, kein Licht –, auch der Himmel gibt keinen Schein. Ich bin in totaler Finsternis und taste mich langsam vorwärts. Dann falle ich plötzlich unerwartet in einen Graben. Nach dem Sturz sehe ich neben mir eine Frau; sie ist dunkel gekleidet, etwas dicklich und sieht aus wie die jüdischen Frauen, die ich aus meiner Kindheit kenne. Sie hat ein freundliches, warmes Gesicht. Sie sagt mir, daß sie den Weg hier heraus kennt, und erklärt mir, wie ich gehen muß. So finde ich langsam meinen Weg im Dunkeln tastend, bis ich die Silhouetten der Kirchtürme meiner alten Heimatstadt, in der ich als Kind gelebt habe, auftauchen sehe.

Stefanie sagte zu dem Traum: «Die Atmosphäre in dem Restaurant war fürchterlich – es war eine Hölle – wie eine mittelalterliche Szene: eine Mischung aus Foltergeruch und freudloser Orgie. Alles war unappetitlich, und es gab auch gar nichts zu essen in dem von einem Unbekannten so warm empfohlenen Restaurant! Ich hatte das Gefühl, dankbar sein zu müssen, diesen unbequemen Hocker ergattert zu haben. Der Mann, mit dem ich war, sah fantastisch aus, sehr sympathisch, eine Mischung aus Hemingway und Camel-Mann-Typ. Aber er konnte ja nichts für mich tun, im Gegenteil! Er hatte mich in dieses schreckliche Lokal geführt und hat sich dann um nichts mehr gekümmert, sondern nur festgestellt, daß es überall gleich sei, also in keiner Weise eine Inklination gezeigt, etwas zu verändern. Es war ein Segen, daß ich da wegging! Draußen spürte ich die frische Nachtluft und, obwohl ich völlig im Dunkeln war und in einem Graben gelandet, fühlte ich mich mit dieser Frau zum erstenmal geborgen.»

Das Abstoßende dieser Männerhölle und das Paradox des wärmstens empfohlenen Restaurants, in dem es gar kein Essen gibt, sollen der Träumerin sagen: Dort gibt es nichts mehr zu holen! Der Ekel und das Höllische dieser Ambiance führen bis ins Körperliche hinein vor Augen, wie sehr Stefanies Seele in dieser Männerwelt vergewaltigt wird. Die Unterwerfung unter die Normen des Männlichen müssen aufhören, das Maß ist voll. Hier ist kein Lebensraum mehr für das Weibliche. Ihre Demutshaltung und Unterwerfungswünsche gegenüber Männern werden ihr noch einmal deutlich vor Augen geführt («ich mußte dankbar sein, einen unbequemen Hocker zum Sitzen zu haben»); sie führen zu unerträglicher Beschmutzung (ein Betrunkener hatte sie fast vollgespien). Es geht also für sie nicht mehr, ein Restaurant auf Empfehlung eines Mannes zusammen mit einem heldischen Mann (Camel-Mann, Hemingway) aufzusuchen, denn der führt sie in eine höllische Situation.

Je bewußter eine Frau ist, desto destruktiver wird es für sie, sich an solchen männlichen Leitbildern zu orientieren: Der Camel-Mann steht für den strahlenden Frauenheld, der durch ein attraktives Äußeres, durch seine ihn umgebende Aura von Aben-

teurertum beeindruckt, der aber nichts für die Frau tun kann, weil er selbst von seiner eigenen Weiblichkeit abgeschnitten ist. Er gehört zu jener Art Mann, der die Frau für die Bestätigung seiner eigenen Männlichkeit braucht. Nur noch Flucht kann hier Rettung bringen. Es braucht Entschlossenheit, die Bindungen an diese alte Welt aufzugeben. Indem Stefanie es tut, tritt auch die Wende ein. Als sie bereit ist, im Traum sowohl intellektuelle Größe (Hemingway) wie auch männlichen Wagemut (Camel-Mann) zu verlassen und allein wegzugehen, ohne Begleitung und ohne die Sicherheit zu wissen, wohin es geht, erst dann kann der Abstieg beginnen. Im Traum fällt sie in einen Graben und trifft auf das dunkle Weibliche, die Jüdin, die Außenseiterin, die Verfemte. In ihr begegnet sie einem Aspekt weiblicher Güte aus ihrer Kinderzeit, und diese Frau weist ihr den Weg in ihre Heimat, die hier als Heimat der Seele zu verstehen ist.
Das Bekennen zum Außenseitertum war besonders wichtig für Stefanie, die zu lange Erfolge hatte, die von einem zu angepaßten Lebensstil herrührten. Sich dem dunklen Weiblichen zuzuwenden und sich mit diesen unteren Kräften zu solidarisieren, auf sie zu hören, bedeutete für Stefanie eine Abkehr von männlichen Normen. Eine ganze Zeit nach diesem Traum empfand sie aber ein tiefes Gefühl des Verlusts. Sie vermißte diese höllische, betrunkene Vaterwelt, die ihr von jeher vertraut gewesen war, und auch der draufgängerische Camel-Mann als Führer ging ihr ab: Eine Zeit der Desorientiertheit setzte ein.
Die Gefahr, wieder in die Tochterrolle und damit in die Hände des strafenden oder demütigenden Vaterbildes zu fallen, war noch da und alte Gefühle, ausgeliefert zu sein, tauchten wieder auf. Stefanie erzählte mir später folgende Begebenheit: Sie war auf einer Reise in einer fremden Stadt in ein kleines exklusives Juweliergeschäft gegangen, in einen eleganten Ein-Mann-Betrieb, weil sie in der Auslage Ohrringe gesehen hatte, die sie gerne anprobieren wollte. Sie mußte draußen läuten, um eingelassen zu werden. Der Juwelier war allein, und in der Luft lag spürbar für Stefanie das Mißtrauen des Mannes ihr gegenüber:

Sie befand sich in einem fremden Land, sprach die Landessprache mit fremden Akzent, war salopp gekleidet. Sie spürte, der Juwelier hielt sie für eine eventuelle Diebin, die sich dieses Geschäft ausgesucht hatte, um die wertvollen Ohrringe aus der Samtvorlage zu reißen und wegzurennen. Um diesen Mann zu beschwichtigen, wechselte sie blitzartig, aber unbewußt, ihre Rolle: Aus der schönen Frau, die gern Schmuck anprobiert, sich in den Spiegel schauen und etwas Schönes für sich kaufen will, wurde ein kleines, biederes, braves Mädchen, das sie nie und nimmer ist – nur um den mißtrauischen Juwelier zu beruhigen. Sie kaufte auch die Ohrringe – nur die Lust, das Abenteuer, das Luxusgefühl waren weg, hatten sich so schnell verwandelt in spießiges Gehabe, um die Gunst des Mannes zu gewinnen, ihn zu beschwichtigen, einen Mann, der ihr völlig unbekannt und gleichgültig war. So hatte sie ihn zwar gewonnen, aber ihre Eigenständigkeit, ihre Lust verloren.

Später, in einer «aktiven Imagination», ging Stefanie in den tiefen dunklen Graben des erwähnten Traumes zurück, um die Jüdin noch einmal aufzusuchen. Dort klagte sie der Frau ihr Leid und den Verlust, den sie empfand.

Die Jüdin: «Sei nicht traurig, all das ist nicht wichtig hier.»

Stefanie: «Ja, aber ich lebe nicht hier unten, und wo ich zu Hause bin, da sind diese Dinge, wie Erfolg und Männer, die einen bewundern, und all das wichtig, und es schmerzt, darauf zu verzichten.»

Jüdin: «Ja, es tut weh, aber du gewöhnst dich daran. Du gewöhnst dich daran, verwundet zu werden und Schmerzen zu haben. Das Leben ist so. Aber es ist wichtig, daß du nicht mehr kämpfst in dieser alten Welt. Strecke deine Waffen, bewahre deine Kräfte, nutze sie für dich selbst.!»

Senta und der Fliegende Holländer – versessen auf Untergang

Die Sage vom fliegenden Holländer reicht mindestens ins 17. Jahrhundert zurück, als die Holländer in Konkurrenz mit den Engländern und Portugiesen sich die Kolonialreiche über den Meeren eroberten. In England gibt es viele Theaterstücke und Romane über den Flying Dutchman. Im Deutschen war es Heinrich Heine, der diese Sage aufgegriffen und diese Seemannslegende auf ironische Weise in den «Memoiren des Herrn von Schnabelewopski» festgehalten hat. Richard Wagner hat Heines Buch gelesen, sich mit ihm brieflich verständigt und seine Schrift als Unterlage und Inspiration für sein Textbuch benützt. Durch Wagners Oper wurde die Sage berühmt.

Wenn die Dichtung und Musik Wagners nur eigene Seelenprobleme widerspiegelte, wäre sie hier nicht interessant. Ich schreibe über sie, weil die alte Geschichte, die Wagner aufgegriffen hat, einen Apsekt des Beziehungsmusters Frau-Mann wiedergibt. Sie ist nicht nur Teil der persönlichen Geschichte Wagners, sondern Abbild emotionaler Probleme in unserer Zeit.

Der fliegende Holländer ist Kapitän eines Schiffes und muß ruhelos die Weltmeere durchqueren, zur Strafe dafür, daß er einmal versucht hatte, das Kap der Guten Hoffnung zu umsegeln. Mit dieser Tat hat er sich in dämonische Gefilde begeben, denn sie stellte eine Herausforderung an den Teufel dar, denn er, der Holländer, hatte versucht, was über menschliche Kräfte zu gehen schien. Das Kap wurde damals als das Ende der Welt angesehen – es zu erobern, galt als hybrid, nämlich etwas tun zu wollen, was Menschen nicht zusteht. Somit hatte er die finsteren Mächte herausgefordert und wurde dafür vom Teufel verdammt, ruhelos auf dem Meer zu segeln.

Düster und unheimlich ist sein Schiff, eine Art Totenschiff mit blutroten Segeln, die auch beim größten und wütendsten Sturm noch gehißt und sichtbar bleiben, wenn andere Schiffe schon längst die ihren einziehen müssen.
Der Ruhelose ist ein Verwandter von Ahasver, dem ewigen Juden, der auch heimatlos über die Erde wandern muß und nicht sterben kann.[1] Es sind dies Männergestalten, die unerlöst und schicksalhaft verdammt dazu sind, keine Rast zu finden. Wir werden an die Manager oder Jet-Politiker, aber auch an Papst Johannes Paul erinnert. Sie alle sind auf der Suche nach etwas, was sie nicht finden können, weil, was sie suchen, so nicht zu finden ist.
In der Geschichte heißt es, daß der so verdammte Holländer nur dann Erlösung erhoffen kann, wenn er auf Erden eine Frau findet, die ihm die Treue hält. Nur einmal alle sieben Jahre darf er an Land gehen, um diese Frau zu suchen.
Die Oper beginnt damit, daß wieder einmal sieben Jahre um sind. Der Holländer legt mit seinem Schiff in einer Bucht an, in der auch Daland, ein Fischer, Schutz vor dem Sturm gesucht hat. Der Kapitän erläutert in einem langen Monolog sein Schicksal und beklagt sein qualvolles Umherirren, in dem er sich nur den Tod wünscht, weil er an eine Rettung, nämlich eine treue Frau zu finden, seltsamerweise schon bei Beginn der Handlung nicht glauben *möchte*, Tod und Grab erscheinen ihm von Anfang an erstrebenswerter als die Liebe, und er hadert mit Gott, da er an Treue nicht glauben will:

«Nirgends ein Grab! Niemals der Tod!
Dies der Verdammnis Schreckgebot.
Dich frage ich, gepriesner Engel Gottes,
der meines Heils Bedingung mir gewann!
War ich Unsel'ger Spielwerk deines Spottes,
als die Erlösung du mir zeigtest an?
Vergeb'ne Hoffnung! Furchtbar eitler Wahn!
Um ew'ge Treu' auf Erden – ist's getan!

Nur eine Hoffnung soll mir bleiben,
nur eine unerschüttert stehn:
So lang der Erde Keim' auch treiben,
so muß sie doch zugrunde gehn.
Tag des Gerichtes! Jüngster Tag!
Wann brichst du an in meine Nacht?
Wann dröhnt er, der Vernichtungsschlag,
mit dem die Welt zusammenkracht?
Wann alle Toten auferstehn,
Dann werde ich ins Nichts vergehn!
Ihr Welten, endet euren Lauf!
Ew'ge Vernichtung, nimm mich auf!»

Daland, ein Fischer, erblickt ihn in der Bucht. Der Holländer bietet ihm Gold und Perlen als Lohn für ein Nachtlager an. Als er hört, daß der Fischer auch eine Tochter hat, erbittet er diese sofort zur Frau. Daland willigt ohne Zögern ein:

«Ha! wonach alle Väter trachten,
ein reicher Eidam, er ist mein!
Ja! dem Mann mit Gut und hohem Sinn
geb' froh ich Haus und Tochter hin.»

Im zweiten Akt begegnen wir Senta mit den anderen Mädchen und ihrer Amme in der Spinnstube. Senta, wie alle Vaterstöchter in den Geschichten, ist mutterlos und wurde von einer Amme aufgezogen. Senta besitzt ein Bild vom fliegenden Holländer, in das sie sich schon vor langer Zeit verliebt hat. Sie träumt davon, seine Erlöserin zu werden. In Ekstase und völlig versunken in das Bild erschreckt sie die anderen Frauen durch die Vehemenz und Entrücktheit ihrer Gefühle. Ihr Freund Erik ist verzweifelt, als er Senta so verzückt sieht, und bittet sie, seine Liebe für sie zu berücksichtigen. Als Warnung erzählt er ihr einen Traum, den er hatte, in dem Senta mit dem bleichen Seefahrer aufs Meer flieht. Aber Senta wird nur noch ekstatischer:

«Er sucht mich auf! Ich muß ihn sehn,
mit ihm muß ich zugrunde gehn!»

Erik verläßt sie voller Verzweiflung. Kurz danach tritt Daland mit dem Holländer auf und stellt ihn Senta als ihren zukünftigen Gatten vor. Alleingelassen mit dem Düsteren erkennt Senta in ihm den, den sie zu seinem Heil führen will, und der Holländer sieht in Senta seine Frau und Erlöserin:

«Wie aus der Ferne längst vergangner Zeiten
spricht dieses Mädchens Bild zu mir;
wie ich's geträumt seit bangen Ewigkeiten,
vor meinen Augen seh' ich's hier!»

Im 3. Akt beschwört Erik Senta noch einmal, sich ihm wieder zuzuwenden, und erinnert sie an die Liebe und Treue, die sie ihm einst versprochen hatte. Senta hört ihn kaum. Der Holländer belauscht aber das Gespräch der beiden, sieht sich betrogen und verkündet ihr den Fluch, der auf ihm lastet. Er befiehlt der Mannschaft, die Anker zu lichten, mit den Worten:

«Fort auf das Meer treibt's mich aufs neue!
Ich zweifl' an dir! Ich zweifl' an Gott!
Dahin! Dahin ist alle Treue!
Was du gelobtest, war dir Spott!»

Und obwohl Senta mit folgenden Worten treu versichert, daß sie weiß, wer er ist:

«Wohl kenn' ich dich! Wohl kenn' ich dein Geschick;
ich kannte dich, als ich zuerst dich sah!
das Ende deiner Qual ist da: – Ich bin's,
durch deren Treu' dein Heil du finden sollst!»,

will der Holländer scheinbar nichts vom «Ende seiner Qual» wissen. Auch hält er sie noch für aufklärungsbedürftig, was seine grandiose Identität betrifft, denn mit apokalyptischen Sätzen tritt er an sie heran, die ihr ein für allemal deutlich machen sollen, wie einmalig er ist:

«Befrag die Meere aller Zonen; befrag
den Seemann, der den Ozean durchstrich!
Er kennt dies Schiff, den Schrecken aller Frommen:
den fliegenden Holländer nennt man mich.»

Senta aber reißt sich mit Gewalt von Erik, der sie zurückhält, los und springt von einem Felsen ins Meer mit dem Ausruf:

«Preis deinen Engel und sein Gebot!
Hier steh' ich – treu dir bis zum Tod!»

Nach der Regieanweisung Wagners sieht man dann die beiden, im Tode vereint, verklärt aus dem Meer emporsteigen.

Wir haben es beim fliegenden Holländer mit einem Mann zu tun, der die Naturgewalten und die Mächte der Unterwelt herausgefordert hat, um ihnen und sich seine Großartigkeit zu beweisen. Was noch niemandem gelang, sollte ihm glücken. Aber er konnte das Kap nicht umsegeln, sondern mußte statt dessen, vom «Bösen» bestraft, auf dem Schiff und dem Meer bleiben.
Solche Heldentaten werden vom Mann oft der Mutter zuliebe versucht. Die Mutter wünscht sich, der Sohn möge Großes erreichen, denn dadurch kann sie sich mit ihm identifizieren und jenen Anteil von Größe und Bedeutung erleben, von dem sie als Frau in dieser Kultur sonst ausgeschlossen ist. Der Sohn wiederum ist da gespalten, einerseits will er Großes vollbringen aus Liebe zur Mutter, andererseits sucht er schwer erreichbare ferne Gefilde auf, um ihr zu entkommen, und will dorthin gehen, wo die Mutter ihm nicht folgen kann. Da solche

heldischen risikoreichen Taten aber oft scheitern, verbirgt sich hinter der Liebe zur Mutter Haß. Hier äußert sich der Haß gleich am Anfang:

«Nur eine Hoffnung soll mir bleiben,
nur eine unerschüttert stehn:
So lang der Erde Keim' auch treiben,
so muß sie doch zugrunde gehn ...
Wann dröhnt er, der Vernichtungsschlag,
mit dem die Welt zusammenkracht?»

Für seine Erlösung von der Weltenmeerfahrt, die ein symbolisches Verweilen in der Mutter darstellt, nimmt er die Zerstörung der Welt in Kauf. Seine Hoffnung, daß die Natur, die Erde, zugrundegehen möge, zeigen seinen unstillbaren und rachsüchtigen Haß auf die Mutter.

Eine Parallele zu diesen Weltzerstörungsideen finden sich bei Hitler. Erich Fromm sieht in seiner Analyse von Hitler das Motiv seiner Destruktivität in Hitlers Mutterhaß sowie in einer tiefverwurzelten Nekrophilie, einer Liebe zum Toten.[2] Arno Gruen versteht im Unterschied zu Fromm die Weltzerstörung Hitlers nicht als ein Triebproblem, sondern als ein narzißtisches, nämlich Macht über den Tod erringen zu wollen. Die tiefe Abspaltung der Gefühle wird dadurch sichtbar, daß die meisten, die Tod und Zerstörung suchen, dies mit einem Bekenntnis zum Leben tarnen: «Sogar Hitler und seine Horden fühlten sich genötigt, Lippenbekenntnisse zum Leben abzugeben.»[3]

Der russische Anarchist Bakunin, mit dem Wagner in der Zeit der Entstehung des Fliegenden Holländer befreundet war, hielt die Erlösung der Welt nur für möglich, wenn ihr eine totale Destruktion vorausginge. Es ist interessant, daß Bakunin selber den Fliegenden Holländer, dieses Werk Wagners, ganz besonders liebte.[4]

Es zeigt sich also beim fliegenden Holländer ein faschistoides Problem in der Ambivalenz eines Mannes, der sich einerseits nach dem Tode sehnt und diesen glorifiziert, sich aber andererseits für unsterblich hält. Diese Todessehnsucht beinhaltet ein Drängen zurück in den Uterus der Mutter, ein Sehnen nach Leben und einem Zustand ohne Verantwortung und in Seligkeit. «Die ebenso unablässige wie vergebliche Suche nach dem ‹Heimatland› ist nichts anderes als die Suche nach der verlorenen Urharmonie, dem frühen ... vollständigen Einssein mit der Mutter.»[5] Von Anfang an wertet er seinen Alleingang, sein außergewöhnliches Schicksal derartig auf, daß es zweifelhaft erscheint, ob er erlöst werden will. Denn würde er erlöst, müßte er Abhängigkeit zulassen. Da er das nicht kann, muß er mit seiner Einzigartigkeit leben und zugrundegehen. Diese macht seine Größe aus! In der Umkehrung gleicht er jenen soldatischen Männern, die Theweleit beschreibt[6], deren höchste Genugtuung es ist, auf dem Schlachtfeld als einzig Überlebende übrigzubleiben. Des Holländers Grandiosität besteht darin, daß er dann stirbt, wenn alle anderen Toten die Auferstehung erleben:

«Wenn alle Toten aufersteh'n,
Dann werde ich in Nichts vergeh'n.»

Dieses In-Nichts-Vergehen zeigt seinen Wunsch nach Auflösung und Einswerden mit dem All, dem Kosmos, der Mutter.
Sein Mutterproblem und seine Gefühlsgespaltenheit wirken sich auch in der Beziehung zum Weiblichen aus: Er sucht Erlösung bei einer Frau, aber er will eigentlich weder Erlösung noch die Frau. So sagt er über seine «Liebe» zu Senta ganz richtig:

«Die düstre Glut, die ich hier fühle brennen,
Sollt' ich Unseliger sie Liebe nennen?
Ach nein! Die Sehnsucht ist es nach dem Heil:
Würd' es durch solchen Engel mir zuteil!»

Er kann nicht lieben, denn er ist viel zu sehr mit sich und seinem «Heil» beschäftigt. Und die Suche nach dem «Heil» klammert die liebevolle Beziehung zum Weiblichen immer aus. Säße er bei Frau und Kindern in der Küche, wäre er ein ganz gewöhnlicher sterblicher Mann. Die Frau, in diesem Fall Senta, ist für ihn keine, mit der er vielleicht leben möchte, die er sexuell begehrt. Nur als «Engel» möchte er sie haben. Engeln gegenüber hat man gewöhnlich keinerlei Verpflichtung, im Gegenteil, man wird von ihnen versorgt, beschützt. Senta als Frau hat also eine Funktion zu erfüllen, nämlich den Helden zum Heil zu führen. Dadurch ist das Verhältnis Frau-Mann völlig ungleich, denn sie hat nur für das Fortbestehen seiner Grandiosität zu sorgen, *als Engel,* ohne dafür etwas zurückzubekommen. Er arrangiert es so, daß er nicht zu retten ist. Dadurch, daß er Senta impotent macht, wertet er sein eigenes Unglück auf und entgeht sogar noch dem eigenen tieferen Leiden.

Viele Frauen, die wie Senta ohne Mutter bei einem gierigen Vater ihre Kindheit verbracht haben, sind völlig vereinsamt. Sie getrauen sich gar nicht zu fantasieren, daß sie auch Wünsche an den Mann haben könnten, sondern begnügen sich mit der Rolle des rettenden «Engels». Daß diese Rolle einer überhöhten Erwartung sowohl des Mannes wie der Frau entspricht, verdammt sie auch zum Scheitern. Die damit beim Mann ausgelöste Enttäuschung, daß seine Ansprüche unerfüllt bleiben, läßt dann schnell eine angeblich berechtigte «Angst vor dem Weiblichen» aufkommen. Diese Überhöhung der Frau als Engel ist ein «Zerrbild des Weiblichen», von dem Gruen sagt, daß es, «vom Patriarchat hervorgebracht», dazu dient, weibliche Werte [zu erstellen], um sie mißachten zu können.[8]

Die mit dem Engelbild einhergehende Überforderung schließt auch die Komponente der Sexualfeindlichkeit mit ein. Der Holländer erscheint uns als ein völlig asexueller Mann; düster, grauenerregend, selbstbezogen, Schätze sammelnd ist er wie Daland der Materie verfallen, voller Sehnsucht, Mitleid heischend, sucht er, was er nicht finden will.

So hat Senta von vornherein keine Chance. Durch Erziehung und den Einfluß väterlicher Werte wurde sie in die Rolle der Er-

löserin gebracht, in der sie untergehen *muß*. Eine solche Opferbereitschaft führt nicht zur Liebe, sondern in den Tod.
Obwohl es zunächst nicht so scheint, gleicht Senta dem Holländer. Von Anfang an ist sie von ihrer Mission, ihn zu retten, überzeugt, genauso wie er überzeugt von seinem Untergang ist. Senta ist besessen davon, ihn zu erlösen. Eine Fantasie, daß sie ihn liebt, mit ihm leben möchte, gibt es nicht. Ähnlich wie bei Tristan und Isolde besteht «Liebe» für sie in Erlösung und Tod. So ist Senta auch eine, die dem Tod nachjagt wie der scheinbar erlösungsbedürftige Mann. Daß sie selber bedürftig ist weiß sie nicht. Zum Opfersein scheint sie geboren und erzogen. Fasziniert von diesem Bild des Geisterbräutigams, ist ihre illusorische Liebe zu mächtig, und sie versucht sich im Holländer zu lieben, weil sie sich nicht liebenswert vorkommt. Die Todesliebe, die sie mit dem Ruhelosen teilt, stellt einen schlecht verdeckten Selbsthaß dar: Sie will nicht leben, weil sie es nicht wert ist und weil das Leben für sie als Frau im Innersten keinen Sinn und Wert hat. Da liegt ihre Tragödie und die vieler moderner Frauen: Sie fühlen sich nur wertvoll als Dienerinnen oder Retterinnen des Mannes. *Aber gerade der Mann, der solche Rettung braucht, ist jener frauenverachtende liebesunfähige Held.*
Es gehört zur Überzeugung Richard Wagners, daß Liebessuche gleich Todessuche ist. Ich werde darüber an anderer Stelle ausführlich berichten.[9] Wagner stellt die Geschichte des Holländers und Sentas der Sage von Odysseus und Penelope entgegen. Vom Holländer schreibt er in der «Mitteilung an meine Freunde» 1851: «Als Ende seiner Leiden ersehnt er, ganz wie Ahasveros, den Tod; diese, dem ewigen Juden noch verwehrte Erlösung kann der Holländer aber gewinnen durch – *ein Weib,* das sich aus Liebe ihm opfert: die Sehnsucht nach dem Tode treibt ihn somit zum Aufsuchen dieses Weibes; dies Weib ist aber nicht mehr die heimatlich sorgende, vor Zeiten gefreite Penelope des Odysseus, sondern es ist das Weib überhaupt, aber das noch unvorhandene, ersehnte, geahnte, unendlich weibliche Weib – sage ich es mit einem Worte heraus: *das Weib der Zukunft.*»

Wagner fährt dann fort, «das Weib» als «Heimat» zu bezeichnen, «das heißt des Umschlossenseins von einem innig vertrauten Allgemeinen . . .»[10]. Wagner setzt die Suche nach der neuen Frau mit seiner Suche nach einer neuen Welt und Heimat gleich, und weil er bzw. sein fliegender Holländer diese noch nicht gefunden hatte, konnte er, der Holländer, nur durch seinen Untergang erlöst werden. In diesen Sätzen Wagners wird Senta als das Sinnbild des überforderten Weiblichen für uns sichtbar, die Mutter und Erlöserin, Heimat und erneuerte Welt, alles in einem, für den Mann zu sein hat.

Der Holländer ist jenem Heil verpflichtet, das sich nur im Untergang für ihn als gültig erweist. Und Senta meint zwar, ihn zu lieben, ist aber gefesselt an die Rolle der Heilbringerin, die ihr zugeschrieben worden ist oder die sie sich gesucht hat. So lebt auch sie in einer Wunschwelt, genährt von ähnlichen Fantasien wie sie der Fluchbeladene hat.

In der letzten Bayreuther Inszenierung von Harry Kupfer wird das sehr eindrucksvoll deutlich gemacht: Die Oper wird als Sentas Illusion oder Traum dargestellt. Sie bleibt durch die ganze Oper hindurch auf der Bühne und hält das Bild des heiß herbeigesehnten Mannes fest umklammert. Damit wird ausgedrückt, daß sie sich an ein *Bild* des Mannes halten muß. Nur einmal, als Erik sie zum letztenmal beschwört, doch bei ihm zu bleiben, läßt sie das Bild fallen, wendet sich ihm für Sekunden zu. Da wäre die Wende! Da wäre die Möglichkeit einer anderen Entscheidung gewesen, einer *fürs Leben und gegen den Tod.* Frauen, die ein Wunschbild lieben, an das sie gefesselt sind ein halbes oder ganzes Leben lang, verpassen manchmal diesen Wendepunkt, weil sie ihn nicht erkennen können. An dieser Wende, wenn das Wahnbild fallengelassen wird, könnte Senta sich zur Freiheit hin entscheiden. Und was in solchen Fällen Frauen oft tun, tut Senta auch: Sie entscheidet sich gegen Erik und für die – *Pflicht.* Von da an ist sie allein und bleibt es auch bis zu ihrem Ende. Senta zu Erik:

«Nicht mehr! Nicht mehr! Ich darf dich nicht mehr sehn, –
nicht an dich denken, – hohe Pflicht gebeut's.»

Pflicht wird hier verabsolutiert und zu einer Berufung gemacht. Wenn eine Frau bemerkt, daß es in einer Beziehung gar nicht mehr um Liebe geht, es diese vielleicht nie gegeben hat, hält sie dennoch ihre alte Forderung der Pflicht dem Mann gegenüber aufrecht: Die Pflicht, ihn nicht im Stich zu lassen, ihm die Treue zu halten, sind Tugenden, die unseren Kollektividealen entsprechen.

Warum faszinieren uns diese beiden Gestalten so? Was hat es auf sich mit diesem bleichen Mann? Wagner, der bei der Uraufführung seines Werkes in Weimar unter Franz Liszt nicht dabei sein konnte, weil er aus politischen Gründen ins Ausland hatte flüchten müssen, verfaßte in einem Brief an Liszt Regieanweisungen zur Oper, in denen er sich genauestens mit den emotionalen Wirkungen und den Erscheinungsbildern der Figuren befaßte. Über den Holländer schrieb er, daß es diesem gelingen müsse, «das tiefste Mitleid zu erregen und zu unterhalten»[11]. Dies würde ihm dann gelingen, fährt Wagner fort, wenn seine Hauptcharakterzüge voll in Erscheinung treten. «Sein erster Auftritt ist ungemein feierlich und ernst ... eine gewisse grauenhafte Ruhe in der äußeren Haltung, selbst bei der leidenschaftlichen inneren Kundgebung des Schmerzes und der Verzweiflung ... Die ersten Phrasen werden ohne die mindeste Leidenschaftlichkeit, wie von einem Übermüden ... gesungen ... mehr wie mit schrecklichen Hohne wendet er nur den Kopf halb nach dem Meer zurück ... Selbst noch die Worte: ‹Niemals der Tod, nirgends ein Grab!›, die allerdings mit gewaltiger Betonung gesungen werden müssen, gehören mehr nur noch der *Schilderung* seiner Leiden an, als einem wirklichen, unmittelbaren Ausbruche seiner Verzweiflung.»[12]

Diese Bemerkungen Wagners sind Regieanweisungen für die narzißtische Persönlichkeit. Die «grauenhafte Ruhe» ist die Fassade dieser Persönlichkeit, die keinen Kontakt zu ihren Gefühlen hat, aber eine halbwegs gute, wenn auch starre «Persona» (Maske, Fassade), durch die ihr Mangel überdeckt wird. Die feierlich ernste Verhaltenheit, mit der er sein Leiden vortragen soll, erinnert eher an Selbstmitleid als an echtes Leiden. Gruen sagt, daß das Selbstmitleid, das als Leiden ausgegeben wird, ein Bestandteil faschistischer männlicher Mentalität ist.[13] Wir wissen von Richard Wagner, daß er zeitlebens versuchte, durch Selbstmitleid Mitleid bei anderen, vor allem bei Frauen, zu erwecken und diese auch immer für seine Zwecke benützen konnte. Dem Holländer gelingt dies auch.

Es ist interessant, daß Wagners Anweisungen ihm, dem Holländer, in seinem ersten Auftritt nur eine *Schilderung* seines Leidens gestatten bis hin zu dem Punkt, wo er singt:

«Vergeb'ne Hoffnung!
Furchtbar eitler Wahn!
Um ew'ge Treu' auf Erden – ist's getan!»

Dieser Ausruf ist ein Appell an Mitleid, der auf Selbstmitleid basiert. Er kann sich und sein Leiden nur als Mittelpunkt der Welt ausfantasieren. Und die Vorstellung, daß er nur sterben kann, wenn die Welt zugrunde geht, oder nicht einmal dann, *hat* etwas Größenwahnsinniges. Denn er setzt sich ja da mit Gott gleich, von dem man sich vorstellen könnte, daß er vielleicht auch noch nach dem Weltuntergang weiterexistiert. Diese männlichen Fantasien erschrecken uns; wir kennen sie gut genug – aus der Politik. Der Kampfruf der Francoisten «Eviva la muerte» (Es lebe der Tod) erinnert daran: «Wenn der Tod das ist, was die größte Sicherheit bietet, dann sehnt man sich auch danach. Es ist kein Zufall, daß die Ideologien, die das Mitgefühl am tiefsten verachten und dem männlichen Mythos von Stärke und Größe besonders hemmungslos huldigen, die faschistischen waren und sind. Und jede faschistische Spielart verherrlicht den Tod. Deshalb auch finden sie bei so vielen Menschen – auch bei intellektuellen Gegnern – emotionale Gefolgschaft. Sie rühren an die Neigung vieler, vom Tod als heroischem Erlöser fasziniert zu sein.»[14] Wir sehen beim Holländer deutlich, daß das Fazit und Ende dieser Sucht nach Größe darin mündet, daß man den Weltuntergang herbeiführen muß und sich selber als Gott erlebt, wobei es dann gleichgültig ist – jedenfalls für den Rest der Menschheit –, ob der Todessüchtige selber auch zugrundegeht, oder ob er übrigbleibt!

Menschen jagen hinter dem Tod her, und diese Jagd ist, so Gruen, dazu da, um die eigene innere Leere nicht ertragen zu müssen. So fühlte sich Hitler auch nur dann lebendig, wenn er mit Tod und Zerstörung in Verbindung stand. Die Spaltung von Todesverherrlichung und Gier nach Leben wird dann besonders deutlich, wenn wir bedenken, daß deutsche Soldaten unter Hitler durch die Glorifizierung des Heldentodes und des Blutopfers dazu angespornt wurden, für *Lebensraum* zu kämpfen, egal, ob dann noch jemand da gewesen wäre, diesen zu bewohnen.

Nur dünn getarnt ist das ungeheure Maß an Selbstverachtung, das beim Holländer hinter der Todessuche spürbar wird. Auch er, der über die Meere Eilende, versteckt sein eigenes Gefühl, nichtswürdig zu sein, hinter diesem Getriebensein.

In der genannten Bayreuther Inszenierung führt Kupfer uns den Holländer, dargestellt durch den beeindruckenden Schwarzen Simon Estes, als einen Mann in Ketten vor, gekettet an das Schiff, die Mutter, den Uterus. Beim Anblick dieses Mannes auf der Bühne wird einem nicht nur ein Größenwahnsinniger, sondern die sich Tausende von Jahren überstrapazierende, geschundene männliche Kreatur vor Augen geführt. So verändern heutige intelligente Inszenierungen die frühere Position Wagners und spiegeln den Zeitgeist wider.

Und ebenso verwundet und zerstört wie er tritt die Frau bei Kupfer zum Schluß ab: Senta stirbt in dieser Inszenierung nicht mit dem Holländer. Man sieht sie zwar in den Tod springen, sie landet aber nicht im Meer und nicht bei ihm.

Von allen verlassen ist Senta, und als sie tot daliegt, klappen zum Schluß die Fensterläden zu: Das Ende ihrer Illusion ist gekom-

men. Die Erlösung hat nicht stattgefunden! Aber es klappen die Fensterläden auch laut und vernehmbar vor dem weiblichen Opfer patriarchaler Gewalt zu.
Nicht wie Wagner es vorschreibt, *«beide in verklärter Gestalt, entsteigen dem Meere; er hält sie umschlungen»*, stirbt Senta, sondern sie liegt tot auf einer total verlassenen öden Straße. Leer und einsam liegt sie da, zerschmettert von ihrem Schicksal und vom Sprung, der sie nicht zu ihm und zur Verklärung geführt hat, sondern sie in der harten brutalen Realität landen ließ.

Dracula – Archetyp der Sucht und seine Opfer

Wie der Fliegende Holländer stellt auch die Dracula-Geschichte bestimmte Beziehungskonstellationen zwischen Frau und Mann dar. «Dracula», die Geschichte des männlichen Vampirs, ist eine alte Sage, über die der Ire Bram Stoker Ende des letzten Jahrhunderts einen Roman schrieb.[1] Es wurde eine Millionenauflage erzielt. «Dracula» wurde über zwanzigmal verfilmt und auch als Theaterstück inszeniert.[2] Es geht eine Faszination von dieser Geschichte aus, und sie ist so populär, daß viele Menschen sich diese Draculafilme immer wieder anschauen. Ich konnte auch beobachten, daß Dracula in Träumen aufzutauchen begann. Der Vampir ist ein Archetyp, der gerade in unserer Zeit aktualisiert ist und zu den suchtartigen Beziehungsmustern zwischen Frau und Mann eine Erklärung geben kann. Deshalb möchte ich hier die Beziehung, die Dracula zu Frauen hat, näher beleuchten.

Graf Dracula lebt im mysteriösen und fernen Transsylvanien, in den Karpaten, wo die Natur noch wild und ungezähmt ist, wo Wölfe hausen und der Aberglaube beheimatet ist. Er wohnt in einem Schloß, das hoch auf einem steilen Fels gelegen ist. Dort stürmt und schneit es meist, und eine eisige Kälte herrscht in seiner Umgebung. Der Graf selber wird als großer, bleicher, hagerer Mann beschrieben, mit blutroten Lippen und spitzen weißen Zähnen. Die Geschichte beginnt damit, daß er gerade ein altes Haus in London gekauft hat und daß ein junger Grundstücksmakler, Jonathan Harker aus London, ihn besucht, um die Kauftransaktion mit ihm abzuschließen. Als Harker in Transsylvanien ankommt, wird er an einer Wegkreuzung von einer schwarzen Kutsche, die von vier schwarzen Pferden gezogen wird, abgeholt. Es ist eine finstere stürmische Nacht, in der er auf dem

Schloß vom Grafen auf liebenswürdigste Weise empfangen wird. Doch bald bemerkt er, daß etwas Geisterhaftes, Unheimliches den Schloßherrn umgibt. Auch, daß Dracula keinerlei Dienstboten hat und alles allein macht, scheint ungewöhnlich. Und, obwohl Jonathan sorgfältig bedient wird, ißt und trinkt der Graf selber nie. Mit der Zeit bemerkt Harker, daß der Unheimliche kein Spiegelbild hat. Als Jonathan ihn eines Nachts zufällig heimlich beobachtet, wie er als riesige schwarze Fledermaus aus einem Fenster des Schlosses fliegt, erkennt er, daß Dracula ein Dämon ist und er, Jonathan, sein Gefangener.

Um selber nicht wahnsinnig zu werden, trägt Harker alles, was er erlebt, minutiös in ein Tagebuch ein, während er zwischendurch verzweifelt nach Fluchtwegen sucht. Bei einem solchen Versuch, zu entkommen, schläft er außerhalb seines Zimmers erschöpft ein und wacht mitten in der Nacht auf. Bei Mondlicht sieht er drei junge schöne Frauen, die keinen Schatten werfen, um sich. Alle drei haben glänzend weiße Zähne und volle rote Lippen. Jonathan ist fasziniert und verliebt sich in eine der drei, die sich über ihn beugt und ihre Zähne in seinen Hals gräbt. Aber der Graf scheucht sie weg und sagt ihr, Jonathan gehöre ihm, worauf die Schöne ihm zuruft: «Du hast selbst nie geliebt, du liebst niemals!» Dracula erwidert: «Doch, auch ich kann lieben, und ihr wißt es selbst aus der Vergangenheit, nicht wahr? Ich verspreche euch, daß ihr ihn nach Belieben küssen dürft, wenn er seine Arbeit für mich getan hat.»

Bei einem weiteren seiner Fluchtversuche findet Jonathan Dracula in einer Gruft; wie tot liegt er in einer Kiste mit frischer Erde und blickt ihn starr und haßerfüllt an.

In England ist in der Zwischenzeit Jonathans Verlobte Mina mit ihrer Freundin aus der Kindheit, Lucy, wieder zusammengetroffen, die plötzlich zu schlafwandeln begonnen hat. Eines Nachts findet Mina sie auf einer Bank auf dem Friedhof gerade in dem Augenblick, als sich eine schwarze Gestalt über sie beugt. Danach wird Lucy krank, sie leidet an Blutarmut, und alle Bluttransfusionen, die sie bekommt, helfen ihr nicht. Ein Freund der

Familie, Dr. Seward, ruft seinen alten Professor Van Helsing aus Amsterdam herbei. Dieser nimmt sich des Falles an und findet heraus, daß es sich um Vampirbisse handelt, die an Lucys Hals als kleine rote Male sichtbar geworden sind. Lucy geht es immer schlechter. Obwohl sie ständig bewacht wird und äußerste Vorkehrungen getroffen werden, gelingt es Dracula, als schwarze Fledermaus und grauer Wolf zu ihr vorzudringen. Er reißt ihr die apotropäisch wirkende Knoblauchkette vom Hals und beißt sie, so daß sie nach einer Weile, trotz der vielen Bluttransfusionen, stirbt.

Van Helsing weiß, daß sie nun als Nosferatu, als Untote, weiterexistiert und das Blut anderer aussaugen muß. Die Freunde, allen voran Dr. Seward, sind zu rational, um das zu glauben. Sie werden erst überzeugt, als sie eines Nachts Lucys Sarg leer finden und sie am nächsten Tag wieder rosig im Sarg liegend vorfinden. Um sie zu erlösen, muß ihr ein Pfahl durch die Brust gestoßen werden.

Es wird allen klar, daß Dracula gefangen werden muß. Aber er ist schlau und verschlagen, und es stehen ihm Mächte der Natur zur Verfügung, die ihn zu beschützen scheinen. Er ist ein Dämon der Dunkelheit, und seine Macht endet mit dem anbrechenden Tag. So kann er nachts als Nebel durch jede Fensterritze kommen, als Wolf, Ratte oder Fledermaus Einlaß finden, *allerdings immer erst dann, wenn er das erste Mal dazu aufgefordert worden ist. Das erste Mal muß er freiwillig eingelassen werden.*

Ein Patient von Dr. Seward, ein gewisser Renfield, der Dracula verfallen ist, läßt ihn eines nachts zu Mina herein, und so wird auch sie von Dracula gebissen und erkrankt. Sie erzählt, daß sie, als er ihr Blut trank, sich nicht wiedersetzen *wollte.* Dracula übt also schon vor dem Biß eine solche Faszination aus, daß die Frau sich von ihm ergreifen lassen *will.* Trotzdem beschließt Mina, Van Helsing nach Transsylvanien zu begleiten, um Dracula dort zu töten, und zwar mit der einzig wirksamen Methode, indem sie einen Pfahl durch sein Herz stoßen werden. Sein Herz ist also doch lebendig und verwundbar!

In diesem Zusammenhang werden zwei psychologische Hauptmotive, die die Beziehung zwischen Frau und Mann beleuchten, deutlich: Einmal wird in dieser Vampirsage die Suche Draculas nach Lebendigem sichtbar. Er, der von allen Trieben, allem Lebendigen abgeschnitten ist, sucht eigentlich Leben. Der Vampir beneidet hier die Frauen, und er sucht sich durch ihr Blut, das Lebenselixier bedeutet, an ihnen schadlos zu halten. Er beneidet sie um Leben, ums Lebendigsein. Das Blut, das er sich von den Frauen holt, steht auch für Menstruationsblut. Die Menstruation ist als Zeichen weiblicher Gebärfähigkeit die erwünschte Kostbarkeit, die der Mann auch besitzen möchte. Dracula steht für jene Seite des männlichen Neids, die sich dieses Blut als Vampir holt, um so an diesem Naturgeschehen wenigstens indirekt teilzuhaben.
Dies erinnert an den Gebärneid des Mannes, der darin besteht, daß der Mann die Frau wegen ihrer Gebärfähigkeit beneidet. Dadurch, daß sie Leben geben kann, hat sie direkten Anteil an den natürlichen kreativen Prozessen, aus denen er, der Mann, sich zumindest körperlich ausgeschlossen fühlt. Dieser Gebärneid ist hier als Metapher für den Neid auf Leben und das Eingebundensein in den Naturprozeß zu verstehen.
Das zweite Motiv der Draculageschichte hat mit der bereits erwähnten Wut und Enttäuschung des Mannes zu tun, die der Frau verübelt, ihm mit dem Leben auch den Tod gegeben zu haben. So saugt der Vampir das Lebenselixier Blut in der Überzeugung, dadurch nicht sterben zu müssen. Seine Fantasie eines Lebens ohne Tod, wofür er, der «Untote», allein lebt, ist eine typisch männliche. Es ist auch nicht zufällig, daß er dem Mann, Renfield, der ihm verfallen ist, Unsterblichkeit verspricht, während er die Frauen *damit* nicht locken kann.[3]
Dracula als Repräsentant der Suchtkomponente wirft keinen Schatten, hat kein Spiegelbild, ist also ohne Möglichkeit der Selbstreflexion. Wie der Süchtige selber blind ist für Wahrnehmungen, die mit der eigenen Person zu tun haben, fehlt auch ihm die Möglichkeit, sich selber (im Spiegel) zu sehen. Dies Sich-

nicht-sehen-Können bedeutet aber eine Spaltung der Persönlichkeit. Dracula ist gespalten in eine Tag- und eine Nachtseite. Seine übernatürlichen Nachtfähigkeiten erlauben ihm das Gefühl unendlicher Macht, die aber mit anbrechendem Tag endet. Bei Nacht vollbringt er mächtige Zaubereien, um sich sein Blut zu holen. Aber bei Tag führt er ein fürchterliches Dasein: Wie tot liegt er in seinem Sarg, der angefüllt sein muß mit seiner transsylvanischen Heimaterde – völlig ausgeliefert und bewegungslos muß er den Tag zubringen bis zum Sonnenuntergang. So bietet er ein Bild der Starre, des Gefangenseins in der mütterlichen Erde, gefangen im Mutterkomplex, der ihn fixiert.

Auch die Frauen sind in ihrer Rolle festgelegt. Zunächst sind sie sexuell von Dracula fasziniert, werden aber mit dem Biß zu (Blut) spendenden «Müttern» gemacht, die für die Fütterung und das Überleben (für das ewige Leben) des Vampirs bis zum Verbluten zu sorgen haben. Die Frau wird zur blutspendenden Mutter bis zur eigenen Auflösung, bis zu ihrem Tod hin. Dies erinnert an die Funktion der Mutter in Nazideutschland, die Söhne gebären, ernähren und hergeben mußte fürs Verbluten und den Tod, damit das Vaterland lebe! Dieser Vampir gehört also in die muttergebundene Männerwelt, die die Frau immerfort (ge-)braucht, um am Leben zu bleiben. Er ist wie der «soldatische Mann» Theweleits, jener «Nicht-zu-Ende-Geborene», der ewige Säugling an der Brust der Mutter, der nie erwachsen wird und deshalb auch nicht sterben kann.

Auf die erwähnte Verbindung von Dracula mit dem weiblichen Menstruationsblut verweisen auch die englische Autorin Penelope Shuttle und der englische Autor Peter Redgrove. Sie sehen in Dracula eine Art Mondgott, der der dunklen Seite des Weiblichen, das im Patriarchat gefürchtet, gehaßt, verschwiegen wurde, zu seinem Recht verhilft, *indem er das weibliche Blut, das als Menstruationsblut immer als «unrein» gegolten hat, aufwertet.* Auch seine Fähigkeit, immer wieder von den Toten aufzuerstehen, bringt ihn in die Nähe des Göttlichen. Der Vampir Dracula sei, so Shuttle und Redgrove, wie Lucifer, die dunkle Seite von

Jesus, der mit seiner Macht die Möglichkeit hat, sich immer wieder zur Auferstehung zu verhelfen.[4] – Ich glaube zwar auch, daß Dracula die von den genannten Autoren beschriebenen erlösenden Züge aufweist. Aber im Gegensatz zu ihnen sehe ich in dem Vampir einen *Pseudobefreier,* der den Frauen zwar sexuelles Abenteuer verspricht, es aber nicht einlöst, weil er das gar nicht kann. Die orale Gier, das muttergebundene Saugenmüssen hindern ihn daran, den Frauen Lust zu geben. Im Gegenteil, er raubt ihnen das Lebensblut und die Vitalität. Dieser Vitalitätsverlust ist ein typisches Merkmal der Sucht.

Welche Frauen verfallen Dracula? Sie kommen aus den konventionellsten Mittelschichten und sind, wie Lucy und Mina, puritanisch, traditionell und asexuell. Solche Frauen sind auch heute, gerade im Zeitalter der Frauenemanzipation, besonders gefährdet, Opfer des männlichen Vampirs zu werden und zu bleiben, ohne es zu merken. Die dazugehörigen Männer sind Geachtete, Erfolgreiche, allem Irrationalen abgeneigt wie Harker, Dr. Seward; und selbst Van Helsing, der als Experte für Vampire gilt, ist von nüchterner Rationalität. Er und die andern Männer besitzen «die zurückhaltenden und sexlosen Tugenden des Salons und des Labors»[5]. In solchen konventionellen Beziehungsstrukturen und Welten bricht Dracula als charmanter und verführerischer Mann ein. In einem der Filme sagt er zu Lucy: «Ich verachte Frauen, in denen kein Blut ist», womit er Frauen meint, bei denen kein sexuelles Verlangen zu spüren ist. Und Lucy, die ihn unbewußt versteht, antwortet: «Sie haben ein großes Verlangen nach Leben!» Blut und Leben werden hier einander gleichgesetzt und mehr noch: auch sexuelles Verlangen wird von Dracula scheinbar versprochen, von der Frau erwartet. Aber, was Dracula an sexueller Verlockung ausstrahlt und verspricht und weswegen ihm diese Frauen, aus der Langweiligkeit ihrer Beziehungen heraus, folgen, kann er nicht einlösen. Denn er kann nur nehmen und benützen, nicht geben. Bei Mina trinkt er vom Blut, das oberhalb ihres Herzens strömt, und sagt zu ihr: «Und du ... bis jetzt Fleisch von meinem Fleisch, Blut von mei-

nem Blut und für einige Zeit erschöpflicher Quell meiner Lebenskraft. Später sollst du meine Gefährtin und Helferin werden.» Es klingt da neben dem Aussaugen etwas von einem religiösen Hochzeitsversprechen an, ein Gelöbnis ewiger Verbundenheit. Solche Aussagen, die sich auf Blutbande berufen, haben etwas religiös Fanatisches und auch Faschistoides.
Die Nähe zum Christentum ist durch die Blutsymbolik unübersehbar. Wir wissen, daß das als Symbol verehrte Blut Christi ein aus matriarchalen Zeiten stammendes Symbol ist, das vom Patriarchat wegen seiner Wirksamkeit und wegen des obengenannten Neides auf die Frau übernommen worden ist.
Das Blut der Frau, die Menstruation als Frauenmysterium, wurde vom Christentum adoptiert und in das Mysterium des Blutes Jesu umgewandelt, so daß die Macht nunmehr beim männlichen Blut lag. Der Gral mit dem männlichen Blut, und nicht mehr die weiblichen Blutmysterien, war zum Erlösungssymbol geworden. Das Blut der Menstruation, das fortan Grauen und Angst auslöste, wurde danach als unrein deklariert.[6]
Das Patriarchat hat sich also im Christentum des Rituals vom heils- und erlösungsfähigen Blut der Frau bemächtigt und das männliche Blut, als Pharmakon, als Heil und Erlösungsmittel, eingesetzt. Diese Blutsubstanz und die damit verbundenen heiligen Handlungen dienten einem männlichen, vergeistigten Kult, der weg von Sexualität und Körper führte und der Erlangung des *ewigen Lebens,* der Unsterblichkeit galt.[7]
Dracula ist einerseits ein Gegenbild zum christlichen Mythos, da er ja weibliches Blut als Rettung beansprucht, andererseits rückt er aber auch in die Nähe des Christentums, dadurch, daß er keine Speisen braucht. Das Fasten als Suche auf dem Weg zum ewigen Leben ist ein Mittel, das die Heiligen anwandten. Therese von Konersreuth brauchte in den letzten Jahren keine Nahrung zu sich zu nehmen, sie wurde vom Abendmahl, der Speise des ewigen Lebens, genährt. Ähnlich verhielt es sich mit Niklaus von Flüe.
Die lebenssaugende Qualität Draculas kommt auch heute in den

modern gewordenen Fastenkuren, die zum Teil kultisch zelebriert werden, zum Ausdruck, mit denen Eßsucht kaschiert wird und durch die viele Menschen buchstäblich ausgesaugt werden. Dracula ist auch da im Einsatz![8]

Es gibt aber noch andere Blutrituale, in denen nur Männer bluten. Ich meine das Blutvergießen im Krieg. Insbesondere unter der Naziherrschaft hatte Blut eine numinose Bedeutung. Deshalb war auch die Reinheit des Blutes, arisches, kein jüdisches, so wichtig. Sein Blut für das sogenannte Heil des Vaterlandes vergießen zu dürfen, war Ehre und «heilige Pflicht». Hinter dieser Pflicht oder Ehre, zu verbluten, stand das heimliche und unbewußte Konkurrieren mit dem Weiblichen, es ihm im Bluten gleichtun zu können. Der Vampir, in diesem Fall das nationalsozialistische Herrschaftssystem, saugte das Blut seiner «Heldensöhne» aus. Größer als der Wunsch zu leben, war der Wunsch, in der Schlacht zu sterben, denn das hieß eben: Blut fließen lassen dürfen. Die, für die das Blut floß, waren die Nutznießer, die Vampire. Besonders eindrucksvoll wird das belegt durch die Blutordensverleihung im Nationalsozialismus; da wird die Spaltung sichtbar: Nicht die, die gestorben sind und «verbluteten», haben den Orden bekommen, sondern die, für die die Bluter gestorben waren. Sie, die Überlebenden, saugen an dem Blut der toten Krieger bis an ihr Lebensende und noch darüber hinaus, wie Dracula! Davon geben die Heldendenkmäler, Heldengedenktage, Helden-, Soldaten-, Gefallenenfriedhöfe und der ganze Kult drum herum Zeugnis. Der Blutorden wurde also denjenigen verliehen, die nach dem S. A.-Putsch in München überlebt hatten. Jedes Jahr am Gedenktag wurde ein bestimmtes Ritual vollzogen, in dem einzeln die Namen der im Putsch gefallenen Männer aufgerufen wurden, und ein Soldat, im Gebüsch versteckt, rief bei jedem Namen «hier». Damit wurde signalisiert: diese Männer sind nicht tot, sie sind noch unter uns; sie sind also unsterblich.[9] Es ist nichts dagegen einzuwenden, daß die Ideen und Taten von Menschen, die Großartiges geschaffen haben, weiterleben. Das Problem ist nur, daß oft das Größenwahnsinnige und nicht das Große gefeiert wird. Diese Art des Unsterblichkeitsmythos birgt die Gefahr, daß menschliche Tugenden und Werte, wie z. B. Mut, durch Heldisches pervertiert und dann außerhalb des Zusammenhanges menschlichen Geschehens verstanden und zelebriert werden.

Wir haben bei der Besprechung der beiden Märchen gesehen, daß Mut und Tapferkeit, wenn eingebunden in einen entsprechenden sozialen Kontext, lebensrettend sein können, während benützt und bis aufs Blut ausgesaugt werden, zunächst vielversprechend ist, aber bewirkt, daß man – wie hier Draculas Frauen – ewig Opfer bleibt. Es hat aber auch etwas Großartiges, spendendes Gefäß zu sein. Die Frauen, die für Dracula ihr Blut hergeben, sind da in der alten Rolle der Zubringerin, Bluterin, Versorgenden.

In unserer Geschichte überlebt Mina, weil sie bewußter ist als Lucy und die anderen Frauen. Sie kennt ihr Verfallensein: «Ich weiß, daß ich heimlich zu ihm kommen muß, wenn er mir den Befehl dazu erteilt. Ich müßte Sie alle täuschen und hintergehen.» Und an anderer Stelle sagt sie ihren Helfern: «Denken Sie daran, daß ich nicht wie Sie bin. Mein Blut und meine Seele sind vergiftet.» Sie ist eine Frau, die weiß, daß ihre Abhängigkeit Sucht ist und daher tödlich. Das ist sehr wichtig und lebensrettend für Mina. Solange Frauen eine solche Faszination als Liebe fantasieren, bleiben sie in den Händen des Vampirs. Mina wird wieder gesund, weil sie dies nicht tut. *Sie weiß um ihre eigene Sucht.*

Um von dem süchtigen Verlangen loszukommen, muß man sich losreißen, und das ist wie ein Sterben. Doch nur wenn man in diesen Tod hineingeht, kann man sich aus der Abhängigkeit lösen. Mina tut es, denn sie weiß: «Aber der Tod ist nicht alles ... Deshalb verzichte ich meinerseits auf die Gewißheit, später ins ewige Leben einzugehen, und schreite stattdessen weiter in die Dunkelheit hinein, in den finstersten Winkel der Unterwelt.» Mina, meint zwar hier den physischen Tod und versteht Unterwelt als die christliche Hölle, es wird aber ersichtlich, daß sie instinktiv das Richtige tut: Nicht oben, sondern in den Tiefen der Unterwelt, d. h. des Unbewußten, liegt ihre Rettung. Das Entscheidende daran ist, daß sie mit dem Gang zur Hölle auch den Verzicht auf ein ewiges Leben, auf Unsterblichkeit meint. Und das ist das Rettende! Es ist dies etwas typisch Weibliches, der Held kann das nicht.

Dracula, der Repräsentant der Abhängigkeiten, der Sucht, zeigt sich in unserer Zeit in Träumen und Fantasien von zahlreichen Frauen und Männern. Viele Menschen sind in sexuelle und andere emotionale Abhängigkeiten und Hörigkeiten verwickelt, oft ohne es zu wissen, weil sie ihre Faszination als Liebe darstellen, oder als Durchhaltevermögen ins Positive verkehren. Sie machen aus der Sucht eine Tugend. Oder sie deklarieren ihr Ausharren in einer hoffnungslosen Beziehung als Treue; auch als Pflicht wird es ausgegeben. Diese «Tugenden» dienen der eigenen Rationalisierung, um das Opfer oder den Quäler nicht verlassen, die Sucht also, nicht aufgeben zu müssen. Um nicht an der Trennung zu leiden, nimmt man ewiges Selbstmitleid und die Qualen, die eine Suchtbeziehung mit sich bringen, in Kauf. Wir werden dies in einem der nächsten Kapitel bei Ingeborg Bachmanns Franza noch deutlich sehen.

Dracula präsentiert sich in einer Atmosphäre des Geheimnisvollen, Niedagewesenen, des Nocheinzulösenden. Wie die Gratifikation in der Sucht erweckt auch er den Hunger nach mehr, weil eigentlich gar nicht befriedigt wird, denn er, Dracula, gibt nichts, er saugt nur. Der Graf als Symbol dieser Süchtigkeit hat etwas Faszinierendes, wo das scheinbar Triebhafte und Dunkle gepaart ist mit vordergründiger Eleganz und dem exzellenten background eines Weltmannes. Die Frauen wittern zu Recht ein dunkles Geheimnis bei ihm und suchen da, was ihnen, den Angepaßten abgeht, nämlich das Verbotene, das sexuelle Abenteuer der Lust, das Sich-als-Frau-fühlen-dürfen, was im Bluten als Menstruationssymbol auch mit eingeschlossen ist. Daß sie das alles gar nicht finden bei ihm, ist eines der dunklen Geheimnisse des Suchtarchetyps Dracula:

Seine Erscheinung ist, ähnlich des Verführers, ewiger verlockender Schein.
So findet man in der Sucht auch nie, was man sucht, sondern bleibt in einem Zustand ewigen Hoffens und Wartens. Da ist es kein Wunder, daß die Frauen um Dracula im Zustand ewigen Wartens und stets ungestillter Sehnsucht sind, sich beißen und aussaugen lassen, im Bett bei geöffneten Fenstern oder auf Friedhofbänken wartend, als Opfer ihrer eigenen ungestillten, weil verbotenen Sehnsüchte ausharren. Es sind dies Bilder, die wir aus vielen heutigen Frau-Mann-Beziehungen kennen: Liebende, die voneinander nicht lassen können, auch wenn sie sich gegenseitig nichts geben, sondern sich zugrunde richten.
Sucht ist Suche nach Seligkeit, nach Lebendigwerden, aber ohne eigenen seelischen Einsatz – sie ist der Wunsch, unbewußt und ohne Schmerzen das Paradies zu erleben. Bei Dracula bleiben, heißt Kräfte- und Seelenverlust erleben und ewiges Opfer der Abhängigkeit bleiben. Süchtig sein heißt: von anderem leben, ein Scheinleben führen mit fremdem Licht, das immer wieder erlischt.

Don Juan und seine Frauen

«Vom wirklichen Genuß des Lebens kenne ich gar
nichts: für mich ist ‹Genuß des Lebens,
der Liebe› nur ein Gegenstand der Einbildungskraft,
nicht der Erfahrung.»
Richard Wagner

1. Don Juan

Don Juan ist zu einem Mythos geworden, der seit dem 17. Jahrhundert, als er zum erstenmal mit Tirso de Molinas Drama in der Literatur auftaucht, durch die Weltliteratur geistert. Seine Gestalt faszinierte seitdem verschiedene Dichter über Molière, Da-Ponte bis zu Max Frisch.

Der Verführer ist ein Held. Wie dieser muß auch er immer siegen, bei den Frauen – er ist ein Frauenbezwinger. Anders als Dracula, der alle seine Frauen immer behält und sie durch Biß und Blutbande an sich bindet, sich von ihnen nicht mehr trennen kann und so mit seinen Opfern ewig verbunden bleibt, verläßt der Verführer seine Opfer, weil er mit ihnen eigentlich nichts anfangen kann. Dracula braucht die Frauen als Blutspender und daher als ewige Lebenssicherheit. Für Don Juan hingegen sind die Frauen eher Phantome, Phantasmagorien, die für wenige Minuten seiner Verführungslust dienen. Aber mehr noch als den Augenblick der Hingabe braucht er das Erlebnis, Sieger zu sein. In den Minuten, wenn die Frau sich ihm hingibt, da erlebt er die narzißtische Befriedigung, ein unbesiegbarer Lustbringer zu sein. Wo Dracula parasitär aussaugend ist, ist Don Juan scheinbar ein Gebender. – Und anders als Dracula, der unheimlich, finster und angsterregend ist, verbreitet Don Juan eine Atmosphäre von Lebenslust und Leichtigkeit:

«Dort werden wir uns die Hand reichen,
dort wirst du mir ja sagen;
sieh, es ist nicht weit,
gehen wir fort von hier, mein Schatz.»
«La ci darem la mano . . .»
(Reich mir die Hand, mein Leben . . .)

Da Ponte hat das Textbuch für Mozarts Oper geschrieben[1]: Don Giovanni, ein junger spanischer Edelmann, ist davon besessen, immer wieder Frauen zu verführen. Eines Nachts dringt er maskiert in die Gemächer von Donna Anna, Tochter des Komturs von Sevilla, ein. Sie ruft um Hilfe, ihr Vater eilt herbei und wirft sich dem Verführer in den Weg. Er fordert ihn zum Zweikampf auf, in dem er, der Komtur, getötet wird. Giovanni und sein Diener Leporello entkommen unerkannt. Donna Anna und ihr Verlobter Don Ottavio eilen herbei und beweinen den Toten, ohne den Mörder zu kennen, und schwören, die Tat zu sühnen.
Ohne Schuld zu empfinden, versucht Don Giovanni die Nächste zu erobern, eine Verschleierte, die gerade die Untreue ihres Gatten beklagt. Aber bei näherem Hinsehen erkennt Don Giovanni Donna Elvira, seine eigene Ehefrau, die er drei Tage nach der Hochzeit verlassen hat. Er veranlaßt seinen Diener, sich mit der Verschleierten zu beschäftigen, dieser jedoch beleidigt Elvira noch mehr, indem er ihr das Register von Don Giovannis Liebschaften vorführt.
Wenig später bei einem volkstümlichen Fest sieht Don Giovanni Zerlina, die Braut von Masetto. Sofort will er auch sie gewinnen und verspricht ihr die Ehe, schickt sich an, sie zu verführen. Nur durch ein Dazwischentreten Elviras läßt er von Zerlina ab. Elvira ist es dann auch, die Donna Anna und Don Ottavio über das abenteuerliche Treiben von Giovanni aufklärt, und da erkennt Anna plötzlich in ihm den Mörder ihres Vaters.

Bei einem großen Maskenfest, das Don Giovanni gibt, macht er sich noch einmal an Zerlina heran; aber diesmal schreit sie gellend um Hilfe, und er entzieht sich durch Flucht.
Während Leporello als Giovanni verkleidet sich Elvira nähert, hofft die Getäuschte immer noch auf Don Giovannis Liebe und Bekehrung, schenkt dem trügerischen Spiel Leporellos doch wieder Glauben und wird wieder gedemütigt und zutiefst beleidigt. Auf Täuschung und Beschwichtigungsversuche reagiert sie mit Hoffnung.
Nach diesem Manöver retten sich Don Giovanni und Leporello auf den Friedhof. Die beiden lachen über das mißglückte Abenteuer, als plötzlich die düstere Stimme der steinernen Statue des Komturs Don Giovanni mahnt, Ehrfurcht und Ruhe zu bewahren. Aber voller Übermut lädt er die Statue zum Abendessen ein, worauf diese zustimmend mit dem Kopf nickt.
Am Abend speist Don Giovanni allein. Unerwartet kommt Elvira noch einmal herein und fleht den Gatten inständig an, sein treuloses Leben aufzugeben, um das Heil seiner Seele zu retten. Aber sie bittet vergebens, und als sie ihn verzweifelt verläßt, sieht sie voller Entsetzen den steinernen Gast, der Don Giovannis Einladung gefolgt ist, ankommen. Als er anklopft, öffnet Don Giovanni, der keine Angst kennt, ihm die Tür und bittet ihn zu Tisch, doch der steinerne Komtur nimmt keine irdische Speise zu sich, sondern fordert den Verführer auf, ihm einen Gegenbesuch zu machen. Giovanni nimmt an und reicht der Statue dabei keck die Hand. Diese faßt zu und fordert den Verführer dreimal vergeblich auf, endlich zu bereuen. Trotz schrecklicher Schmerzen schleudert er der Statue dreimal ein «Nein» entgegen. Das ist sein Verderben, denn da tut sich die Hölle auf, und brennend versinkt er in der Unterwelt.
Seine Widersacher treten noch einmal auf. Donna Anna sagt ihrem Verlobten, Don Ottavio, auf sein Drängen hin, daß sie noch ein Jahr braucht, bis sie ihn heiraten kann. Donna Elvira geht wieder ins Kloster.
Diese Geschichte ist faszinierend, weil sie ein Beziehungsmuster

zwischen Mann und Frau darstellt, das auch heute Gültigkeit hat.[2] Auch Giovannis heroische Einstellung zum Tod kennzeichnet ihn als einen Heutigen, denn auch dieser Verführer wähnt sich unsterblich.
Wegen seiner konflikthaften Beziehung zum Vater hat Don Giovanni, wie auch die anderen Don-Juan-Figuren bei Molière oder Max Frisch, eine negative Haltung zu den väterlichen Werten wie Ordnung, Moral, Pflichterfüllung. Giovannis Welt ist eine des Genusses und der Sinnlichkeit, des Abenteuers, die diese väterliche Welt sprengt und beleidigt. Don Juan bei Molière und Frisch haßt den Vater und tötet ihn sogar. Bei Da Ponte vertritt der Komtur die Vaterwelt, die getötet wird. Er, Don Giovanni, der diese väterliche Ordnung dadurch zertrümmert, daß er seinen Abenteuern nachgeht, kann, trotz dieses Protests, der Vaterwelt nicht entrinnen, denn seine Welt des Genusses, der Sinnlichkeit, ist doch nur eine Umkehrung der alten väterlichen. Auch er, Giovanni, steht gefangen mitten im Patriarchat, wo die Frau Objekt männlicher Wünsche und Ziele ist und wo der Tod verherrlicht oder negiert wird.
Sicherlich kann die Ablehnung und Provokation des Vaters als ein Versuch, dem Väterlichen zu entkommen, verstanden werden und seine Fraueneroberungen als eine Suche nach weiblichen Werten – etwas, was man sich bei dem Vater des Don Juan nicht vorstellen kann. Juan läßt jede Konvention hinter sich in der Suche nach sexuellen Abenteuern, während der Vater jeweils bei der einen ungeliebten Frau bleibt. Aber beide, Don Juan und sein Vater, sehen die Frau als Eroberung und Besitz, über die der Mann Macht hat.
Wie der Vater ist Don Juan selber auch kein Neuerer, kein Fortschrittlicher, sondern nur eine verjüngte Ausgabe des Vaters. Der überhöhten Moralvorstellung des Vaters entspricht die übersteigerte Sinnlichkeit und eine Zelebration des ästhetischen Lebens. Eine Spielernatur ist er, ein Süchtiger, der sich mit den Frauen kurz einläßt, um dann wieder vor ihnen zu flüchten. Dadurch vermeidet er, sich emotional berühren zu lassen, damit

rächt er sich an den Frauen, vor allem an der Mutter, die als eine mit einem steinernen Herz beschrieben wird. So verfolgt Giovanni in den Frauen rächend die Mutter, die ihm warme Gefühle vorenthalten hat.
Doch was will Don Giovanni eigentlich? Es scheint ihm um Sinnesgenuß, um Liebe, um Erotik zu gehen, aber er kann ja gar nicht genießen. Er ist getrieben. Flüchtend geht es ihm nicht ums Jetzt, sondern immer um Zukünftiges, immer um die Frage: Wen verführe ich als nächstes, wo ist der nächste Genuß für mich zu finden, wo die nächste Todesherausforderung?
Er will Kontrolle ausüben und zieht narzißtische Befriedigung aus seiner Fähigkeit, Frauen zu verführen. Er liebt seine eigene Verführungskunst viel mehr als den Genuß, den die Sinne ihm verschaffen könnten. Die Liebe zur eigenen Verführungsmacht, zur eigenen Ekstase überkommt ihn immer wieder. Er zelebriert ein Phantasma von Sinneslust und Glück, das er nie wirklich erfährt, weil es für ihn immer in der Zukunft liegt, ein Glück, das nur in seiner Fantasie besteht und das während des Liebesaktes selbst schon dahin ist. Das bewahrt ihn vor tiefen Erlebnissen, emotionalen Erschütterungen und gibt ihm außerdem ein Gefühl von Macht. Macht über die Frauen, über sich, über das Leben und über den Tod. Wie der Held ist er einziger Akteur und einzig Kontrollierender seiner episodenhaften Abenteuer, in denen er zunächst auch immer als scheinbarer Sieger hervorgeht. Um die Angst vor der Hingabe zu bannen, versachlicht und verdinglicht er das Weibliche und benutzt Techniken der Verführung, ohne genießen zu können. Don Juan meidet die inneren Seelentiefen mit ihren Wünschen, Fantasien und Gefühlen, um Kontrolle nicht aufgeben zu müssen, denn nur so wähnt er sich frei.
Wie die Liebe versachlicht er auch den Tod. Immer ist er auf ganz konkretistische Weise mit dem Tod beschäftigt; immerfort ist er in Duelle verwickelt, nie hat er Angst, und immer überlebt er. Bei Da Ponte tötet er den Komtur, in den anderen Geschichten stirbt sein Vater auch durch oder wegen ihm, ohne daß es

scheinbar irgendwelche Folgen hätte. Selbst auf dem Friedhof, angesichts des steinernen Standbildes des von ihm Getöteten, geht er als Sieger hervor, indem er die Statue furchtlos zum Abendessen einlädt. Don Giovanni will einer sein, der mit den Toten bei Tisch sitzen kann – dadurch negiert er den Tod, er ignoriert ihn einfach, er spricht ja sogar mit dem steinernen Standbild, als ob dieses noch am Leben wäre, und auch bei seinen Duellen gebärdet er sich so, als ob er nicht sterben könnte.
Diese Verneinung des Todes sowie auch die Angstlosigkeit kennen wir von den meisten Heldengestalten. Die Gefühle sind vom eigenen Innern abgespalten. «Das ist das Beängstigende: Das völlige Fehlen von Angst zeigt den großen Grad der Abspaltung von den wirklichen menschlichen Gefühlen.»[3] Diese scheinbare Angstlosigkeit hat zur Folge, daß er seelische Tiefe nicht erleben kann, und so empfindet er auch keine Ehrfurcht vor den jenseitigen Mächten. Er hat Angst vor der Angst. In der Friedhofszene ist es offensichtlich: Es geht dem Don Giovanni das Schaudern ab. Und noch kurz vor seinem eigenen Tod, den er selber, als einziger, so gar nicht vorausahnt, als der steinerne Gast tatsächlich erscheint, ist er unbekümmert. Erst im Augenblick seines Untergangs, bei seiner Höllenfahrt, spürt er so etwas wie Panik, die ihn als seelische Gewalt zu überkommen scheint. In diesen letzten Minuten vor dem Tod ist es, als ob ihn ein Gefühl für das Unterirdische, Jenseitige packt, das er wahrscheinlich sein Leben lang vergeblich in der Liebe gesucht hatte.
Sein Spiel mit der Liebe, dem Leben und Tod entspringt eigentlich einem tiefen Gefühl der Minderwertigkeit: «Nur ein leeres und bedeutungsloses Leben wird so leicht beendet.»[4] Gruen schreibt diesen Satz und bezieht ihn auf Hitler, der Albert Speer gesagt hatte: «Glauben Sie mir, Speer, es fällt mir leicht, mein Leben zu beenden. Ein kurzer Moment, und ich bin von allem befreit, von diesem qualvollen Dasein erlöst.» Gruen fährt fort zu sagen, daß es Hitler nicht bewußt war, daß er anderen das Leben zur Hölle machte, da er nur Selbstmitleid und kein echtes Leiden kannte.

2. Die Frauen des Don Juan: Donna Anna

So setzt Don Juan das volle Leben immer wieder aufs Spiel. Und weil er *ein Routinier der Liebe* ist, der die Liebe nicht kennt, macht er den Frauen das Leben zur Hölle, denn sie wollen von ihm mehr als Routine. Aber selbst zum kurzen Glück reicht es nicht aus – es ist keine Zeit da. So verführt er sie weder zur Liebe noch zum Glück. Er verführt sie zum Sehnsuchthaben, zu kurzer Ekstase. Weil er nie befriedigt, ist die ungestillte Sehnsucht bei den Frauen immer präsent als fortwährende Wunde, als ewige Hoffnung auf zukünftiges längerwährendes Glück. *Man kann die Sehnsucht nach Liebe, die Don Juan bei der Frau erweckt, den Eros der Einsamen nennen, denn die Frauen, die diesen Verführer lieben, sind einsam, abgeschnitten vom Eros und von der Verbindung zur Seele. Sie sind genauso einsam wie er.*

Donna Anna ist ein Mädchen von achtzehn Jahren, nach strenger spanischer Konvention vom Vater erzogen – die Mutter fehlt hier. Csampai nennt Anna «eine behütete Tochter des nahenden Großbürgertums»[5]. Als Giovanni sie in ihrem Gemach nachts aufsucht, erlebt sie zum erstenmal Sinnlichkeit und männlichen Eros. «Und dabei ist es eigentlich sogar uninteressant, ob Giovanni sie entehrt hat, wie es alle Romantiker beschwören, oder nicht, wie es Da Pontes Libretto bezeugt, entscheidend ist nur, daß ihr erstes erotisches Verhältnis sie emotional an den Verführer bindet.»[6] Mit diesem Verführungsversuch wird Donna Anna zutiefst gezeichnet, denn der Verführer ist zugleich der Mörder ihres Vaters. Ein schrecklicher Zwiespalt bricht in ihr auf, den Frauen gut kennen: der Konflikt zwischen der Loyalität zur Vaterwelt mit ihren Geboten, der Würde der Frau, die nichts von leichtlebigem Eros wissen oder erleben darf, und der neuerlebten Erotik, die bis zum Ende bestimmend ist. Bis zum Schluß verfolgt Anna Giovanni mit Gefühlen der Rache, in die sich aber die des sehnsüchtigen Verlangens mischen.[7] Angst vor Hingabe, die ins Chaos stürzen können und sie in Gegensatz zu den väterlichen Prinzipien bringen, lassen Donna Anna nur eine Möglichkeit: ihr tiefes Verlangen für Don Giovanni mit Emotionen der Rache zuzudecken. Denn nur Gefühle für den Vater sind in ihrer Situation zugelassen. Als Vaterstochter ist Anna besonders anfällig für die von Eros ausgelösten Sehnsüchte, aber stillen kann sie diese Wünsche nicht. Sie deckt ihr sinnliches Verlangen mit den Schwüren ewiger Rache zu. Der Tod des Vaters ist der einzig erlaubte Trauergrund für sie, nicht der Verlust des Liebhabers.

Ihr Bräutigam, Don Ottavio, ist ganz anders als Don Giovanni: Eine verjüngte Ausgabe des Vaters: treu, ordentlich, brav, verläßlich, ist er «der Bräutigam aller Bräutigame», wie Adorno ihn nennt, einer, der geachtet wird – wie der Vater –, aber der nicht fasziniert. «Ottavios Tragik besteht im Weiterleben-Müssen, ohne geliebt zu sein, während der von allen Frauen geliebte Verführer untergehen muß.»[8] Von wilder Lust weiß er nichts, aber Donna Anna, nach der Szene in ihren Gemächern mit Don Giovanni, ahnt darum, und so bleibt ihr nur der Tod, will sie nicht die «Vaterehe» mit dem ehrenwerten, aber ungeliebten Ottavio eingehen. In Da Pontes Libretto stirbt sie zwar nicht, jedoch Walter Felsenstein legt die Bitte der Donna Anna an Ottavio am Schluß als Vorausahnung ihres Todes aus: «Aber wenn sie ihn bittet, mit der Eheschließung ein weiteres Jahr zu warten, dann weiß sie, daß sie dieses Jahr nicht überleben wird. Schon vorher läßt die von einer seltsamen Jenseitigkeit durchzogene Arie – deren Larghetto mehr Abschied als Gelöbnis ist und deren Alegretto moderato in zuversichtlicher Erlösungshoffnung leuchtet – kaum Zweifel darüber.»[9] So sind auch die Frauen, die in hoffnungsloser Liebe zu Don Juan gefangen sind, vom Tod gezeichnet.

3. Donna Elvira

Donna Elvira ist anders, aber Todesahnung umweht auch sie. Auch sie wurde von Don Giovanni aus einer Vaterwelt herausgerissen: aus dem Kloster hat er die Zwanzigjährige entführt, ihre Liebe entflammt, sie geheiratet, ihr ewige Treue geschworen und sie nach drei Tagen verlassen. Und doch muß er ihr als ein Erlöser, als etwas Paradiesisches erschienen sein, als er in ihre Klostermauern einbrach und sie wegholte. Elvira ist jung und schön[10], leidenschaftlich und kompromißlos, bereit, für ihre Liebe zu kämpfen, die sie, im Gegensatz zu Donna Anna, voll bejahen kann. In ihrer Intensität ist sie Don Giovanni ebenbürtig. Keine Demütigung scheut sie, um ihr Ziel zu erreichen: ihn wiederzugewinnen. Nicht nur Rache und Haß, vor allem Liebe treibt sie an, und offen kämpft sie dafür. Kierkegaard urteilt: «Sie begnügt sich nicht mit einer bußfertigen Treue, sie verlangt Rache; aus Liebe zu ihm hat sie ihre Seligkeit fortgeworfen; würde sie ihr noch einmal geboten, so würfe sie sie abermals fort, um sich zu rächen.»[11] Zur Liebe gehören auch Rache und Haß. Wie viele Frauen, muß Elvira um den Mann, den sie liebt, kämpfen, *weil sie nur ihn hat, sonst nichts.* Es war immer das Schicksal der Frau gewesen, nichts zu haben, außer dem Mann. Verliert sie ihn, hat sie oft auch heute noch wenig andere Möglichkeiten. Nochmals Kierkegaard über Donna Elvira: «In ihm hat sie alles, und das Vergangene ist ein Nichts, verläßt sie ihn, so hat sie alles verloren, auch das Vergangene. Ihre Liebe ist von Anfang an eine Verzweiflung; nichts hat für Elvira Bedeutung, weder im Himmel noch auf Erden, außer Don Juan.» In ihrer Liebe und in ihrem Haß und Schmerz ist sie, wie jede verlassene Frau, völlig allein. «Sie hat alles verloren, den Himmel, als sie die Welt gewählt hat, die Welt, als sie Don Juan verloren.»

Nach Kierkegaard hat sie zwei Möglichkeiten: Entweder reuig ins Kloster zurückzukehren oder an ihrer Liebe in irgendeiner Form festzuhalten. Im Kloster wäre es fraglich, «ob sie einen Geistlichen zu finden vermag, welcher das Evangelium der Reue und Zerknirschung mit gleichem Nachdruck zu verkündigen weiß wie Don Juan die Frohbotschaft der Lust. Mithin muß sie, um sich vor dieser Verzweiflung zu retten, an Don Juans Liebe festhalten.»[12] Tut sie letzteres, so muß sie sich selbst täuschen, indem sie sich sagt, er sei gar kein Betrüger, er hätte sie nicht betrogen; er hat ihr ja nie etwas versprochen, müßte sie sich sagen, er hat sie aus Liebe und Leidenschaft entführt, einfach so. Sie muß sich selber betrügen, um seelisch überleben zu können, es sei denn, sie wäre so stark, zugeben zu können, daß sie betrogen worden, daß ihre Liebe scheinbar umsonst gewesen ist und auch ihr Leiden.

Kierkegaard weist hier auf ein tragisches Dilemma hin, in dem sich Elvira befindet, denn es braucht viel Mut, sich einzugestehen, nicht nur gedemütigt und verraten worden zu sein von dem, den man liebt, sondern auch zuzugeben, daß man sich *geirrt* hat, daß sie, die Frau, weder geliebt worden ist noch daß sie vielleicht selber geliebt hat. Diese täuschende Liebe ist das Schlimme – da liegt das Demütigende, der Verrat! Das Furchtbare an dem Verrat des Don Juan ist, daß er ihn nicht sieht oder sich nicht dazu bekennt, im Gegenteil, er denkt gar nicht nach! «Wenn einzig und allein der Verratene das Unrecht spürt, während der andere mit Rationalisierungen darüber hinweggeht, geht der Verrat immer weiter – ja er wird sogar gesteigert. Diese Art, sich vor dem wirklich Geschehenen zu drücken, ist von allen Wunden die schmerzlichste für den Verratenen.»[13] Wenn uneingestandener Verrat vorliegt, wenn die Liebe nicht zu retten ist, so tritt bei der Frau oft die Fantasie der Errettung des Mannes auf. Liebe, die nicht mehr realisiert werden kann, soll sich jetzt Höherem zuwenden und der Erlösung, vorwiegend der des Mannes, von sinnlichen Trieben und Verdammnis geweiht sein. Wie erzählt, am Schluß kommt Elvira noch einmal und versucht Giovanni zur Umkehr seines lasterhaften Lebens zu bewegen. Sie möchte wenigstens seine Seele retten, wenn er schon für sie verloren ist! Wäre es ihr gelungen, Giovanni zu bekehren, so wäre sie als liebende Frau gerettet, nicht alles wäre vergeblich gewesen; nur die

Enttäuschung der zurückgewiesenen Liebe, die wäre Realität geblieben, und sie hätte wenigstens eine Funktion – die der Retterin – gehabt; es wäre nicht alles umsonst gewesen. Aber es war alles umsonst! Giovanni erwies sich als unbelehrbar und unliebbar!

Aber für Elvira war doch nicht alles umsonst, denn die Liebe zu Giovanni, auch die verratene, hat ihr die Möglichkeit gegeben, aus der Enge, in der sie eingeschlossen war, zu entkommen, und sie hat sie verwandelt, ihr Möglichkeiten geöffnet, die sie vorher nicht hatte.

Die Elviras von heute haben noch viel bessere Chancen zur Wandlung und Unabhängigkeit. Sie können eher sehen, daß das Festhalten an einem Partner trotz Demütigung und Verrat ein Verrat am eigenen Selbst ist, eine Vermeidung des Bei-sich-Seins.

Aber oft erlebt die Frau, wenn sie einen solchen Mann aufgibt, es wie einen Verlust der eigenen Seele – deshalb versucht sie, wie auch Elvira, die Seele des Verführers zu retten; eigentlich meint sie ihre eigene. Das Gegenteil ist aber der Fall; sie erleidet den Seelenverlust, wenn sie bei ihm bleibt und seinen Schwüren glaubt. Meist dient dann falsches Mitleid für den Mann als Entschuldigung, um noch weiter auszuharren und zu leiden. Dieses Mitleid tritt an die Stelle von Haß, um diesen zu verleugnen. Um nicht zu sehen, wie sehr die Frau eigentlich von dem Verführer mißbraucht worden ist und wie sehr sie selber auch haßt, deckt sie diese sie bedrohende Erkenntnis mit Mitleid zu.[14] Eine Frau, die einen Mann, der sie so verraten hat, nicht hassen kann, kann nicht gut für sich sorgen. Haß zu riskieren bedeutet, daß sie sich von dem Mann nicht nur äußerlich, sondern auch innerlich lösen und den Verrat zugeben kann. Tut sie es nicht, bleibt sie sein Opfer – auch nachdem der Verführer schon längst aus ihrem Leben verschwunden ist.

Frauen, die dem Verführer verfallen sind, suchen bei ihm immer wieder das Glück, das sie einmal, in einer Nacht vielleicht, mit ihm kennengelernt haben. Sie sind davon besessen, etwas, was einmalig war, festzuhalten. Das sexuelle Erlebnis von einst hat sich in eine Obsession verwandelt, der einmal erlebte Genuß wird immer wieder gesucht und herbeigesehnt. Hinter diesem Sehnen steht ein Gott oder Dämon, der die Suche der Seele nach Verbindung, nach Vereinigung will.

4. Zerlina

Zerlina ist anders! Sie erliegt zwar zunächst auch seinem Charme und seinen Schwüren. Halb ahnt sie den Betrug und halb glaubt sie, daß er sie zur Schloßfrau machen will. «Là ci darem la mano» – «Dort werden wir uns die Hand reichen», sagt er, «vorrei e non vorrei» – «Ich möchte und ich möchte nicht», sagt sie, «mi trema un poco il cor; felice, è ver, sarei, ma può burlami ancor» – «Mir zittert ein wenig das Herz; wohl wär ich' glücklich, aber noch kann er mich zum besten halten.»

Diese Schläue hat Elvira nicht! Zerlina ist eine eigenständige Persönlichkeit, sie macht sich selber nichts vor, und deshalb durchschaut sie den Betrug anderer auch schneller. Sie ahnt instinktiv, was mit einer solchen Liaison mit Giovanni auf sie zukommen würde. Csampai sagt: «Zerlina steht als unentfremdetes Bauernmädchen an der Schwelle der Bewußtwerdung ... [sie] ist zu intelligent, um nicht auch das Leid, das Don Giovanni ihr bereiten würde, vorauszuahnen, und so verzichtet sie lieber.»[15] Berechnend schreit sie im Nebengemach um Hilfe. Zerlina ist Giovanni gewachsen, sie ist ebenso gewitzt wie er! Sie will nicht Opfer sein! Deshalb empfindet sie weder deplaciertes Mitleid mit ihm noch Selbstmitleid und kommt unverletzt aus dem kleinen Abenteuer heraus. Sie verzehrt sich nicht in Liebe wie Elvira und nicht in Rachegedanken wie Donna Anna, sondern geht leicht und unverwundet zu ihrem Masetto zurück. Sie ist keine Verzweifelte!

Drei Frauen haben wir kennengelernt, die mit dem Verführer umzugehen versuchten, von denen zwei, Donna Anna und

Donna Elvira, Opfer des Verführers geworden sind, während die dritte, Zerlina, genug Gewitztheit und weiblichen Geist entwickelt hatte, um dieser Destruktivität zu entkommen.
Adorno hat ihr so gehuldigt: «Zerlinas Musik klingt, als dränge sie durchs offene Flügelfenster in den weiß und goldenen Saal des 18. Jahrhunderts. Sie singt noch Arien, aber deren Melodie sind schon Lieder... Im Bild Zerlinas hält der Rhythmus von Rokoko und Revolution inne. Sie ist keine Schäferin mehr und noch keine citoyenne. Sie gehört dem geschichtlichen Augenblick dazwischen, und an ihr geht flüchtig eine Humanität auf, die unverstümmelt wäre vom feudalen Zwang und geschützt vor bürgerlicher Barbarei.»[16]

5. Don Juan oder die Liebe zur Geometrie

Max Frisch stellt in seinem Drama «Juan als einen kalten Herzlosen vor, der die Liebe zu etwas ‹Höherem› als die zur Frau zwar anstrebt, aber nicht leben kann»[17]. (Alle Zitate sind diesem Band entnommen.) «Er nennt es Gott, ich nenne es Geometrie; jeder Mann hat etwas Höheres als das Weib, wenn er wieder nüchtern ist», sagt Juan. Aber diese These ist unlebbar. Seine zukünftige Frau sagt ihm dazu: «Ich habe dich einmal geliebt, weil ein Schach dich unwiderstehlicher lockte als ein Weib und weil du an mir vorbeigegangen bist wie ein Mann, der ein Ziel hat. – Hast du es noch? Es war die Geometrie. Lang ist es her! Ich sehe dein Leben: voll Weib, Juan, und ohne Geometrie.»
Im 1. Akt wird Don Juan zur Hochzeit mit seiner Braut Donna Anna erwartet. Sein Vater, Don Tenorio, macht sich über die Herzlosigkeit des Sohnes Luft: «Der Junge bringt mich noch um... mit einem Herzschlag.» Bald erfahren wir auch, daß Elvira, hier die Mutter Donna Annas, mit Juan, dem Bräutigam ihrer Tochter, auch ein Verhältnis hat: «Ich bin die Mutter der Braut, aber ich komme mir bräutlicher vor als mein Kind.» Juan ist heimlich in der Nacht zurückgekehrt und vertraut seinem eng-

sten Freund, Don Roderigo, an, daß er nicht heiraten will, er hat seine Braut überhaupt vergessen: «Ich kann sie mir nicht vorstellen, plötzlich.»
Im 2. Akt läuten die Hochzeitsglocken für Anna und Juan. Anna erzählt von einer wunderbaren Begegnung, die sie diese Nacht mit einem Mann am Teich im Park gehabt hat: «Er und kein anderer wird mein Bräutigam sein», sagt sie. Da tritt Don Juan auf. Die Hochzeitszeremonie soll beginnen, aber am Altar, nachdem Donna Anna das Jawort gegeben hat, spricht Juan ein «Nein». Er sagt nein, weil er plötzlich in Anna die Frau erkannt hat, mit der er am Teich das nächtliche Liebeserlebnis gehabt hatte: «Wir trafen einander im Park. Zufällig. Gestern in der Finsternis. Und auf einmal war alles so natürlich ... Aber im Finstern, da wir nicht wußten, wer wir sind, war es ganz einfach.» Wegen des Verrats an seiner Tochter fordert ihn der Vater der Braut zum Duell, aber Juan entzieht sich ihm durch Flucht.
Im 3. Akt trifft sich Juan im Schloßpark bei Morgengrauen mit Roderigo. Dieser erzählt ihm, daß Anna die ganze Nacht beim Teich auf ihn gewartet hat: «Sie wartet auf dich, Juan ... Sie ist von Sinnen, scheint es. Stundenlang sitzt sie regungslos wie eine Statue ... Kaum ist man weg, ruft sie deinen Namen. Immer wieder... Du mußt sprechen mit ihr.» Aber Juan will sie nicht mehr. Er erklärt, daß er sie in dieser Nacht geliebt hat, daß er sie sicherlich nie vergessen wird: «Das war die Liebe, ich glaube, das war sie. Zum ersten und zum letzten Mal.» Aber jetzt wolle er sie nie wiedersehen. Ekstatisch beschreibt er statt dessen dem fassungslosen Freund seine Liebe zu etwas «Höherem», zur Geometrie, bei ihr sei die Offenbarung, da gäbe es keine Launen wie in der menschlichen Liebe. Er sagt: «... wenn wir es wissen wollen, wer wir sind, ach Roderigo, dann hört unser Sturz nicht mehr auf... Stürze dich nie in deine Seele, Roderigo, oder in irgendeine ...»
Es tritt eine verschleierte Gestalt auf, in der Juan seine Braut Anna vermutet. Ihr sagt er höhnisch, daß er, während sie auf ihn beim Teich gewartet habe, eine Liebesstunde mit Elvira, ihrer

Mutter, verbracht habe. Aber danach sei er noch in ein anderes Bett gestiegen, nämlich zur Verlobten von Don Roderigo, seinem besten Freund. Juan beschreibt den Zauber dieser Begegnung so: «Etwas aber hatte sie, die letzte dieser wirren Nächte, was keine hat und jemals wieder haben wird, etwas Einziges ... etwas Unwiderstehliches: – sie war die Braut meines einzigen Freundes.» Als Roderigo dies vernimmt, stürzt er verzweifelt weg. Gleich darauf wird Donna Anna tot, ertrunken, hereingetragen, und kurz danach wird ihm auch der Tod seines Vaters und der Selbstmord Don Roderigos gemeldet. Zur toten Anna gewandt, sagt Juan: «Das ist nicht meine Braut ... Ich habe mich dem Leben vermählt, nicht einer Wasserleiche mit baumelnden Armen und Haaren von Tang. Was soll dieser Spuk am hellichten Tag? Ich sage: das ist nicht meine Braut.» Die Verschleierte gibt sich zu erkennen als Miranda, eine Hure.

Im 4. Akt sind dreizehn Jahre vergangen. Miranda ist inzwischen verwitwete Herzogin von Ronda geworden und bietet Juan die Ehe an, in der sie nichts von ihm will, ihm nur ihr riesiges Schloß zur Verfügung stellt, obwohl sie zugibt, ihn zu lieben. Juan nimmt dieses Angebot an, nachdem ein Versuch, sich zurückzuziehen, indem er seine Höllenfahrt inszenieren und vortäuschen wollte, mißlungen war. Um Ruhe vor der Welt und den Frauen zu haben, nimmt er Miranda, die frühere Hure, jetzt Herzogin von Ronda, zur Frau.

Davor treten noch einmal alle Frauen, die er verführt und die um ihn gelitten haben, auf. Er sagt zu seinem Diener: «Ich weiß nicht, ob ich anders bin als andere Männer. Haben sie ein Erinnern an die Nächte mit Frauen? Ich erschrecke, wenn ich auf mein Leben zurückblicke, ich sehe mich wie einen Schwimmer im Fluß: ohne Spur. Sie nicht? Und wenn ein Jüngling mich fragte: Wie ist das mit Frauen?, ich wüßte es nicht, offengestanden, es vergißt sich wie Speisen und Schmerzen, und erst wenn es wieder da ist, weiß ich: So ist das, ach ja, so war es immer ...» Wir sehen: Die Liebe, auch die Ero-

tik, zerrinnt ihm buchstäblich zwischen den Fingern. Es gibt für ihn keine Erinnerung und deshalb auch keine Treue.
Im 5. Akt sehen wir den zur Legende gewordenen Juan, verheiratet mit Miranda, die am Schluß verkündet, daß sie ein Kind erwartet.
Um die Liebe zum Absoluten, was er Geometrie nennt, leben zu können, müßte er lieben können. Aber er ist auf Einmaligkeit fixiert, während Liebe ja Dauer meint. Das Einmalige, der Augenblick, fasziniert ihn, er kennt keine Wiederholung, da er ohne Erinnerungen lebt, deshalb kommt er auch ohne Gewissen aus. Er lebt nur für den Augenblick, seine Identität beruht auf seiner Fähigkeit, Abenteuer zu erleben. Er spürt seine eigene Spaltung, die er aber bejaht, weil sie ihn frei macht von Verantwortung. Einer Gestalt, die er für Donna Anna hält, sagt er, daß er zwar noch den Glanz ihrer Augen sehe: «Nur ich bin es nicht mehr, der damals vor dir kniete ... und es gibt kein Zurück.»
Diese Huldigung an die Einmaligkeit, den Augenblick, bewirkt seine Geschichtslosigkeit, deshalb ist er unwandelbar, denn Wandlung setzt ein Bewußtsein der eigenen Geschichte voraus. Er kennt keine Reue, kann sich in andere nicht einfühlen und deren Verzweiflung nicht verstehen. Wie alle Helden, kann auch Juan in der Verzweiflung der anderen nur sehen, was sie *ihm* angetan haben. Anna, die in den Tod gegangen ist, «um mich zu verdammen», klagt er an, sie habe ihm das einzige genommen, was ihm verblieben sei, «mein Gelächter ohne Reue». Aber das nicht mehr vorhandene Gelächter bewirkt nicht Trauer um Anna, die er nur als Wasserleiche identifizieren kann, sondern Selbstmitleid. Hinter der Lieblosigkeit steht Selbsthaß, den er aber selber nicht spüren kann, sondern nur über die Projektion auf andere als Haß gegenüber denen, die lieben können, erfährt. Und grausam rächt er sich an ihnen. Nur so ist die Verführung der Braut seines einzigen Freundes zu verstehen: «Wir genossen die Süße der Niedertracht, bis die Hähne krähten.» Er rächte sich an dem Freund, weil dieser lieben konnte.
Der Genuß Juans liegt in Rachenehmen und im narzißtischen

Stolz, einzigartig zu sein. Dies drückt er aus, als er sagt, daß ihn nicht die Liebesstunden bei der Braut Roderigos fesselten, sondern das Einmalige dieser Tat, mit der Braut des einzigen Freundes ins Bett zu gehen. Einmalig ist es für ihn auch, in der Vorhochzeitsnacht die Mutter der Braut zu lieben. Dieses narzißtische Gebaren hindert ihn daran, Lust zu spüren. Die Liebe langweilt ihn, und die Frauen stoßen ihn eigentlich ab, und dafür haßt er sie: «Auf alles war ich gefaßt,... nur nicht auf Langeweile. Ihre verzückten Münder, ihre Augen dazu, ihre wässrigen Augen, von Wollust schmal, ich kann sie nicht mehr sehen!... wie das Weib sich an mir vergeht! – ... wir kennen die lebenslängliche Rachsucht des Weibes, das einmal vergeblich auf Verführung gehofft hat.» Hier spricht offen der Frauenfeind, der Lust erregt, sie der Frau aber dann nicht gestattet, sondern sie demütigt, indem er sie kritisch und gefühllos beim Sex beobachtet. Die Beobachtung befriedigt ihn, nicht seine Lust. Dies verschafft ihm Macht über das Weibliche und Kontrolle über sich selbst. Er wehrt Lust und Hingabe ab durch Erniedrigung der Frau.

Juan gibt den Frauen eine Double-bind-Botschaft. Er möchte Hingabe, aber er fürchtet sie, weil sie, die Frauen, ihm die Kontrolle wegnehmen könnten, und gleichzeitig haßt er sie, wenn er die Kontrolle behält, denn dann langweilen sie ihn.

Max Frisch fragt in seinem Nachwort: «Warum erscheint Don Juan stets als Hochstapler? Er führt ein Leben, das kein Mensch sich leisten kann, nämlich das Leben eines Nur-Mannes, womit er der Schöpfung unweigerlich etwas schuldig bleibt.»[18] Das Wort macht es deutlich: ein Hochstapler ist einer, der zu hoch oben ist und immer höher steigt und deshalb mit der Tiefe seiner eigenen Natur und der anderer nicht in Kontakt ist.

Juan idealisiert die Geometrie, denn er erhofft sich von ihr Erlösung. In der Geometrie laufen zwei Paralellen nebeneinander, ohne sich zu berühren, nur im Unendlichen werden sie sich treffen. Hier ist seine Hoffnung symbolisiert, daß Zweisamkeit und Berührung in der Tiefe der Ewigkeit möglich sein wird. Er sucht in der Geometrie seine Sehnsucht nach Berührung und Zweisamkeit zu stillen.[19]

In gewisser Hinsicht verführt Juan auch Roderigo, indem er ihm Seelentiefe vortäuscht. So bringt er andere dazu, ihn zu bewundern und an seine Nachdenklichkeit zu glauben. Er gebärdet sich als Gaukler, wenn er zu Roderigo sagt: «Sei nicht wißbegierig, Roderigo, wie ich! Wenn wir die Lüge einmal verlassen, die wie eine blanke Oberfläche glänzt, und diese Welt nicht bloß als Spiegel unseres Wunsches sehen, wenn wir es wissen wollen, wer wir sind, ach Roderigo, dann hört unser Sturz nicht mehr auf... Stürze dich nie in deine Seele...» Hier gibt Juan vor, ein Wissender zu sein, sich in seine Seele gestürzt zu haben, und hat es doch nie getan. Er täuscht Erfahrung von Tiefe vor, über die er zwar redet, die er aber nicht erlebt hat. Er täuscht Ergriffenheit, Stürze in die eigene Seele und in die anderer vor, aber in Wirklichkeit meidet er nichts mehr als gerade das! Diese Pseudogefühle geben ihm wiederum Macht – über Roderigo, dem er sie erzählt.

Die Fantasie vom Sturz in die Tiefe ist als Wunsch zu verstehen, die Tiefen der Seele zu erleben. Da er dies aber nur spielt und eigentlich immer vermeidet, geschieht der Sturz konkret außen. In der alten Don-Juan-Geschichte tritt er die Höllenfahrt an und stirbt. Bei Max Frisch endet er in der Hölle der Ehe mit einem Kind. Da geht seine Großartigkeit zu Ende! Das Stück schließt – für einen Don Juan ganz banal – am Frühstückstisch. Er sagt «Mahlzeit», und Miranda antwortet «Mahlzeit». – Diese Zweisamkeit ist eine leere, spießige, in der sich die beiden nicht berühren. Auch da:

«Don Juan bleibt ohne Du.
Kein Liebender also.»[20]

Der Schwierige

«Es sind Euer Gnaden die irdischen Dinge sehr gebrechlich. Es kann auch eine sehr starke Hand keine Schutzmauer aufbauen für ewige Zeiten . . .»
Hugo von Hofmannsthal

Der Verführer bleibt ohne Du, er kann Beziehungen nicht erhalten. Männer und Frauen in unserer Kultur lieben und leiden auch heute noch nach diesem Muster des Verführers oder der Verführten. Für viele stellt es noch eine sehr existenzielle und bekannte Interaktion zwischen Frau und Mann dar. Wie es auch anders gehen kann als bei Don Juan und seinen Frauen, möchte ich am Beispiel des «Schwierigen» von Hofmannsthal zeigen.[1]
Das Stück spielt nach dem Ersten Weltkrieg. Die Hauptperson ist Hans Karl Bühl, ein Herr der großen Wiener Gesellschaft, der der Schwierige genannt wird, weil man ihn nicht durchschauen kann und er sich auf nichts festlegen läßt. Eine Gegenfigur, der Baron Neuhoff, was Casa Nova bedeutet und womit Hofmannsthal den Verführer kenntlich machen will, ist ein Eindringling in die Wiener Gesellschaft aus dem deutschen Norden und wird von Hofmannsthal als der Prototyp des Verführers gezeichnet.
Hans Karl, auch Kari genannt, kann sich nicht festlegen, und weil er sich in andere Menschen und Situationen einfühlen kann bis zur Selbstaufgabe, muß er sich, um Grenzen zu ziehen, immer wieder zurückziehen, kann keinen nah an sich heranlassen. Weil er es jedem recht machen möchte, erscheint er wankelmütig und schwer durchschaubar. Seine Schwester Crescence sagt im I. Akt zu ihm, als er nicht weiß, ob er die Einladung zu einer

Soiree annehmen oder absagen soll: «Sei Er gut, Kari, hab Er das nicht mehr, dieses Unleidliche, Sprunghafte, Entschlußlose, daß man sich hat aufs Messer streiten müssen mit Seinen Freunden, weil der eine Ihn einen Hypochonder nennt, der andere einen Spielverderber, der dritte einen Menschen, auf den man sich nicht verlassen kann. – Du bist in einer so ausgezeichneten Verfassung zurückgekommen . . .»

Wir erfahren im ersten Akt, daß die Erlebnisse im Krieg, aus dem er gerade zurückgekehrt ist, Hans Karl noch «schwieriger», sensibler, dünnhäutiger und schutzloser gemacht haben. Crescence kann das gar nicht verstehen: «Nach allem, was du draußen durchgemacht hast, ist mir das eben unbegreiflich, daß man da nicht abgehärtet ist.» Und Karl antwortet: «Crescence, das macht einen ja nicht weniger empfindlich, sondern mehr. Wieso verstehst du das nicht? Mir können über eine Dummheit die Tränen in die Augen kommen – oder es wird mir heiß vor gène über eine ganze Kleinigkeit, über eine Nuance, die kein Mensch merkt, oder es passiert mir, daß ich ganz laut sag, was ich mir denk – das sind doch unmögliche Zuständ, um unter Leut zu gehen.» Aber Gefühle äußern bedeutet in dieser von Liebenswürdigkeit und Konvention geprägten Gesellschaft, daß man dauernd Mißverständnissen unterliegt. Deshalb möchte Kari am liebsten schweigen, denn das Reden erzeugt nur «die allergrößte Konfusion». So sagt er: «Ich soll aufstehn und eine Rede halten, über Völkerversöhnung und über das Zusammenleben von Nationen – ich, ein Mensch, der durchdrungen ist von einer Sache auf der Welt: daß es unmöglich ist, den Mund aufzumachen, ohne die heillosesten Konfusionen anzurichten!»

Hans Karl wird von seinen Gefühlen nahezu überwältigt, während sein Gegenspieler, Baron Neuhoff, kalt und berechnend ist. Jener schweigt, um nicht zu verletzen, dieser redet viel und klug, um sich einzuschmeicheln, um Eindruck zu machen. Wenn sein Neffe Stani dem Hans Karl sagt: «Du fixierst nicht, weil du nicht genug Herz hast», so sieht er ihn, wie gewöhnlich, falsch. Kari hat nur Angst, anderen mit seinen Gefühlen zu nahe zu treten.

Er hat Angst vor der eigenen Ausstrahlung auf andere. Er ist also der krasse Gegensatz zum Helden und Don Juan. Neuhoff hingegen hat immer das passende Wort und versucht, mit Macht zu überzeugen. Nachdem er gegen Ende des ersten Aktes auf pathetische Weise Kari seine Aufwartung gemacht hat, indem er große Worte und Gesten benutzte, und wieder gegangen ist, sagt Hans Karl von ihm: «Er will freundlich sein, er will für sich gewinnen ... Aber es gibt Leute, in deren Mund sich alle Nuancen verändern, unwillkürlich ... Er hat Geist, aber es wird einem nicht wohl dabei ... Au fond ist man vielleicht ein bedauernswerter Mensch, wenn man so ist.» Neuhoff will, wie Don Juan, mit Tiefe und Geist aufwarten, um zu beeindrucken. Es gelingt ihm nicht, weil ihm der Eros fehlt. Er liebt nicht, er will gefallen.
In das Porträt des Baron Neuhoff hat Hofmannsthal Züge des Grafen Keyserling hereingenommen, der ein kühler, unruhiger Mann gewesen ist. Jung führte einen Briefwechsel mit Keyserling, in dem jene Züge, die Hofmannsthal in seinem Stück zeichnet, aufs deutlichste sichtbar werden. Jung schreibt Keyserling 1928: «Das negative Verhältnis zur Mutter ist immer eine Beleidigung der Natur – widernatürlich –. Daraus Entfernung von der Erde, Identifikation mit Vater, Himmel, Licht, Wind, Geist, Logos. Ablehnung der Erde, des Untern, Dunklen, Weiblichen ... Sie erregen Feindschaft, weil sie kein warmes Gefühl geben, sondern bloß autoerotische Emotionen, die den andern kalt berühren, auch sind sie rücksichtslos und taktlos in der Form.»[2]
Im zweiten Akt befinden wir uns auf der Soiree bei Altenwyls, wo viel über den Wert trivialer Unterhaltung und Konversation gesagt wird. Crescence sagt, «Neun Zehntel von dem, was unter der Maske von Geist geht, ist nichts als Geschwätz.»
Wir erleben dann, wie Neuhoff versucht, in dieser Gesellschaft Fuß zu fassen, indem er diejenigen Frauen verführen möchte, die in Hans Karl verliebt sind; dadurch werden sie für ihn erst begehrenswert, denn er will erobern, sich vergleichen mit einem Hochangesehenen und als Sieger hervorgehen. Neuhoff ist ein

Draufgänger, der kein Zögern kennt, dem Gefühlsnuancen fremd sind. Wichtig für ihn ist die Macht über andere, die gepaart ist mit einer gewissen Selbstverliebtheit. Er benutzt andere, um sich aufzuwerten in dieser Gesellschaft, in der er ein Fremder ist. Er macht auch kein Hehl aus der Verachtung gerade für die Gesellschaft, der er sich anbiedert. Seine Verachtung stellt eine Abwehr seiner eigenen Minderwertigkeitsgefühle, sowohl auf die Gesellschaft wie auch auf Kari bezogen, dar. Er verachtet ihn, und doch möchte er unbewußt dessen Eigenschaften besitzen, weil sie ihm so ganz abgehen. So muß er immer analysieren und alles aussprechen, was ihn pompös und hochstaplerisch erscheinen läßt. Er will andere für sich einnehmen durch das, was er sagt, aber er überzeugt nicht, weil er in seinem Wesen ganz anders ist als seine Worte.

Als er mit Antoinette Hechingen spricht, an der ihm nichts liegt, die er verführen will, um sie zu besitzen und weil sie Kari liebt, sagt er zu ihr in pathetischer Überspanntheit, die ihn als Verführer ausweist: «Ihr Gesicht ist entzückend. Andere Gesichter verstecken alles. Das Ihrige ist ein unaufhörliches Geständnis. Man könnte diesem Gesicht alles entreißen, was je in Ihnen vorgegangen ist.» Dann empfiehlt er sich Antoinette noch als einen «wirklichen Mann, (voll) Ritterlichkeit . . . Güte, die in der Kraft wurzelt.» Aber Antoinette hat genug Instinkt, ihm zu sagen «Ich mag nicht!», worauf der Baron sich zu der Aussage versteigt: «Du sollst wollen!» Darauf entgegnet sie ihm, daß sie Angst vor ihm habe, «aber keine solche Angst, die einen schwindlig macht, sondern eine ganz nüchterne, ganz prosaische . . . Ich fürcht mich vor Ihnen, aber nicht genug, das ist Ihr Pech. Adieu, Baron Neuhoff.»

Antoinette besitzt, wie Zerlina, einen sicheren Instinkt für falsche Gefühle, und so kann sie seine Kälte fühlen und ihn wegschicken. Er macht ihr Angst, und diese Angst ist ein Gefühl, das Frauen, die es mit Verführern zu tun haben, meist nicht erleben. Die Angst, «die einen schwindlig macht», das wäre die große Liebe. Aber die instinktive Angst, von der Antoinette spricht, braucht die Frau, um nicht Opfer zu werden, es ist ein bestimmtes Gespür, eine Angst, die berechtigt ist und warnt. Wie Antoinette treffend sagt: «eine ganz nüchterne, ganz prosaische».

Mit Helene Altenwyl, die Kari schon lange liebt, versucht Neuhoff es auch. Der Baron verfolgt Helene, weil er den bewunderten und gehaßten Karl ausstechen möchte, und ahnt, daß sie, Helene, einen Wert haben muß, den er selber zwar nicht erkennt, aber über Hans Karl erahnen kann. Neuhoff liebt Helene nicht, aber er will das besitzen, wonach auch andere streben, um diese anderen in den Schatten zu stellen. So sagt er zu ihr: «Ihr Wesen, Helene! Wie niemand je war, sind Sie. Ihre Einfachheit ist das Resultat einer ungeheuren Anspannung ... Wundervoll ist alles an Ihnen. Und dabei, wie alles Hohe, fast erschreckend selbstverständlich.»

«Ist Ihnen das Hohe selbstverständlich?» fragt Helene. Neuhoff: «*Sie werden mich heiraten,* weil Sie meinen Willen spüren in einer willenlosen Welt.» Er fährt fort, ihr zu erklären, daß er in dieser unechten, kraftlosen Welt des Scheins ein Recht auf sie, Helene, habe: «Das Recht des geistig Stärksten über die Frau, die er zu vergeistigen vermag.»

Auf diese Maßlosigkeit erwidert Helene nur: «Ich mag nicht diese mystischen Redensarten.» Und als der Baron Helene sogar beschwört, daß sie «seine Rettung», «seine Zusammenfassung» ermöglichen solle – ein Lockmittel, das ihn wieder als Don Juan ausweist, sagt Helene: «Ich will von niemand wissen, der sein Leben unter solche Bedingungen stellt.»

Die Leere des Verführers wird hier sichtbar, der Geist und Kraft nur vortäuscht, aber den Geist und die Stärke der Frau begehrt, um die eigene innere Leere aufzufüllen, um lebendig zu sein. Neuhoff will Helene zur Allmutter machen, die ihn neu gebären soll. Er ist ein Don Juan und eine Art Dracula in einer Person.

In der Figur von Neuhoff wird der Verführer gänzlich seiner Faszination beraubt: ein kalter Willensmensch, ein Opportunist steht vor uns, der gar nicht versteht, was er tut und warum er ab-

gelehnt wird, der großartige Reden mit Gefühlen verwechselt. Keinen krasseren Gegensatz von Männlichkeit kann es geben wie die von Neuhoff zu Hans Karl. Kari war in seine eigene Dunkelheit gekommen, als er im Schützengraben verschüttet wurde. Theophil Neuhoff, der Casanova, hat die Tiefe, wie alle Don Juans, nicht erlebt, er spricht nur davon. Hans Karl wäre fast daran gestorben. Ein Neuhoff stirbt nicht. Die Neuhoffs sind noch unter uns, die, deren Umgang auf Gewalt und Beherrschen ausgerichtet ist. Die, die «geistige Erhöhung» vortäuschen und den alltäglichen Dingen Verachtung entgegenbringen und sie als trivial abtun. Sie tragen Worte und Siege an uns heran.
Der Baron geht unvorsichtig mit Worten um. Kari hält Erklärungen für etwas «Indezentes», weil sie unmöglich Gefühle ausdrükken können. Er hüllt sich in Schweigen, weil er weiß, daß alles Reden Unentwirrbares heraufbeschwört, «. . . er ist der, der alle begreifen, der allen helfen möchte und dabei alles in die größte Konfusion bringt. Er macht die dümmsten Lazzi, die Galerie kugelt sich vor Lachen, und dabei behält er eine élégance, eine Diskretion, man merkt, daß er sich selbst und alles, was auf der Welt ist, respektiert. Er bringt alles durcheinander, wie Kraut und Rüben; wo er hingeht, geht alles drunter und drüber, und dabei möchte man rufen: ‹Er hat ja recht!›» So beschreibt Hans Karl den von ihm bewunderten Clown Furlani, den er gerade im Zirkus gesehen hat, und schildert damit sich selbst.
Am Ende des zweiten Aktes findet das erste der zwei großen Gespräche zwischen Helene Altenwyl und Hans Karl statt. Helene liebt ihn, aber er kennt ihre Gefühle nicht, und seine Liebe wagt er nicht zu äußern. So spricht er mit Helene, weil seine Schwester Crescence ihn gebeten hatte, bei ihr, Helene, ein gutes Wort für ihren Sohn, seinen Neffen Stani, einzulegen. Hans Karl soll also bei Helene für Stani werben. Und so erleben wir Karls scheuen unbeholfenen Versuch, für Stani zu sprechen, weil er meint, für ihn selber sei es zu spät, Helene zu heiraten. Er erzählt ihr von seinem Erlebnis im Schützengraben, von dem Verschüttetwerden dort.

Dort ist mit ihm etwas Ungewöhnliches passiert. In diesen paar Sekunden hat sich für ihn die Unterwelt aufgetan: «Das war nur ein Moment, dreißig Sekunden sollen es gewesen sein, aber nach innen hat das ein anderes Maß. Für mich war's eine ganze Lebenszeit, die ich gelebt hab, und in diesem Stück Leben, da waren Sie meine Frau. Ist das nicht spaßig? ... Nicht meine zukünftige Frau. Das ist das Sonderbare. Meine Frau ganz einfach. Als ein fait accompli. Das Ganze hat eher etwas Vergangenes gehabt als etwas Zukünftiges.» In diesen Sekunden hat er erkannt, was Glück sein kann, «wie das Glück ausschaut», und plötzlich hat er gewußt, was das Menschsein ausmacht. «Und wie das sein muß: zwei Menschen, die ihr Leben aufeinanderlegen und werden wie *ein* Mensch. Ich habe – in der Ahnung wenigstens – mir vorstellen können – was da dazu gehört, wie heilig das ist und wie wunderbar.» *In dieser Nacht, angesichts des Todes, hat er seine Gefühle erkannt und seine Liebe erfahren.*

Seine Verschüttung war eine Initiation in eine dunkle, ihm verborgene Welt, in der Beziehung und Liebe nicht von Zweifel durchlöchert und von Mißverständnissen getrübt sind. In diesem Moment der Niederlage und der Todesangst hatte er eine Vision gehabt von Liebe und Glück, aber er, der ewig Zögernde, braucht Helenes Hilfe. Wir lernten Helene im Gespräch mit Baron Neuhoff kennen. Da zeigte sie Klarheit, nüchterne Unbestechlichkeit und hat sich nicht beeindrucken lassen von dessen Pathos und Wehleidigkeit. Sie gehört nicht zu jenen Frauen, die einen Mann retten wollen, um sein einziger Lebensinhalt zu werden. Sie gehört nur sich selbst.

Im dritten Akt hat Hans Karl, nachdem er Helene so nahe gekommen war, die Soirée fluchtartig verlassen. Und Helene will allein, zu Fuß, ohne Wagen, ohne Begleitung in die Nacht hinaus, um ihn zu suchen, um bei ihm zu sein für immer. Dem Diener übergibt sie einen Brief für den Vater, in dem steht, daß sie ihn, den Vater, verlassen hat. Auch vom Diener verabschiedet sie sich. Helene: «Wie alt war ich, Wenzel, wie Sie hier ins Haus gekommen sind?»

Kammerdiener: «Fünf Jahre altes Mäderl waren Komtesse.»
Helene: «Es ist gut, Wenzel, ich danke Ihnen. Ich werde hier herauskommen, und Sie werden mir ein Zeichen geben, ob der Weg frei ist.»
Helene läßt die Konventionen hinter sich, und sie riskiert alles: ihren Ruf, die Liebe zu ihrem Vater, die Verbundenheit zu der Gesellschaft, in der sie zu Hause ist. Sie findet dazu die Kraft, weil sie nichts von Karl braucht, sie ist kein Opfer, keine Bedürftige. Sie ist eine Liebende. «... dieser Gang in die Nacht entrückt sie allem, was Gesellschaft heißt. Das kurze Gespräch mit dem Kammerdiener, dem sie die Hand zum Küssen reicht, der Brief, den er dem Vater geben soll, die halbwegs abgebrochene Bittc, er möge bei ihm bleiben, wenn er lesen muß, daß die Tochter das Haus verlassen hat: das sind Anordnungen, wie der Mensch sie vor dem Tode trifft, in jener Einsamkeit, die schon dem Ewigen erschlossen ist ... Als Hans Karls Frau geht sie ihm nach.»[3]
Doch Hans Karl kommt zurück, bevor sie gehen kann. Das zweite große Gespräch beginnt, in dem sich die beiden dann finden können. Das ist möglich, weil jetzt auch Helene ein Todeserlebnis gehabt hat wie er. Bisher Gültiges war plötzlich vorbei für sie. Sie hat sich aus der Vaterwelt befreit, sie hat aufgehört, Tochter des Vaters zu sein. Und so ist sie jetzt frei für den Geliebten: «Schäm ich mich denn vor dir? Ah nein. Die Liebe schneidet ins lebendige Fleisch.» Helene ist eine selbständige Frau, die weder von sich noch vom Mann Erklärungen fordert oder selber abgibt. Sie versteht und nimmt, wie Kari auch, die Menschen so, wie sie sind. Liebe erklärt nicht und fordert auch keine Rechenschaft. Helene ist treu, und beharrlich und wenn notwendig ergreift sie die Initiative und beweist so Mut und Fantasie. Sie hat eine natürliche Klugheit, eine, die «terre à terre ist», wie gesagt wird.
Nichts Weltfremdes hat sie. Wie Hans Karl ist sie in der Gesellschaft, in der sie lebt, gern am Rande, aber sie schließt sich, im Gegensatz zu Neuhoff und den Verführern, aus ihr nicht aus.

Beide, sie und Kari, lieben die Menschen au fond. Beide sind keine Bedürftigen und keine Einsamen, müssen sich nicht aneinanderklammern und brauchen einander nicht, um zu überleben. Es sind zwei Menschen, die aus sich heraus in der Welt leben können und die doch zusammen eine Sphäre haben, die diese Welt transzendiert. *Die Netze menschlicher und gesellschaftlicher Verwobenheit müssen nicht durchtrennt werden, um unkonventionell zu sein, um aus der eigenen seelischen Tiefe zu leben.*

Das Ende des Lustspiels gibt uns einen Hinweis, wie man in der Welt sein kann, ohne sich darin angepaßt zu verlieren. Das Paar tritt am Schluß des Stückes nicht mehr auf. Die beiden sind verschwunden, sie bleiben für sich. Der «Weg ins Soziale» ist durch die Verlobung vollbracht. Stani, ein unempfindlicherer und praktischerer Mensch als sein Onkel Kari, nimmt am Ende alles in die Hand, wenn er sagt: «Was wir heute hier erlebt haben, war tant bien que mal, wenn man's Kind beim Namen nennt, eine Verlobung. Eine Verlobung kulminiert in der Umarmung des verlobten Paares. – In unserm Fall ist das verlobte Paar zu bizarr, um sich an diese Formen zu halten. Mamu, Sie ist die nächste Verwandte vom Onkel Kari, dort steht der Poldo Altenwyl, der Vater der Braut. Geh Sie sans mot dire auf ihn zu und umarm Sie ihn, und das Ganze wird sein richtiges, offizielles Gesicht bekommen.» – So schließt das wunderbare Lustspiel Hugo von Hofmannsthals.

Die Don Juans und die Neuhoffs stehen außerhalb der Gesellschaft, weil sie ihr narzißtisches Bedürfnis, sich von anderen völlig zu unterscheiden, isoliert. Sie leben in einer selbstgewählten Einsamkeit, die «dann total [ist], wenn der einzelne nicht in sich selbst ruht und auch keine Gemeinschaft da ist, in der er weiterhin seinen Platz hat»[4].

Wir haben bei Don Juan gesehen, wohin die Verachtung von Liebe und das Negieren von Beziehung und Dauer führt: in Vereinsamung und Tod. Sein Leben lang war es das Hauptanliegen Hofmannsthals, aus Einsamkeit zur Bezogenheit in der Gesellschaft zu finden. Er nannte es den «Weg ins Soziale», den er auch «als Weg zu sich selbst» bezeichnet hat. In «Ad me ipsum» notierte Hofmannsthal: «Der Weg zum Sozialen durch das Werk und das Kind. Das *erreichte Soziale: die Komödien . . .*»[7]

Der Weg aus der Opferrolle – «Der Fall Franza»

«Das Nichtvergessen ist die Voraussetzung aller
Wandlungen. Die ewig Opfer sind,
vergessen zu schnell die Untaten der anderen.
Sie leben in Wunschträumen
und Illusionen.»
Ernst Bloch

«Es ist kein Zufall, daß die Ideologien,
die das Mitgefühl am tiefsten verachten und dem
männlichen Mythos von Stärke und Größe
besonders hemmungslos huldigen, die faschistischen
waren und sind.»
Arno Gruen

1. Zur Bedeutung dieses Romanfragments von Ingeborg Bachmann

Ingeborg Bachmann steht in ihrer Dichtung und ihren Prosaschriften in einer ständigen Auseinandersetzung mit dem Weiblichen. Sie fragt und beschreibt, wie es einer Frau möglich ist, in unserer Gesellschaft zu leben oder zugrundezugehen. Weil sie wahrscheinlich keine gültige Antwort fand, blieb «Der Fall Franza» unvollendet. Dieses Romanfragment sowie auch «Requiem für Fanny Goldmann» und der vollendete Roman «Malina» gehören zu dem Zyklus «Todesarten». Alle drei Werke handeln von der seelischen Situation und dem Leiden der Frau von heute.

Ingeborg Bachmann hatte, in der österreichischen Tradition Grillparzers und Hofmannsthals stehend, ein ausgeprägtes Geschichtsbewußtsein und tiefes politisches Engagement. In ihren

Werken versucht sie, sich mit Nationalsozialismus und faschistischer Gewaltherrschaft auseinanderzusetzen. Letztere ist für Bachmann, wie übrigens auch für Max Frisch, nicht nur ein *politisches* System, sondern auch ein Umgangsmuster der Gewalt, das zwischen Mann und Frau in unserer Gesellschaft üblich ist. Auf die Parallelen zwischen der Unterdrückung der Frauen und der der Juden hat in ihrem letzten Werk auch die französische Philosophin und Soziologin Elisabeth Badinter hingewiesen.[1]

In ihrer Vorrede zu dem Fragment schreibt Bachmann: «Das Buch ist aber nicht nur eine Reise durch eine Krankheit. Todesarten, unter die fallen auch Verbrechen. Das ist ein Buch über Verbrechen . . . Die Massaker sind zwar vorbei, die Mörder noch unter uns, oft beschworen und manchmal festgestellt, nicht alle, aber einige, in Prozessen abgeurteilt.» «Das Virus Verbrechen kann doch nicht», schreibt sie, «plötzlich aus unserer Welt verschwunden sein.» Die Geisteshaltung des Nationalsozialismus wirkt sich heute woanders aus, «dort fließt kein Blut, und das Gemetzel findet innerhalb des Erlaubten und der Sitte statt, innerhalb einer Gesellschaft, deren schwache Nerven vor den Bestialitäten erzittern». Der Ort des Geschehens ist ein seelischer, und die äußeren Plätze stehen für innere. «Die wirklichen Schauplätze, die inwendigen, von den äußeren mühsam überdeckt, finden woanders statt.»[2]

In einer Gesellschaft, in der die Herrschaft von Männern über Frauen ausgeübt wird, ist die Frau sehr oft Opfer dieser Struktur. Sie kann als Opfer im System mitmachen und dadurch Nutznießerin sein, aber eine Vergewaltigte bleibt sie dennoch. «So liegt die Leistung dieses Romans zum Thema der Geschlechterbeziehungen in der Dramatisierung des Vorgangs, wie eine Frau der Macht des Mannes zustimmt und von ihr zerstört wird.»[3]

2. Zum Inhalt

Der Roman besteht aus drei Teilen. Im ersten Kapitel «Heimkehr nach Galicien» reist Martin, Franzas Bruder, in sein Heimatdorf Galicien in Kärnten, wo er seine Schwester gebrochen an Leib und Seele vorfindet. Eine Rückschau auf Franzas Leben in Wien an der Seite ihres Mannes, des berühmten Psychoanalytikers Prof. Jordan, gibt uns Einblick in Franzas Wesen, in ihre Beziehung zu Martin und ihr Leben mit Jordan. Letzteres wird im zweiten Kapitel, «Jordanische Zeiten», fortgesetzt, wo wir mehr von Franzas qualvoller Ehe erfahren. Im dritten Kapitel «Ägyptische Finsternis» befindet sich Franza mit ihrem Bruder auf einer Ägyptenreise, und erst da erfahren wir, warum Franza Jordan verlassen hat: Er hat sie zu einer Abtreibung gezwungen. In der ägyptischen Wüste findet Franza dann den Tod.

Franza, zu Tode krank, hat eine Klinik in Wien heimlich verlassen und reist in ihr Heimatdorf Galicien zurück. Ihren Bruder hat sie vorher verständigt, und er findet sie, die Todkranke, dort. Martin ist zutiefst bestürzt über ihren Zustand und versucht, ihr zu helfen. Franza besteht darauf, daß er sie auf die Ägyptenreise, die er zu Forschungszwecken antreten muß, mitnimmt. Wir erfahren, daß Franza Kärnten als junges Mädchen verlassen hatte, um in Wien Medizin zu studieren. Dort hat sie sich schnell an die neuen großstädtischen Verhältnisse angepaßt, so daß sie «durch die Herrengasse und über den Kohlmarkt ging, als wäre sie nie über die Zündhölzelbrücke gegangen». In Wien, so erfahren wir durch Martin, der in Gedanken über Franza versunken ist, ist seine Schwester eine elegante fremde Dame geworden, aber hier in Galicien, wo er sie wiederfindet, sieht sie todkrank und heruntergekommen aus, «das Modellkleid von Franza sah ärger aus als einer der Fetzen, die sie damals getragen hatte, schmutzig, knittrig, fleckig, als wären schon viele Bissen vom Mund auf das Kleid gefallen und als hätte sie alle bloß weggewischt . . .» Martins Erinnerungen gehen zurück an Abende in Wien, wo er sie als Jordans Ehefrau erlebt hatte: «Am meisten

erschreckt hatten ihn in Wien diese Altarblicke von ihr, etwas, das ihn an Schuheputzen denken ließ.» Franza hatte sich «heruntergewürdigt» und ging immer «mit einem Gebet auf den Lippen» herum, wenn sie mit Jordan war. So erfahren wir von der totalen Selbstaufgabe und der Unterwerfung Franzas unter Jordan, ihren Mann.
Am Abend vor der Abreise mit Martin unternahm Franza noch eine Art Selbstmordversuch, indem sie in die Gail hineinging, im Finstern, allein. Dies ist als eine versuchte Rückkehr in den Fluß ihrer Kindheit, in eine Zeit, da sie noch unbeschwert und glücklich gewesen war, zu verstehen.
Im zweiten Kapitel befinden sich die Geschwister in Genua und dann auf dem Schiff nach Ägypten. Langsam wird da die Ehe mit Jordan, die Franza eine Blaubartehe nennt, noch einmal beleuchtet.

3. Ein faschistisches Beziehungsmuster

Franza, die mit dreiundzwanzig Jahren ein begonnenes Medizinstudium in Wien aufgegeben hat, hat sich Jordan sozusagen in die Arme geworfen. Anstatt selber Ärztin zu werden, liefert sie sich Jordan aus, «angeblich ohnmächtig geworden im Anatomiesaal, oder eine ähnliche romantische Geschichte hatte sie dem Fossil in die Arme getrieben», d. h., sie beraubt sich ihrer Macht, wird ohnmächtig, kann die Bindung an den Vater nicht aufgeben.
Zwei Träume zeigen, daß Franza, die sich damals von Jordan nicht lösen konnte, in tödlicher Gefahr ist, und zwar durch das Festhalten an dieser Beziehung. Sie hat, so erfahren wir von Martin, in Jordan ihren Vater geheiratet: «. . . daß der Professor ebenfalls zwei dunkle Warzen im Gesicht hatte (wie der Vater), das hatte ihn etwas erschreckt, er war auf die Idee gekommen, daß Franza Schutz suchte . . . und daß sie einen Vater geheiratet hatte.»

Franza hatte wohl die eigene innere Stimme wahrgenommen, die sie vor dieser Ehe gewarnt hat: «Da warnt dich etwas, und schon hörst du nicht zu, schiebst ein Gefühl, das du nachher für dein erstes ausgibst, vor ein wirklich erstes. Gewarnt bist du. Durch eine Kopfhaltung, durch eine Handbewegung, durch eine Stimme, in der etwas fahl ist, und im nächsten Moment, das kann einen Monat später sein, bemühst du dich besonders, in dieser arroganten Bewegung etwas Rührendes zu entdecken, vermutest eine Geschichte dahinter, die sich nie einstellt... Du liebst jetzt die Stimme, weil du aus ihr Melancholie heraushörst, und wenn sie aggressiv wird, dann hörst du etwas Kühnes, nun gefällt es dir schon, der Schwindel ist vollkommen, du brauchst dich nicht betrügen, der Betrug zeugt neuen Betrug. Nichts warnt dich mehr, das Signal wird nur einmal gegeben.»

Nachdem sie diese Signale mißachtet hatte, fühlte Franza sich zunächst geschmeichelt, diesen Mann erobert zu haben. Außerdem hatte sie die Fantasie, im Gegensatz zu Jordans ersten beiden Frauen diejenige zu sein, die seine liebende Gefährtin und Mitarbeiterin sein könnte. Aber sie wurde eine Gefangene dieser Wünsche und des sadistischen Mannes, mit dem sie lebte: «Ich war gefangen in diesem Labyrinth, in dem ganzen Haus.» Franza erlebt in Jordan einen Mann, der Frauen haßt: «Warum haßt jemand Frauen und lebt mit ihnen?», fragt sie und erkennt, daß er, gemäß einer Gesinnung, die Martin als faschistisch bezeichnet, totale Macht über sie gewonnen hat. Jordan zerlegte alle Menschen, «bis nichts mehr da war... außer einem Befund... Er konnte keinen Menschen verlängert sehen, über die Grenze hinaus, die er ihm setzte.»

Sie bemerkt eines Tages, daß Jordan planmäßig ihre Zerstörung in Angriff genommen hat, bis dahin schien das Unerträgliche noch erträglich. Aber dann entdeckte sie absichtlich liegengelassene lose Notizblätter in seinem Zimmer. Darin konnte sie ihre eigene Geschichte, als Fallstudie dargestellt, lesen: «Er bearbeitete mich, er bereitete mich vor, seinen Fall. Er hetzte mich hinein in einen Fall. Und jedes Blatt, das er mich finden ließ, das hetzte mich weiter.» Auf diese Entdeckung reagiert sie mit Husten und anderen phobischen Symptomen. Jordan, der eine wissenschaftliche Studie über die medizinischen Experimente, die an Opfern von Konzentrationslagern vorgenommen wurden, schreibt, benutzte Franza, seine Frau, für ein ähnliches Experiment: «An mir wurde ein großartiger Versuch gemacht.» Und als Jordan Franza, die ihm mit dieser Arbeit geholfen hatte, aus dem Vorwort herausläßt, ihren Namen unter allen Mitarbeitern als einzigen absichtlich und wissentlich nicht erwähnt, erkennt sie: «Er wollte mich auslöschen, mein Name sollte verschwinden, damit ich danach wirklich verschwunden sein konnte.»

4. Franzas Träume und Fantasien

Unausweichlich verfällt Franza der fürchterlichen Gewalt Jordans und ihrer eigenen zunehmenden Machtlosigkeit. Ein Traum zeigt es ihr: *«Ich bin in einer Gaskammer, ganz allein, alle Türen sind verschlossen, keine Fenster, und Jordan befestigt die Schläuche und läßt das Gas einströmen ...»* Franza ist gefangen, wie Frauen gefangen sind in einer Beziehung, wo es nur noch Täter und Opfer gibt und wo alles so subtil und lautlos geschieht, daß es kaum faßbar und nicht mitteilbar ist.

Nur ihre Träume legen in dieser Zeit Zeugnis ab von dem Leiden, das sie erfährt. «Franzas Träume erzählen ihr die Geschichte vom Patriarchat und von der Macht ... Die Träume erklären die Todesarten, sie erzählen Geschichten, die nur außerhalb des kulturellen Rahmens erzählt werden können, der solch eine Behandlung von Frauen als natürlich und legitim betrachtet», schreibt Sarah Lennox.[4] In einem zweiten Traum wird der Hintergrund ihres Leidens deutlich. Es wird ihr eigenes «großes Drama» offenbar: *Der Vater erscheint, und ein «Geselle, der Jordan heißt, in einer Person und ebenbürtig einer großen Figur, ... spielt dir eine Geschichte vor..., so sah ich auf einen Friedhof, beim Sonnenuntergang, und in dem Traum hieß es: das ist*

der Friedhof der Töchter. Und ich sah auf mein eigenes Grab hinunter, denn ich gehörte zu den Töchtern, und mein Vater war nicht da. Aber ich war seinetwegen gestorben und hier begraben.»
Jordan als schrecklicher, vernichtender Vater steht hier nicht nur für Franzas persönliches Vaterbild, sondern ist als Kollektivphänomen diejenige Vatergestalt, die Frauen bedroht, welche Vaterstöchter bleiben. Deutlich sieht Franza im Traum, wer sie quält und wo ihr Grab zu finden ist. Der Vater steht hier für jene gesellschaftlichen Phänomene des Patriarchats, die ich in diesem Buch beschreibe. Die Frau als Opfer faschistischer Gesinnung[5]: «Ich bin ein einziger Spätschaden», sagt Franza. Bachmann wollte in dieser Jordan-Vatergestalt Elemente, die in unserer Gesellschaft wirksam sind, darstellen. 1971, zwei Jahre vor ihrem Tod, sagte sie dazu in einem Interview: «Die Vaterfigur ist natürlich die mörderische ..., die verschiedene Kostüme trägt, bis sie am Ende alle ablegt und dann als *der* Mörder zu erkennen ist. Ein Realist würde wahrscheinlich viele Furchtbarkeiten erzählen, die einer bestimmten Person oder Personen zustoßen. Hier wird es zusammengenommen in diese große Person, die das ausübt, was die Gesellschaft ausübt ...»[6]
Im dritten Kapitel, «Die ägyptische Finsternis», als Franza mit Martin Ägypten bereist, hören wir eine entsctzliche Erinnerung von ihr: daß sie Jordan verließ, weil er ihr befahl, ihr Kind abzutreiben. Ihr Flehen und Anbetteln des Chirurgen im Operationssaal nützten nichts. Und so «warf sie [sich] vor ihm auf die Knie, bettelte darum, ihr nachher diesen Fötus zu geben, ihn mit nach Hitzing nehmen zu dürfen in einem Einsiedeglas», damit es nicht in den Verbrennungsofen käme. Auch hier ist wieder die Parallele des abgetriebenen Fötus zu den Opfern des Nationalsozialismus hergestellt. Oder, wenn sie es schon nicht mitnehmen kann, will sie es essen, «dann will ich es lieber auffressen, wenn es nicht leben soll». Und so wird sie in ihrer Verzweiflung von den Chirurgen für wahnsinnig gehalten, «während die Männer, die sie überwachen («der schon sterilisierte Chirurg ... und der sprach-

lose Narkosearzt») als normal gelten»[7]. Jordan, der von den ratlosen Ärzten noch einmal angerufen wird, äußert am Telefon zu dem «Fall»: «Keine Bedenken.»
Im Laufe der Ägyptenreise verschlechtert sich Franzas Zustand immer mehr. Sie kann die Scham und die Verzweiflung, die sie in dieser Beziehung befallen haben, nicht verwinden: «... mein Körper, er ist ganz beleidigt, an jeder Stelle beleidigt. Ich kann so nicht weiterleben. Ich kann das nicht.»
Ägypten, die Wüste, sollte für Franza ein Ort der Heilung werden. Sie spricht von ihr als «große Heilanstalt». Das Land Ägypten steht hier, wie Lennox einleuchtend darlegt, für einen Ort der Freiheit, wo Gewalt besiegt wurde, denn «Franzas und Martins Vater war während des Krieges bei El Alamein gefallen, einem der Wendepunkte des Zweiten Weltkrieges. Somit steht Ägypten auch für die Niederschlagung des Faschismus»[8].
Die Wüste als seelischer Ort ist aber nicht nur einer der Heilung und Erleuchtung, ein Platz der Gottessuche und Gotteserscheinung, sondern auch ein Ort des Todes. Sie wird es für Franza. Bei einem Spaziergang am Rande der Wüste erscheint ihr eine Vatergestalt, der Vatergott, dem sie auch da nicht entfliehen kann und vor dem sie noch einmal auf die Knie fällt: «‹Mein Vater. Ich habe meinen Vater gesehen. Er wirft seinen Mantel ab, seine vielen Mäntel ... Aber es ist nicht er, er ist nicht mein Vater. Wer ist er denn? ... Gott kommt auf mich zu, und ich komme auf Gott zu ... Ich habe Gott gesehen. Zum Greifen nah ...› Sie stürzte und kam auf die Knie zu liegen ... Sie blieb liegen, mit den Konvulsionen, wie auf dem Korridor in Wien ... in einem Spitalsbett, jetzt wieder im Sand, auf dem die Kamele verbluteten, sie lachte und lachte und lachte – und in ihr Lachen, die Einfallsstelle für die Dekomposition ... da trat etwas sie nieder und mit ihr das andere, den halben Tod, die halbe Vernunft, das halbe Tier, den halben Menschen, die halben fünf Sinne, die eine Schwester, die andre Frau ... im Übergang zu etwas nicht Erkennbarem.»
Es wird hier deutlich, daß für Franza die Vaterfigur mit einer

Gottesgestalt verschmolzen ist, und beide sind fürchterlich, unerbittlich. Sie hat ihr das Kind, das Glück, das Leben geraubt. Vielleicht wurde die Macht des Väterlichen, des Männlichen hier in der Wüste noch einmal so überwältigend, weil Franza, trotz eines Schwurs, vor niemandem mehr die Knie zu beugen, wieder auf die Knie gefallen war.
Franza war schon zu «niedergetreten», als sie erkannte, daß sich ihre Gottesvision als eine Illusion herausstellte: der Gott, den sie meinte gesehen zu haben, war «ein schwarzer Strunk, aus dem Wasser geschwemmt, eine Seewalze, ein zusammengeschrumpftes Ungeheuer, keine dreißig Zentimeter lang, in dem ein leises Leben war. Darauf war sie zugerannt.» «Die arabische Wüste ist von zerbrochenen Gottesvorstellungen umsäumt.» Aber es ist zu spät, der als Illusion erkannte Vatergott hat Franza bereits zerbrochen. Ihr Lebenswille ist verschwunden. «Mein Vater, ich will nicht mehr leben. Du bist ja mein Vater, das entdecke ich erst jetzt. Mein Mörder ist ganz einfach mein Vater, was für eine unliebsame Überraschung. Ich habe an meinen Mörder geglaubt wie an meinen Vater. So sag ich's wohl besser. Denn mein Vater ist nicht mein Mörder.»
Der Mörder als ihr Vater ist die Dekomposition, von der Bachmann vorher sprach: Nicht ihr Vater ist ihr Mörder, sondern das mörderische Bild des Mannes, das ihr zum Vater wurde – als Sehnsucht, beschützt zu werden, unselbständig, sicher, behütet zu sein – dieser Vaterglaube hat sie getötet.

5. Franzas Tod

Franza stirbt in der Wüste, am Fuß einer Pyramide. Ihren Tod sucht sie sich selbst. Während Martin auf die Pyramide steigt, trifft sie auf einen weißen Mann, der masturbierend sie mit einem Stock schlägt und sie daraufhin vergewaltigt. In diesem Augenblick kommen Franza Bilder von einer Szene in Wien, wo Jordan sie in der Bibliothek vergewaltigt hatte. Nach der Verge-

waltigung stößt der Mann sie gegen das Grab der Pyramide, und Franza selbst «schlug mit ganzer Kraft ihren Kopf gegen die Wand in Wien und die Steinquader in Gizeh und sagte laut, und da war ihre andere Stimme: Nein. Nein.»
Sie wird gefunden und ins Hotelzimmer gebracht. Ein Arzt kommt, aber kann nicht mehr helfen. Ihre letzten Worte im Hotelzimmer, neben Martin sterbend, sind: «Die Weißen, sie sollen. Sie sollen verflucht sein. Er soll.»
Die Weißen stehen für ein Herrschafts- und Machtgefüge, das sie mit ihren letzten Kräften verflucht, und mit ihm einen «Er», der tödliche, männliche Gewalt darstellt. Doch Franza stirbt nicht aus moralischer Schwäche. Durch ihren Protest und darauffolgenden Tod hebt sie ihr Opfersein und ihre Unterdrückung auf. Ihre eigene Vergewaltigung klagt stellvertretend für die aller Frauen an. So war die Wüste nicht nur ein Ort des Todes, sondern, wie El Alamein, auch einer der Befreiung von Vergewaltigung geworden. Die Befreiung war für Franza nur im Tod möglich, denn sie war zu geschwächt, um weiterzuleben.

6. Sexualität

Daß Franza durch sexuelle Vergewaltigung in den Tod getrieben wurde, ist folgerichtig. In der gewalttätigen faschistischen Beziehung der Geschlechter ist die Machtausübung über die Sexualität gegenüber der Frau ein Mittel, um sich ihrer zu bemächtigen. Auch Jordan hatte es eingesetzt. Franza hatte in Wien, als Jordan sie als Fallstudie aufbereitete, folgende Notiz von ihm gefunden: «F.s Vorliebe für Zungenkuß, stop, Gier, nicht Sinnlichkeit, stop, ich glaube, ich ersticke noch vor Lachen ... F. vermutlich lesbisch.» Der männliche Vorwurf der sexuellen Gier dient dem Mann dazu, die Frau zu erniedrigen und gleichzeitig die eigene entsprechende Lust zu verschleiern. Er ist aber auch ein Mittel, um die Angst vor der eigenen Impotenz und dem sexuellen Nichtgenügen abzuwehren. Jordan versuchte, Franzas

Sexualität zu vernichten: «Ich habe kein Geschlecht, keines mehr, man hat es mir herausgerissen.» Beispiele für «psychische Impotenz, die sich hinter der vorgehaltenen Fassade des Mannes verbirgt und in der Erniedrigung des Liebesobjektes ihre Erfüllung findet», bringt Bernd Nitzschke, indem er Passagen aus Günter Grass' Romanen zitiert.[9]
Die vom faschistischen Mann vergewaltigte Frau stellt ein Beispiel totaler Ausgeliefertheit des Weiblichen dar. Und Nitzschke, der fragt, ob eine bestimmte Art von Frauenverachtung, wie sie Theweleit anhand der Freikorpsliteratur nach dem Ersten Weltkrieg beschreibt, auf diese Zeit zu beschränken sei, verneint dies und zitiert wiederum Beispiele aus Grass, «Der Butt»[10], die von Sadomasochismus und gewalttätiger Frauenverachtung voll sind. Die Brutalität der Sprache und Bilder, durch die Frauen Gewalt angetan wird, unter dem Vorwand, diese anzuprangern, ist äußerst fragwürdig und schürt diese Gewalt.

7. Liebesgefühle

Vor Franzas Übersiedlung nach Wien, bevor sie sich dort in die kleine angepaßte Dame verwandelt und sich Jordan in die Arme geworfen hatte, hat es zwei Liebesbeziehungen in ihrem Leben gegeben. Die eine war die zu ihrem Bruder Martin, die andere erlebte sie als halbes Kind, mit fünfzehn Jahren, als die Engländer bei Kriegsende 1945 in ihr Dorf Galicien als Befreier kamen. Beide Liebeserlebnisse gehen in eine Zeit zurück, als sie noch zu Hause, bei sich, gewesen ist. Ihr Selbstmordversuch, als sie in die Gail hineingeht, in der Nacht, ist auch als ein Versuch zu verstehen, zu Hause, bei sich zu bleiben, sich da, im Fluß ihrer Kindheit, wiederzufinden, oder vielleicht auch, wie Lennox meint, sich der destruktiven Männerwelt zu entziehen. Liebe und Frieden, die in der Kindheit durch die Liebe zum Bruder und in der Jugend durch die Liebe zu einem Engländer möglich waren, sind vorbei, verraten und vertan. Die enge Bindung zwischen Franza und Martin, die ein frühes wortloses Verstehen beinhaltete, ist nicht mehr da. Bachmann-Interpreten[11] sehen in dem Musil-Gedicht, das zwischen den beiden Geschwistern als eine Art Kult-Gedicht tiefste Bedeutung hat, die Anspielung auf eine inzestuös und erotisch gefärbte Liebe. Franza bringt es Martin auf der Reise in Erinnerung: «Unter hundert Brüdern dieser eine. Und er aß ihr Herz. Und sie das seine.»[12] Die Symbolik des Gedichtes, die auf den Isis-und-Osiris-Mythos hinweist, ist hier als Zerstückelungs- und Wiedergeburtsmotiv zu verstehen.

Ingeborg Bachmann ist überzeugt gewesen, daß die Liebe zwischen den Geschlechtern so und in unserer Zeit nicht mehr möglich ist, genauso wie politische Versöhnung und Frieden nach dem Krieg vertan worden sind. Männliche Herrschaftssysteme und Gewalt stehen beiden im Weg. Die Gefühle geschwisterlichen wortlosen Verstehens sind genauso verlorengegangen wie die Hoffnung auf eine friedliche Welt. Als 1945 die Engländer in dem kleinen Dorf Galicien einzogen, übergab die fünfzehnjährige Franza, nachdem die Bauern aus dem Ort geflohen waren, dem einmarschierenden Captain Sir Perceval Glyde das Dorf in einem kindlichen Englisch: «Sire, this village is yours. Ob das ging? ... we have no arms. Falsch: Waffen hieß anders, sie sah ihn beschwörend an, und We have no germans and no SS ... Und Sire und der Frieden, dieser König und der erste Mann in ihrem Leben, hatten ein Einsehen ...»

Später ging sie mit dem Captain durch das Dorf ... Sie erzählte dem Engländer, daß ihr Vater bei El Alamein gefallen war, und er begleitete sie nach Villach ins Spital, wo ihre Mutter sterbend lag. Sie liebte diesen Mann, den Befreier und Friedensbringer. Als er abzog, «warf sie sich plötzlich wild an ihn und ihre Knochen gegen die seinen, sie wollte die Arme um ihn schlingen, kam aber mit den Fingerspitzen nur knapp bis an seinen Hals und sagte: danke, danke, in beiden Sprachen, und er beugte sich ein wenig herunter und küßte sie, sie küßten einander rasch und einige Male ... Damit endete Franzas erste Liebe.»

8. Persönliches mit Politischem verwoben

Es ist verständlich, daß Franzas erste Liebe einem Engländer, als Sinnbild des Befreiers von nationalsozialistischem Terror, galt. Persönliches und Politisches, Liebe, Zärtlichkeit und die Aussicht auf Befreiung hin zu einer friedlichen Welt, das alles wird von Bachmann im «Fall Franza» ineinander verwoben, weil es für die Dichterin untrennbar war.

Es sei daran erinnert, daß die Besetzung Österreichs durch die Nationalsozialisten für Bachmann das entsetzlichste und traumatischste Ereignis ihres Lebens war. In einem Interview von 1971, also zwei Jahre vor ihrem Tod, sagte sie: «Es hat einen bestimmten Moment gegeben, der hat meine Kindheit zertrümmert. Der Einmarsch von Hitlers Truppen in Klagenfurt. Es war etwas so Entsetzliches, daß mit diesem Tag meine Erinnerung anfängt: durch einen zu frühen Schmerz, wie ich ihn in dieser Stärke vielleicht später überhaupt nie mehr hatte. Natürlich habe ich das alles nicht verstanden in dem Sinn, in dem es ein Erwachsener verstehen würde. Aber diese ungeheure Brutalität, die spürbar war, dieses Brüllen, Singen und Marschieren – das Aufkommen meiner ersten Todesangst.»[13]

Viele Jahre später begegnet Franza Sir Perceval bei einem Kongreß in London, den sie mit Jordan besucht. Sie erkennt ihn, er sie nicht, «denn es war ein zu weiter und langer Weg vom Frieden bis mitten in den Frieden hinein, und mitten im Frieden konnte man nichts mehr tun, ihm keinen Preis mehr geben und sich nicht mehr verneigen vor ihm ... er war gestaltlos geworden.» Franza fühlt eine tiefe Sinnlosigkeit und gibt sich ihm nicht zu erkennen. Perceval Glyde und Jordan auf einem Londoner Kongreß sind beide Gestrige, wie auch die klare Unterscheidung zwischen früheren Tätern und Opfern nicht mehr möglich ist. Es herrschen die Gestrigen, wie Jordan es immer war und Glyde es scheinbar geworden ist.

In der Erzählung «Unter Mördern und Irren»[14] macht Bachmann dies deutlich. Die Geschichte spielt in Wien, zehn Jahre nach dem Krieg. In einem Gasthaus feiern, schwadronieren und politisieren in Wein- und Bierdunst Herrenrunden und ehemalige Frontkämpfer vereint in alter kriegerischer Gesinnung. Da taucht in der Runde plötzlich ein Unbekannter auf, der erzählt, er habe sich schon immer für einen Mörder gehalten, schon als er zwanzig war, denn er wurde in den Krieg eingezogen und kam nach Monte Cassino, das er, im Unterschied zu denen, die Monte Cassino für einen Kampfschauplatz hielten, als einen «Mordschauplatz» angesehen hatte. Er konnte die Worte «ausradieren», «ausräuchern», «Amis», «Polacken» nicht hören oder aussprechen. Er hielt sich für einen Mörder, weil er an Töten dachte, und so lehnte er das Schießen ab und wurde in eine psychiatrische Klinik eingeliefert, so erzählte der Fremde. Und dann unter dem Gegröhl der Männerchöre nebenan und dem Absingen von Heimatliedern verabschiedet sich der Unbekannte plötzlich und wird im Weggehen von einem der «Herren» nebenan erschossen – er, der sich für einen Mörder hielt und nie geschossen hat, wird umgebracht von den Mördern von gestern, die gerade dabei sind, ihre alten Siege zu feiern.

Die Opfer von gestern sind vergessen, die Mörder sind noch unter uns. Dieses Fazit zieht Ingeborg Bachmann in dieser Erzählung: «Und man kann immer nur auf seiten der Opfer sein, aber das ergibt nichts, sie zeigen keinen Weg.»[15]

9. Die Zerstörung wird überwunden

Nicht, daß das Opfer sinnlos gewesen wäre, nein, Bachmann will nur vermeiden, daß Täter oder Nichtopfer sich im Nachhinein mit den Opfern identifizieren. In einem kurzen Text im Nachlaß heißt es: «Auf das Opfer darf sich keiner berufen. Es ist Mißbrauch. Kein Land und keine Gruppe, keine Idee darf sich auf ihre Toten berufen.»[16] Und so schreibt sie auch über Franza nicht als Opfer, sondern sie stellt ihre Zerstörung und ihren Tod zum

Schluß als einen bewußten Akt dar. Franza, die von der kranken patriarchalen Kultur zerstört worden war und dem – so wird es uns von Bachmann durch das ganze Fragment hindurch dargelegt – auch zugestimmt hat, weil sie gar keinen anderen Weg gekannt hatte, starb zwar am Schluß, aber nicht als Opfer, sondern als Rebellin. Dies wird durch folgende Begegnung noch deutlicher:

In Ägypten, als sie sich sehr krank fühlte, suchte sie einen deutschen Arzt, den früheren SS-Hauptsturmführer Dr. Körner auf. Durch ihre wissenschaftliche Arbeit mit Jordan wußte sie, daß Körner ein KZ-Arzt gewesen war, der im Euthanasieprogramm mitgewirkt hatte. Diesem Arzt legte sie nahe, daß sie nicht mehr leben wolle und er ihr, wie damals den Häftlingen, eine Todesspritze geben solle. Sie verlangte von ihm, seine damaligen Untaten an ihr zu wiederholen – sie wollte von ihm «ausgemerzt» werden. Doch indem Franza den Arzt aufsucht, wird sie gewandelt durch die schlagartige Erkenntnis, daß sie sich selber wie ein Naziopfer verhält. Dies wird ihr in dem Moment bewußt, als sie bemerkt, daß *sie* sich bei Körner entschuldigt. Da wird sie an die Nürnberger Prozeßberichte erinnert, wo sie nur einmal das Wort «Verzeihen Sie»... gelesen hatte, nämlich als ein Zeuge sich entschuldigte, daß er weinen mußte. Die Täter hingegen kleideten ihre Aussagen in Beamtensprache, und es war da nur von «Erlässen» und von «erachten» die Rede.

Und ebenso wichtig für Franza war, als ihr jäh deutlich wurde, daß *sie* Körner Angst gemacht hatte. Am Abend sagte sie zu Martin, der sie gar nicht verstehen konnte: «Er – sie verbessert sich – Jordan hat sich nie vor mir gefürchtet. Er war so sicher, daß ich es niemand sage ... Es war ihm nicht einmal Unbehagen anzumerken gewesen. Aber ich habe jemand doch noch das Fürchten beigebracht. Einem von denen. Ja, das habe ich.» Hier wird Jordan mit Körner zu einer Einheit. *Und Franza, das einstige Opfer von Jordan, wird hier zur Täterin, zu einer, die jenen Brutalen das Fürchten lehrt.* Indem sie sich noch einmal mit den Naziopfern des Dr. Körner solidarisiert, löst sie den Anspruch des Nichtvergessens ein («Das Nichtvergessen ist die Voraussetzung aller Wandlungen . . .»[17]) und wächst gleichzeitig über die Rolle der, die sich zerstören hat lassen, hinaus. Sie löscht so ihre Ohnmacht, die sie Jordan gegenüber immer erlebt und zum Teil freiwillig erlitten hatte, aus.

10. Rebellion, Sich-Entziehen, Auslöschung

Bachmann zeigt uns durch Franza für die Frau drei Möglichkeiten, dem tödlichen Herrschaftsgefüge zu entkommen und nicht mehr Opfer zu sein: *die Rebellion, das Sich-Entziehen, die Auslöschung.*

Die Rebellion verlangt von der Frau zu erkennen, wo sie Opfer war, und diese Opferrolle aufzugeben, aber nicht schweigend, sondern aktiv protestierend – das begann für Franza, als sie auf Körner traf. Sie ging in der Begegnung mit ihm durch einen Prozeß der Identifikation mit seinen früheren Opfern und verlangte von ihm, wie jene «ausgemerzt» zu werden. Als sie aber ihre Rolle als Opfer und Bittstellerin gegenüber diesem furchtbaren Arzt erkannte, wurde ihr bewußt, daß sie die Stärkere war, daß sie *ihm* Angst machen konnte. Dies befähigte sie bei ihrer Vergewaltigung danach, ihren Tod durch Neinsagen und damit Rebellion herbeizuführen. Und zwar sagte sie «Nein. Nein» «mit der anderen Stimme» *und diese andere Stimme ist die derjenigen Frau, die nicht von Jordan beschädigt worden ist, der Frau, die doch noch souverän und autonom war.* «Franzas Fähigkeit, nicht nur zur Revolte, sondern zur *wirksamen* Revolte, nämlich *einen von denen* in die Flucht zu schlagen, legt eine Strategie für Frauen wie sie selbst nahe, mit der sie sich jenseits des Opferstatus stellen könnten: diese tödliche Ordnung zurückzuweisen, ihre Unterdrücker aktiv herauszufordern.»[18]

Das Zweite, das Sich-Entziehen, vollzieht die Ich-Figur in Bachmanns Roman «Malina», der auch zu «Todesarten» gehört. Das weibliche Ich, die Hauptfigur des Romans, erlebt seine Zerstörung in ihrer Liebe zu Ivan, während das männliche Alter-ego der Ich-Gestalt, Malina, robust und relativ unbeteiligt an diesem Geschehen überlebt. Am Ende des Romans zieht sich das weibliche Ich in die Wand zurück, die ein Ort der Rettung wird und Sicherheit vor der Männer-(Vater)welt gewährt. «Es ist eine sehr alte, eine sehr starke Wand, aus der niemand fallen kann, die niemand aufbrechen kann, aus der nie mehr etwas laut werden kann.» So entzieht sich das Weibliche einer Welt, in der für es kein Raum ist. Bachmann sagte von «Malina», es sei «erzählte Innenwelt», Entfaltung und Untergang einer schwierigen Seele, eines Ichs, das unfähig ist, «einen vernünftigen Gebrauch von der Welt zu machen»[19].

Genauso geht es Franza: Aus einer Welt, in der es nicht mehr möglich ist zu wirken, muß sie sich, um autonom sterben zu können, zurückziehen. Das ist keine Flucht, sondern aktiver Protest gegen das dominierende Herrschaftsgefüge, dem sich die Frau nur entziehen kann, indem sie verschwindet; dann kann sie nicht mehr beherrscht und nicht mehr vergewaltigt werden, aber sie war da gewesen und hat Zeugnis abgelegt.

Bachmann läßt es Franza aussprechen, als sie mit Martin die Zerstörung der ägyptischen Gräber besichtigt und sie die Stelle sieht, wo das Denkmal der Königin Hatschepsut gewesen ist, das von ihrem Nachfolger, dem dritten Tuthmosis, zerstört worden war: «Siehst du, sagte sie, aber er hat vergessen, daß an der Stelle, wo er sie getilgt hat, doch sie stehen geblieben ist. Sie ist abzulesen, weil da nichts ist, wo sie sein soll.» – Das Ich in «Malina» zieht sich auch zum Schluß zurück, es geht in die Wand, ist verschwunden, wie die Königin Hatschepsut verschwunden ist, und es ist gerade der Weggang des Weiblichen, sein Verschwinden, die Zeugnis ablegen, daß sie dagewesen sind und eine Kraft waren, die bekämpft, aber nicht besiegt worden ist, die weiterlebt gerade *durch ihr Verschwinden, und die nicht vergessen wird, wenn man sich erinnert, ihrer gedenkt.*

Das Dritte, die Aufhebung oder *Auslöschung,* wie ich es nach Thomas Bernhards großem letztem Roman, der auch in der Tradition Bachmanns steht, nennen möchte, besteht in einem Bemühen, Brutalitäten und Unrecht durch Nichtvergessen, durch Wiedererinnern, durch bewußtes Wiederholen, durch ein Rekonstruieren wiederzuerleben, aufzuzeichnen – Zeugnis davon abzulegen durch ein Solidarisieren mit denen, die Opfer gewesen sind, um so die immer mehr sich vernebelnde Grenze zwischen Tätern und Opfern deutlich zu machen. Dieses Auslöschen ist auf keinen Fall in dem Sinne des Vergessens oder der Verdrängung zu verstehen und ist auch kein einmaliger Akt, aber ein immerwährender Prozeß der Bewältigung vergangener Untaten.

Thomas Bernhard beschreibt es so: «Auf dem Weg zur Kindervilla dachte ich, daß der Schermaier niemals über seine Haft in den Strafanstalten und Gefängnissen und in dem niederländischen Konzentrationslager gesprochen hat, und daß, wenn er schon nicht darüber spricht, ich einmal darüber schreiben werde: in der von mir geplanten *Auslöschung*, dachte ich, werde ich über den Schermaier schreiben, über das ihm zugefügte Unrecht, über die an ihm vollzogenen Verbrechen. Die Schermaier weinte nur immer, wenn sie an diese für beide so unglückliche, bittere Zeit denken mußte, aber sie sagte selbst niemals, warum sie weinte. Deshalb ist es meine Pflicht, in der *Auslöschung* von ihnen zu reden und auf sie aufmerksam zu machen stellvertretend für so viele, die über ihre Leiden während der nationalsozialistischen Zeit nicht sprechen, sich nur ab und zu darüber zu weinen getrauen, über die Schermaier, die das nationalsozialistische Denken und Handeln auf dem Gewissen hat, das nationalsozialistische Verbrechertum, das heute nur totgeschwiegen wird ... Ich werde über den Schermaier nichts anderes schreiben, als daß ihn die nationalsozialistische Gesellschaft vollkommen ungestraft für sein Leben zerstören, wenn auch nicht vernichten hat können ... daß ich dem Schermaier in der *Auslöschung*, wenn schon nicht das ihm von der Gesellschaft entzogene Recht, so doch Aufmerksamkeit verschaffen werde auf meine Weise.»[20]

Dasselbe tat Bachmann auch in «Der Fall Franza», der stellvertretend steht für Unrecht und Leiden, das Frauen und auch nationalsozialistischen Opfern zugefügt wurde und noch immer zugefügt wird. Das Adorno-Wort, man sehe es Frauen und Juden an, daß sie jahrtausendelang nicht an der Macht gewesen sind, kommt in den Sinn.
Die Frage des Menschseins ist letztlich eine politische. So fragt Franza sich: «Meine Geschichte und die Geschichten aller, die doch die große Geschichte ausmachen, wo kommen die mit der großen zusammen?»
Auslöschung erfordert eine solidarische Gesinnung. Adorno drückt sie aus. Die Solidarität mit den Unterdrückten und dem Weiblichen durchzieht auch Ingeborg Bachmanns Werk und damit die Geschichte von Franza. Als sie sich von Jordan verraten und geschädigt fühlt, sagt sie: «Er hat mir meine Güter genommen. Mein Lachen, meine Zärtlichkeit, mein Freuenkönnen, mein Mitleiden ... meine Animalität, mein Strahlen ... aber es ist auch nicht zu verstehen, warum die Weißen den Schwarzen ihre Güter genommen haben, nicht nur die Diamanten und die Nüsse, sondern den Frieden ... und die Gesundheit, ohne die man nicht leben kann ... Ich kann auch nicht mehr leben, weil er meine Gegenstände hat, ja, so meine ich es, unsren silbernen Brotkorb zum Beispiel ... von Tag zu Tag wird dies schlimmer, dieses Leiden, es macht die Magie möglich, ich bin eine Papua.»
Mit den Opfern des Nationalsozialismus erklärt sie sich solidarisch, als sie Dr. Körner aufsucht: «Ich will, daß Sie es wieder machen ... Ich will die toxische Dosis.» Und für alle vom Mann unterdrückten Frauen tritt Franza ein, als sie einer Frau am Bahnhof in Kairo gedenkt, die sie gesehen hatte, wie sie von ihrem Mann an einem Strick gefesselt wie ein Tier von ihm fortgeschleift worden war: «Die Frau, die Frau auf dem Bahnhof ... Sie hieß den Fahrer warten, stieg aus und lief zu dem ersten Bahnsteig hinüber. Da war seit Wochen keine Frau mehr, die gefesselt auf den Knien lag, der Mann vom Lande hatte ja mit ihr

auf einen Zug gewartet und sie nachhause gebracht, ins obere Niltal ... Immer wieder wird hier die Frau sein, Franza nickte, ich bin die Frau geworden, das ist es. Sie stieg in den Wagen und fuhr zum Hotel zurück. Ich liege dort an ihrer statt. Und mein Haar wird zu einem langen, langen Strick gedreht, von ihm in Wien gehalten. Ich bin gefesselt, ich komme nie mehr los.» Das persönliche Schicksal Franzas mit Jordan verschmilzt mit dem der unbekannten malträtierten ägyptischen Frau. Gedenken und Nichtvergessen bewirken, daß wir solidarisch und unverbrüchlich auch zu diesen Menschen gehören.

II. Gemeinschaft

Es ist dieses Zu-den-Menschen-Gehören, das neben Franzas Rebellion und Widerstand die Antwort Bachmanns für Frauen heute ist. Es ist eine Art «Weg ins Soziale», der von fern an Hofmannsthal erinnert, nur der Weg ist viel unsicherer geworden und einsamer. Das Fragment zum dritten Kapitel, mit dem der Roman endet, enthält die Vision einer Rettung, die in der Gemeinschaft liegt. In Wadi Halfa, einem Dorf am Nil im Sudan, ein Ort, der untergehen wird, sobald der Assuan-Damm fertig ist, hat Franza ein tiefes Erlebnis. Weil sie Hunger hat, wird sie von einem Mann in die Hütte zu einer Frau geführt und teilt dort mit dieser und ihrer Familie ein Mahl. Der Raum ist dunkel, nur durch eine Laterne beleuchtet sitzen sie auf dem Boden und essen aus *einem* Teller Bohnen mit Brot: «... dann plötzlich alle Hände gleichzeitig, sie stehen einen Augenblick alle darin still, damit keine dem anderen in den Weg kommt, höfliche Hände alle, man müßte das Bild versteinern lassen in diesem Augenblick, in dem etwas vollkommen ist, die Hände im Essen ... das erste und einzige Essen hat stattgefunden ... wird vielleicht die einzige Mahlzeit in einem Leben bleiben, die keine Barbarei, keine Gleichgültigkeit, keine Gier, keine Gedankenlosigkeit, keine Rechnung, aber auch keine, gestört hat. Wir haben geteilt und nicht gebetet, nichts zurückgeschickt, keine Bohnen stehengelassen, nichts weggenommen, nicht vorgegriffen, nicht nachgenommen.»

Da, wo Untergang sein wird, erlebt Franza für einige Augenblicke menschliche Zusammengehörigkeit und Sicherheit: Zusammen etwas teilen können, Gemeinschaft zwischen Frau und Mann, Weißen und Schwarzen, ein paradiesischer Moment, in dem eine Art von Sicherheit und Verläßlichkeit entsteht, die nichts mit Gier oder einer Abhängigkeit vom andern zu tun hat, sondern in dem Freiheit und Gleichheit herrscht. Eine Zusammengehörigkeit, die, wie Bachmann andeutet, eine Möglichkeit ist, aber wahrscheinlich keine Chance hat, denn dies spielt sich ja an einem Ort ab, der demnächst einem wirtschaftlichen Unternehmen wird weichen müssen.

12. Das Nichtvergessen

Entscheidend ist das Nichtvergessen und, daß wir die «Fossile» erkennen und als solche demaskieren, immer wieder, aber dafür die Gemeinschaft mit Gleichgesinnten pflegen. In einem Film von Steven Spielberg, der sehr ergreifend ist, «The Empire of the Sun», zeigt der Regisseur nicht nur die Grauen von Krieg und Gewalt auf, sondern auch die Solidarität zwischen Menschen in einer Gemeinschaft, durch die sie überleben können. Und doch kehrt der Junge, der Hauptdarsteller des Films, zum Schluß zu den ewig Gestrigen, den Fossilen, zurück. Aus Sentimentalität? Aus Angst, grausam zu erscheinen? Oder weil er, wie Bachmann, zeigen will, daß die Opfer im Krieg umsonst gewesen sind, daß es nichts Neues gibt?

Durch die kriegerische Invasion der Japaner in China im Jahre 1941 wird der britische Junge, der in Reichtum und Luxus englischer Kolonialpracht aufwächst, von seinen Eltern getrennt. Der japanische Überfall auf Pearl Harbor und der Kriegsbeginn im Pazifik bewirken, daß sich das Kind allein durchschlagen muß.

Der Junge erlebt Hunger, Tod und Morden, aber auch mitmenschliches Verhalten, das er zu Hause nicht gesehen hatte. In diesem Krieg wird er zu einem Überlebenden, der nicht nur Härte, sondern auch Zartheit, Mitleid und Menschlichkeit entwickelt. Er ist einer, der trotz allem, was er durchlebt hat, nie Opfer war, keine einzige Minute, weil er die Kraft hatte, zu handeln, Essen zu stehlen, zu tauschen, andern zu geben, Liebe zu erwecken und zu kämpfen, Freundschaften zu schließen und Treue zu halten, sogar denjenigen, die ihn zeitweilig enttäuscht und verraten hatten.
Am Schluß des Krieges erlebt er ein «Weißes Licht», das er für die Handschrift Gottes hält, bis er erfährt, daß er das Licht der ersten Atombombe gesehen hatte.
Der Film endet damit, daß er mit vielen kleineren und größeren Kindern in einem Auffanglager, das von adretten Schwestern geführt wird, auf seine Eltern wartet. Viele suchen und holen ihre Kinder ab. Auch seine Eltern kommen, gekleidet ähnlich wie früher, elegant und britisch mit Hut und Mantel stehen sie da. Der Junge erinnert sich langsam an sie, es gibt ein Erkennen und Wiederzusammengehen. Man denkt: eigentlich kann dieser Junge, der so viel Mut und Tapferkeit und Treue erfahren und selber bestanden und eine Wende der Geschichte als Zeuge miterlebt und erlitten hat, der gehungert hat und fast verdurstet ist, der Menschen geholfen hat, in Würde zu sterben, der gestohlen hat, um selber durchzukommen und anderen etwas abzugeben, der kann doch nicht zu *diesen* Eltern zurück! Man erwartet am Schluß, daß der Junge die Eltern sieht und wegläuft oder sich in einer anderen menschlichen Form von ihnen verabschiedet, jedenfalls, daß er sich von dieser Welt, die durch die Eltern dargestellt wird, trennt, denn wie kann er in dieser alten Gemeinschaft wieder leben!
Vielleicht waren die Schrecknisse, die der Junge im Krieg, die Franza unter dem Nationalsozialismus und in der Liebe, auch mit Jordan, mitgemacht hatten, zu groß gewesen. Geschwächt von den Erlebnissen der Gewalt und desillusioniert vom Nach-

folgenden, waren die Kräfte verbraucht, und ein neues Leben, zu dem Tatkraft und Mut nötig gewesen wären, war nicht mehr möglich.

13. Die Beziehung zwischen Frau und Mann

Die Beziehung zwischen Mann und Frau, zwischen Menschen überhaupt, ist durch Machtgefüge schwer gestört. Sie war es wahrscheinlich immer gewesen, sie tritt nur mit der Bewußtwerdung des Menschen, auch durch die Frauenbewegung und durch den nach dem Zweiten Weltkrieg verspielten Frieden, immer deutlicher in den Vordergrund. Während für Hofmannsthal «der Weg ins Soziale» noch in der Ehe, in der Dauer und Treue lag, ist für Bachmann nach den Erlebnissen im Zweiten Weltkrieg sowie nach dem versäumten Frieden die Beziehung zwischen Mann und Frau nicht möglich. Unlösbar scheint Unglück und Glück, Anklammerung und Loslassen in der Beziehung zwischen Mann und Frau. Es gibt noch keinen «neuen Mann», der zu den Frauen heute eine Beziehung haben kann. In einer ihrer letzten Erzählungen «Drei Wege zum See» schreibt sie, solange es diesen «Neuen Mann nicht gab, konnte man nur freundlich sein und gut zueinander, eine Weile. Mehr war nicht daraus zu machen, und es sollten die Frauen und die Männer am besten Abstand halten, nichts zu tun haben miteinander, bis beide herausgefunden hatten aus einer Verwirrung und der Verstörung, der Unstimmigkeit aller Beziehungen. Eines Tages konnte dann etwas anderes kommen . . .»

14. Noch einmal Gemeinschaft

Es gibt nur jeweils kurze Erlebnisse von Gemeinschaft und Solidarität, die es möglich machen zu überleben, wie die von Wadi Halfa. Erlebnisse, die kommen und wieder verschwinden: «Ich bin also zu einer Predigt gekommen, die niemand gesprochen und unter keinem Tempeldach gehalten hat, zur Predigung der Wüste und unformulierter Gesetze, zu Schlucken, Bissen, Gängen... die auf ihre Stunde gewartet haben, auf das mystische Zusammengehen von Einatmen, Ausatmen, Gehen und Ruhen, auf das Halleluja des Überlebens im Nichts...»

Der seelische Ort der Gemeinschaft, der durch das gemeinsame Mahl in Wadi Halfa geschaffen wurde, ist nicht von Dauer, sondern ein Ausnahmezustand: «Ich fahre nach Wadi Halfa. Daran kann ich mich klammern. Denn es wird untergehen (...).» In gewisser Weise ist es ein Niemandsland, und nur dort ist das kurze Glück, ist Utopie und Realität zugleich. Und doch gibt Wadi Halfa die Gewißheit, daß Gemeinschaft in Gleichheit ohne Klammern an und Spekulieren auf Sicherheit möglich ist, und zwar dann, wenn die Erscheinung, die Macht des schrecklichen (Gott)-Vaters überwunden ist.

Medea – Die Dunkle – Die mit dem guten Rat

«Unheimlich bin ich ihnen,
doch können sie nicht sagen, warum.
Ich weiß es: Ich bin unter ihnen nicht heimisch.
Wo ich zu Hause bin, gibt es
die Liebe nur um den Preis des Todes.»
Christa Wolf

1. Abstammung

Homer hat nicht von ihr gesungen, aber Pindar zelebriert sie als die göttliche Tochter des Aietes, eine, die mit Zauberkünsten umgehen kann, die spricht, «brausend von göttlichem Geist, ausblies von unsterblichen Lippen, der Kolcher Fürstin.»[1] Sie ist eine Gestalt, die fasziniert und vor deren Wesen man Ehrfurcht hat, deren Dunkelheit aber auch Grauen erweckt.

Die *Kindesmörderin* Medea war eine Kreation des Euripides, ein Produkt patriarchaler Kultur, während sie in den pre-euripideischen Erzählungen keine Mörderin, sondern eine Kindesversteckerin ist.

Medea ist von göttlicher Herkunft. Ihr Vater Aietes war Herrscher von Korinth, das er von seinem Vater Helios (Sonne) erhalten hatte, ein Reich, das damals als Zentrum der Welt angesehen wurde, und erst später zog er sich in das ferne Kolchis zurück, in ein Land, das Aia hieß und nahe dem Aufgang der Sonne lag. Medeas Mutter war Idyia, die «Wissende» oder auch mit einem anderen Namen Neaira, die «Neue», beides sind Namen, mit denen der Mond benannt wird.[2]

Medea – ihr Name bedeutet «Die mit dem guten Rat» – vereinigt

in sich die Kraft und sonnenhafte Ausstrahlung, die sie als Enkelin des Helios besaß, mit dem dunklen Wissen um Zauber und Heilkunde, das sie von der Mutter gelernt hatte. Am goldenen Glanz ihrer Augen erkannte man sie als Verwandte der Sonne, und gerade diese Sonnenhaftigkeit verband sie mit dem Nächtlichen des Mondes, mit geheimer Zauberkunst, denn Medea war Priesterin der Hekate. Hekate ist eine Unterweltsgöttin, eine Tochter der Nacht, und wurde als dreifaltige Göttin, nämlich als Gebieterin über Erde, Meer und Himmel, verehrt. Als Phosphoros, die Lichtträgerin, ist sie eine Kraft, die Helligkeit in die Dunkelheit bringt, die Gebärenden beisteht und ein tiefes unterweltliches, weibliches Wissen besitzt, vor dem alle Ehrfurcht haben. Von ihr, die auch Göttin der Totenreichs war, lernte Medea noch mehr über Gift, Kräuter und Heilkunde. Manchmal wird Hekate auch als Mutter Medeas angegeben. So war Medea mit dem nächtlichen Wissen verbunden.
Solches Wissen macht einsam und zurückhaltend. Es hieß, Medea war schüchtern und scheu, deshalb sandte Aphrodite Jason einen Liebesvogel, den bunten Wendehals, der an ein Sonnenrad geflochten war. Mit diesem Vogel und seiner Magie, die Jason «die Kunst der beschwörenden Verführung» lehrte, gebot Aphrodite ihm, Medea zur Liebe zu verführen, auf daß er ihr die Schüchternheit und Scheu vor den Eltern nehme. Der Zauber Aphrodites wirkte, und Medea wurde von einer Liebe für Jason und der Sehnsucht nach Griechenland ergriffen. So folgte sie Jason aus einem göttlichen Zwang heraus und nicht aus freiwilliger Liebe. Oft ist eine unverständliche und unglückliche Liebesbeziehung die Ursache, daß eine Frau sich vom Elternhaus lösen kann. Der Weg der Loslösung vom Elternhaus, besonders von so einem machtausübenden, geht für die Frau sehr oft über einen Helden: Sie muß ihm folgen – aus einem inneren Zwang heraus, den sie nachher selbst nicht mehr versteht. Das ist Aphrodites Gabe des bunten Vogels Wendehals.
Medea, von vehementer Liebe zu Jason ergriffen, hilft dem Helden in Kolchis bei seiner Aufgabe, das goldene Vlies, das im Be-

sitz ihres Vaters ist, dem bewachenden Drachen durch Zauber zu entwenden. Auch andere Proben, die Aietes ihm, Jason, aufgibt, bewältigte er mit ihrer Zauberhilfe.
Es wird erzählt, Medea habe ihren kleinen Bruder aus der Wiege genommen und ihn mit auf Jasons Schiff, Argo, gebracht, um ihn dann zu zerstückeln und ins Meer zu werfen. Diese Tat sollte den Vater von der Verfolgung abhalten, denn, bis Aietes die Stücke aus dem Meer holte und sie wieder zusammensetzte, war die Argo entkommen.[3]

2. Als Barbarin in der Fremde

Diese Geschichte zeigt, daß die Frau nicht nur die göttliche Hilfe des Liebeszaubers braucht, sondern auch Härte und Entschlossenheit, um sich von der Macht des Vaters und der Mutter zu befreien. Der Brudermord stellt eine andere Seite gewaltsamer Trennung von der Familie dar, der ihr den Weg in die Fremde möglich macht. Von ihrem Ursprung trennt sie sich jedoch nie, denn zeitlebens wird Medea später in Griechenland eine Fremde, eine Außenseiterin bleiben. Sie bleibt auch dort ihrem Ursprung treu. Außenseitertum hat etwas mit Treue zu sich selbst zu tun. Indem Medea mit Jason zieht, folgt sie dem Väterlich-Sonnenhaften, denn Jason war ein Lichtheld. Aber sie nimmt das Wissen der dunklen Mutter nach Griechenland mit.
Noch auf dem Weg, in derselben Nacht, wird die Hochzeit von Hera für Medea und Jason in einer Höhle bereitet. Sie ziehen dann zusammen nach Korinth, in die ursprüngliche Sonnenheimat Medeas, und leben dort jahrelang zusammen. Aber Medeas Leben wird überschattet, weil sie als «Barbarin» und Zauberin den Griechen nicht willkommen ist. Und so kommt es schließlich, daß König Kreon Jason seine Tochter Kreusa als Gattin anbietet. Jason nimmt an und verstößt Medea. Doch Medea, die Jason noch liebt, tötet, nach Euripides, die neuerwählte Gattin Kreusa und ermordet ihre eigenen Kinder, um sich so an Jason

zu rächen. Sie selbst, von Jason und den Griechen nun vollends ausgestoßen, prophezeit ihrem Gatten den Tod. Hernach steigt sie in einem Drachenwagen zum Himmel auf, um zu Helios, ihrem Ahn, aufzufahren.

3. Medeas Zauberkunst ist unheimlich

Der Weg Medeas geht also von der Loslösung des Elternhauses über die Vereinigung mit dem Sonnenhelden Jason. Für ihn muß sie ihre eigenen Gaben weitgehend opfern und die Außenseiterinnenrolle, die sie in Griechenland innehat, ertragen. Ihre Zugehörigkeit zu den zwei Welten, der bewußten Tagwelt als Jasons Ehefrau und Mutter ihrer Kinder und ihr Wissen um dunklen unterweltlichen Zauber, machte sie unheimlich. An den Altären der Hekate «besänftigt sie die Gottheiten der Erdentiefe», heißt es bei Ovid. Noch bevor sie nach Korinth kommt, verjüngt sie den greisen Vater Iasons, indem sie «mit offenem Haar, wie eine Bacchantin ... die brennenden Altäre umkreist, taucht die fein gespaltenen Fackeln in die schwarze Blutgrube, entzündet sie dann auf den zwei Altären und reinigt den Greis dreimal mit Feuer, dreimal mit Wasser und dreimal mit Schwefel. Inzwischen siedet das starke Zaubermittel im aufgesetzten Kessel, brodelt und wird weiß von aufquellendem Schaum. Dort läßt sie Wurzeln, die sie im haemonischen Tal geschnitten hat, Samen, Blüten und schwarze Säfte kochen. Sie gibt noch Steine aus dem fernen Osten hinzu, über den das zurückströmende Wasser des Ozeans hinspülte. Dazu Rauhreif, gesammelt in einer Nacht, in welcher der Mond nicht unterging, die verrufenen Flügel und das Fleisch der Vampireule und die Eingeweide des Werwolfs ... Nachdem die Barbarin mit diesen und tausend anderen Dingen, die keinen Namen haben, ihr übermenschliches Unterfangen vorbereitet hatte, rührte sie alles mit einem schon längst verdorrten Ast des friedlichen Ölbaums um und mischte das Unterste mit dem Obersten. Siehe, da wird der alte

Stock, der sich im heißen Kessel im Kreis bewegt, zuerst grün, bald darauf belaubt er sich und wird plötzlich schwer von schwellenden Oliven.» Der Greis, ihr Schwiegervater, steigt verjüngt aus dem Bad heraus.[4]

Diese Verjüngung von Jasons greisem Vater ist so zu verstehen, daß Medea die Fähigkeit in sich hat, alte männliche Kräfte zu verjüngen. Es ist leicht zu verstehen, daß die Macht, mit der Medea operierte, auch wenn sie sie in Griechenland zunächst nicht mehr anwendete, den «aufgeklärten» Griechen unheimlich war. Weibliches Wissen und Tun, das heilend ist und nicht analysierend, konfrontativ und nicht beschwichtigend, wurde in dieser Gesellschaft damals wie heute als hexenhaft gefürchtet. Ihre Fähigkeit, andere zu zerstückeln und zu verjüngen, entspricht auch den älteren Medea-Geschichten, die vor Euripides galten. Denn es gab auch die Version, daß sie die Kinder zerstückeln und wieder zusammensetzen konnte, ihre Kinder im Hera-Heiligtum versteckte und dort verjüngte, um sie unsterblich zu machen. Es ist dies eine sonnenhafte Tätigkeit, die sie, Medea, die Zauberin, ausführen konnte.

Die Version des Euripides, die Medea als Mörderin darstellt, sei hier kurz besprochen. Bevor sie den Schritt der Kindestötung tut, ruft Medea ihre Lehrmeisterin, Hekate, an. Durch diese Anrufung sammelt sie ihre dunklen, in Griechenland verlorengegangenen Kräfte und bindet diese wieder an sich:

«Sie seien tot denn: welche Stadt nimmt mich denn auf?
Wo bietet wohl sein Land, sein Haus ein Freund mir an
Als sichre Zufluchtsstätte, schirmt mich Flüchtige?
Ich habe niemand! . . .
Doch treibt ein blindes Mißgeschick mich aus dem Haus,
So greif ich nach dem Schwerte, muß ich sterben auch:
Ich will sie töten, wage kühn die kühnste die Tat.
Denn wahrlich bei der Göttin, die vor allen ich
Verehre, die zur Helferin ich mir erkor,
Die wohnt in meines Herdes Grund, bei Hekate.»[5]

Daß Euripides Hekate im Augenblick des Entschlusses, die Kinder zu töten, einbringt, zeigt, wie er Unterwelt mit Tod in Verbindung bringt, was unrichtig ist. Denn obwohl sie, Hekate, eine dunkle Unterweltliche ist, sorgt sie für Lebenserhaltung, kommt Gebärenden zu Hilfe und kennt sich mit der Heilkunst aus. Euripides setzt seine tendenziöse Gesinnung schon in der nächsten Strophe fort, wo er Medea sagen läßt:

«. . . auch erschuf Natur
Uns Frauen wohl in edlen Künsten ungeschickt,
In allem Bösen listig und erfinderisch.»

4. Sexualität und Macht

Aber Jason hat nicht nur die Ehe verletzt, er hat auch die Liebe verleugnet, um der Macht willen. Zutiefst wurde Medea von Jason getroffen. Durch Aphrodites Liebesvogel war sie zur Leidenschaft für Jason entfacht, um dann als unbequeme Barbarin von ihm wegen einer anderen Frau, einer griechischen Königstochter, die ihm Macht und Ansehen versprach, verlassen zu werden.

Es ist für Medea eine entsetzliche Demütigung, verlassen zu werden, und Jason kann das überhaupt nicht verstehen! Um sich selber von allem freizusprechen, reflektiert er nicht seinen Anteil, sondern klagt die Leidenschaftlichkeit Medeas an. Das weibliche Begehren ist für ihn fürchterlich, weil es ihn einengt, seinen Machtwünschen und seinem «Freiheitsdrang» im Wege steht:

«Nicht heute hab ich's erst erkannt, nein, öfter schon:
Ein unbezwingbar Übel ist die Leidenschaft.»[6]

Daß diese Leidenschaft ihm geholfen hat, das goldene Vlies zu holen und Aietes zu entkommen, hat er vergessen. Jetzt steht Medea seinen Wünschen entgegen.

Darüber hinaus ist sein Eros sicherlich verkümmert, da er sich längst von der Liebe getrennt hat. Auf Medea projiziert er seine eigenen unbefriedigten Triebe, seine Leidenschaftlichkeit, die längst erloschen ist und die er dann bei ihr verhöhnt. Was er bei sich nicht erleben will, muß er an ihr sehen. Auch will er Kreusa nicht aus Liebe, sondern aus Machtmotiven heiraten:

«Dies darfst du glauben: nicht aus Lieb erkor ich mir
Die Königstochter, die sich nun die meine nennt.»[7]

Am Schluß, als Jason vom Tod der Kinder erfährt, ist er fassungslos. Er versteht nicht, daß diese Tat irgend etwas mit ihm zu tun hat, denn für ihn ist es selbstverständlich, daß politische Macht und sozialer Aufstieg Vorrang haben. Er versteht Medea, für die Sexualität und Leidenschaft entscheidend sind, nicht: «‹Nur weil ich dein Bett verließ?› Der Abgrund, der Mann und Frau voneinander trennt, tut sich finster auf, als Medea antwortet, ‹Nur? Nicht für eine Frau!›»[8]
Medea hat durch ihre Tat die Tradition, daß Mutterschaft und Kinder die Daseinsberechtigung der Frau seien und daß eine Frau mit Kindern auf Sexualität und Leidenschaft zu verzichten habe, verlassen. Die Idee, daß eine Frau, wenn sie einmal Mutter ist, in dieser Rolle ganz aufgehen muß, ist eine patriarchale, die weibliches Sexualleben entwertet, ja sogar negiert, und dem Mann dadurch Macht über ihr Leben gibt. «In jedem Fall», schreibt Silvia Vegetti Finzi, «muß sich die Frau bis zur völligen Selbstaufgabe aufopfern ... Damit dies geschehen kann, muß die Frau alle positiven Werte auf den anderen, auf den Mann, projizieren, den sie zu ihrem Ein und Alles, zu ihrem Gott macht ... Diese Option beinhaltet die Auslöschung der Sexualität im Gefühl, die Negation des Körpers zugunsten der Seele ... Hiermit erreicht die Asymmetrie zwischen Mann und Frau ihren Höhepunkt.»[9]

5. Wut und Rache

Die Tötung der Kinder aus Rache ist gegen Jason gerichtet. Medea erklärt, daß sie Jason damit wenigstens noch einmal emotional erreichen will, ihn, den unerreichbar Gewordenen. Die Götter anrufend sagt sie:

«O Zeus, o Dike, Tochter Zeus', und Helios!
Ruhmvoll besiegen werd ich meine Feinde nun, ...
Was nützt das Leben? Fahr es hin! Kein Vaterland,
Kein Haus mir offen, keine Rettung aus der Not! ...
O wähne niemand, daß ich schwach und feige sei
Und ruheliebend; immer war ich andrer Art,
Furchtbar den Feinden und den Freunden wohlgesinnt.»[10]

Leidenschaftlich versucht Medea alles, um die Demütigungen, die ihr von Jason und dem Vater Kreusas, König Kreon, zuteil werden, dadurch zu verhindern, daß sie an Jasons Seite bleiben kann, aber als das nicht geht, schließt sie keine Kompromisse. Gedemütigt und heimatlos kann sie jetzt Wut und Haß äußern und kann sich dadurch befreien und lösen. Sie ist nicht «ruheliebend» wie Frauen, die in alten Strukturen geborgen bleiben wollen, sondern sie ist «furchtbar» gegen den Feind. Daß Medea nicht zu einem Opfer wird, verdankt sie ihrer geäußerten Wut und den offengelegten Rachegefühlen. Diese Gefühle sind ihre einzige Möglichkeit, sich zu schützen. Sie retten sie vor dem Untergang! Franza mußte sterben, weil sie solche Gefühle nicht erleben konnte.

Solange diese Leidenschaften immer unterdrückt werden, und das geschieht meist, weil sie als unweiblich gelten, wird die Frau masochistisch und selbstzerstörerisch. Mangelnde Bewußtheit eigener Talente hängt oft bei der Frau mit ihrer masochistischen Rolle zusammen. Dadurch delegiert sie ihre eigene Macht an die anderen. Medea tut dies nicht. Sie läßt ihren Haß zu und kommt so aus dem Zustand von erstarrter Machtlosigkeit heraus und kann den destruktiven seelischen Ort verlassen. Das Töten der unschuldigen Kinder als konkreter Akt wäre nicht nur zerstörerisch, sondern auch selbstzerstörerisch. Ich verstehe diese Tat aber als ein Wegschaffen der Kinder aus dem vergifteten Umfeld, in dem sich Medea zuletzt bewegen mußte. Weiter unten wird dies noch deutlicher werden, wenn ich von den anderen Versionen der Medea-Geschichte spreche.

Sicherlich ist die Art, wie ihre Rache als Reaktion auf Jasons Verrat bei Euripides dargestellt wird, auch extrem frauenfeindlich eingefärbt. Aber wichtig daran für uns ist, daß sie mit dieser schrecklichen Tat eine extreme und verzweifelte Form weiblichen Aufbegehrens gegen männliche Lieblosigkeit darstellt. Medea ist ein Gegenbild zu Franza. Dieses Aufbegehren erlaubt ihr, «bedingungslose Liebe» zu hinterfragen. Sie ist nicht jene «romantische Frau», von der Finzi spricht, die «durchdrungen vom Wert und Sinn bedingungsloser Liebe . . . den Geliebten zu jeder Form von Verantwortungslosigkeit, infantilem Egoismus und rücksichtsloser Selbstverwirklichung [ermächtigt].»[11]

Ihre Wut hat zunächst das konkrete Ziel, Jason emotional wenigstens noch einmal zu erreichen, ihn, der sie verachtet und gedemütigt hat, der ihr die Kinder nehmen wollte und ihr sagen konnte:

«Was bedarfst du Kinder noch? . . .
Doch also seid ihr Frauen: wenn der Ehe Bund
Durch nichts getrübt wird, fühlt ihr euch vollkommen wohl;
Wenn dann ein Unfall euer Glück zu stören droht,
Gilt euch das Beste, Schönste für das Feindlichste.
Nachkommen schaffen sollten sich auf anderm Weg
Die Menschen, nicht mehr sollte sein der Fraun Geschlecht:
So träfe niemals Ungemach die Sterblichen.»

Jason scheint nicht zu wissen, *zu wem* er diese Worte spricht. Medea kann er damit kaum gemeint haben, sondern die Projektion seiner eigenen Wunschvorstellung, nämlich, daß die Frau vom Mann abhängig bleiben muß. Vergessen war, daß Medea seine mutige Retterin gewesen ist. Medea:

«Ich habe dich gerettet, wie ja jeder weiß,
... Als feueratmender Stiere Joch zu lenken du
Gesendet warest und die Todessaat zu streun.
Den Drachen, der in vielgewundnen Ringen sich
Ums Goldne Vlies wand und es schlaflos hütete,
Erschlug ich: also strahlte dir der Rettung Licht.»[12]

6. Medeas Triumph

Ihr Triumph ist «das Vollziehen von aggressiven, zornigen und destruktiven Affekten ...»[13], anstatt sich in Depression zu verlieren. Sie lebt den Konflikt aus, der zwischen weiblichem Haß, der dunklen Seite des Weiblichen, und dem von männlichen Werten sozialisierten Selbst der Frau besteht.
Die Lebensenergie hat sie und auch den Mut, sich aufzumachen auf den Weg der Freiheit, der sie nicht nur zu einer Außenseiterin macht und auch wieder zu einer Heimatlosen; ihr Lebenswille bleibt doch ungebrochen.
Es gibt heute auch moderne Medeas, die aus irgendeinem kulturell oder psychologisch bedingten Grund ihr Feuer, ihre Leidenschaften, ihren Haß nicht zeigen dürfen und so Gefangene ihres Selbst sind. Eine Frau drückte es einmal so aus: «Ich bin nie aufgewachsen, ich bin einfach größer geworden, stärker, vielleicht auch mutiger und autonomer. Aber in Männerbeziehungen geriet ich immer an irgendwelche Liebhaber, bei denen ich die brave und die bewundernde Tochter spielte. So fand ich Männer, die mich verachten konnten, ja, die mich haßten. Aber *ich* konnte sie nie hassen – ich mußte mir doch immerfort beweisen, daß der Mann, mit dem ich gerade war, *doch* gütig, großzügig, nobel ist, wie es mein Vater gewesen ist. Erst *mein* Haß befreite mich von Männern, die Frauen hassen.»

So geht Medeas Geschichte uns auch heute etwas an: Um sich von der Mutter zu trennen, muß sie dem Helden folgen, um sich vom Väterlichen zu trennen, muß sie den Helden wieder verlassen.

7. Die andere Geschichte

In der voreuripideischen Version tötet Medea ihre Kinder nicht, sondern bringt sie in die Burg auf Akrokorinth in Heras und Aphrodites Heiligtum, um sie unsterblich zu machen. In einer Geschichte zerstückelt sie die beiden, um sie unsterblich zu machen, in der anderen Version versteckt sie sie. Das Motiv der Zerstückelung im Dienst des Neuzusammensetzens ist eine Wiedergeburtsidee, die mit dem Lauf der Sonne zu tun hat. Medea als Enkelin der Sonne beherrschte diese Kunst, wie alle Verwandten des Helios. Hier ist der Mythos so zu verstehen, daß Medea die Kinder dem Zugriff Jasons entzieht und sie von jenen Mächten entfernt, die normativen Machtstrukturen und alten Denkansätzen huldigen. Für das Weibliche heißt das, daß alte Formen des Kreativen erneuert werden müssen, damit die schöpferischen Kräfte (Kinder), die dann diesem dunklen Weiblichen allein angehören, neu entstehen können. Daß dies im Heiligtum der Göttinnen Hera und Aphrodite, der Hüterin der Ehe und der Göttin der Liebe geschieht, ist ein Zeichen, daß sie, die Göttinnen, mit Medea einverstanden sind. Das göttliche Weibliche hat sich mit der Kindeszerstücklerin solidarisiert. Medeas Rache ist auch Heras und Aphrodites Rache! So wird im Tempel der Aphrodite durch die Zerstückelung und das Unsterblichmachen der Kinder dieser fehlende Erosaspekt wieder hergestellt.
Das neue Weibliche kann erst dann aufkommen, wenn es in seine eigene Dunkelheit heruntergestiegen und davon wieder zurückgekehrt ist. Danach ist die Frau eine andere, wie Inanna, die zurückkam von der Unterwelt mit den «Augen des Todes»; Medea, die durch Verlassenheit, Einsamkeit, Ächtung gegan-

gen ist, hatte sich gewandelt, von der Elterngebundenheit über die Ehefrau zur autonomen Persönlichkeit. Medeas Rachetat hat sie für eine Weile noch an Jason gebunden, aber gleichzeitig war es die einzige Möglichkeit, nicht in masochistischer Weise ihre Aggressionen gegen sich selbst zu kehren.
Nach Erlangung der Autonomie durchlebt Medea zwar zunächst eine Desorientiertheit, aber sie findet sich selbst. Wenn man Opfer bringt, ist man nicht mehr selber Opfer seiner Wünsche, Illusionen, Begierden. Medea opferte zunächst die Gebundenheit an ihre Familie, symbolisch dargestellt am Mord ihres Bruders; damit zerschnitt sie die Bande der Familie. Und dann lebte sie an der Seite Jasons in der Fremde, als «Barbarin» in Griechenland. Als sie dort verhöhnt und erniedrigt werden sollte, ließ sie es nicht zu und ging den Weg der Außenseiterin. Medea, Priesterin der Hekate, Tochter der Mondgöttin und Enkelin des Helios, Zauberin und Heilerin, war nicht dazu geschaffen, im patriarchalen Griechenland betrogene Ehefrau und Mutter zu sein. Die Beseitigung ihrer Kinder, die Flucht mit ihnen bedeutet, daß Medea die traditionelle Gattinnen- und Mutterrolle wieder aufgibt. Sie mußte den Helden verlassen, der Held sie.
Medea wie auch Ariadne erfahren die beiden Arten von Scham, von denen Christa Wolf spricht: die, gewählt zu werden, und die, sitzenzubleiben.[14] Sowohl Ariadne wie Medea wurden vom Helden gewählt, benutzt und wieder verlassen. Es ist dies ein Muster, das notwendig zu sein scheint in der Gesellschaft, auch für die Frau: Ihre Wandlung geht über die Rolle der Geliebten oder Frau des Helden, über die Mutterrolle hin zum Eigenen. Vorher ist sie eine Heimatlose.

8. Das Muttersein

Nicht nur die Rolle der Frau als Begleiterin des Mannes, auch das Muttersein ist bei uns von einem Mythos, einem Kult, umgeben. Bis vor kurzem gehörte es zum Selbstverständnis einer

Frau, auch Mutter zu sein, sonst war sie in den Augen der Gesellschaft wie auch in ihrem eigenen Verständnis minderwertig, nicht vollständig. Nur als Mutter fühlte sich die Frau sinnvoll in das soziale Netz der Gesellschaft aufgenommen. Eine Mutter, so lautet der Mythos, hat aufopfernd zu sein, immer um das Wohl der Kinder besorgt soll sie ihr Eigenes zurückstellen; ähnlich wie der Held soll sie immer im Einsatz sein. Dadurch wird sie zu jenem Bild, das sich der patriarchale Mann von ihr, im Gegensatz zur «Hure» und Verführerin, gemacht hat: «wohltuend, heilig, rein, asexuell, nährend».[15] Diese Gespaltenheit konnte nur um den Preis der Frauenverachtung auf seiten des Mannes und von Schuldgefühlen bei der Frau aufrechterhalten werden. Außerdem verstärkt sie die infantile ewige Sohnhaftigkeit des Mannes. Das beginnt sich zu ändern. Finzi sagt hierzu: «Die Frau akzeptiert nicht länger ihren Körper und seine Reproduktionsfähigkeit als Ort schicksalhafter Bestimmung. Dies um so mehr, als die männliche Kultur die Aufgabe des Mutterseins als Alibi für die Rechtfertigung und für die Dauer ihrer gesellschaftlichen Unterordnung benutzt.»[16]

Mit dem Begriff der bösen, der sogenannten «Schrecklichen Mutter» und des sogenannten «Verschlingenden Weiblichen», wird die Frau eingeschüchtert und terrorisiert. Archetypisches wird da mit personalen Eigenschaften der Frau verwechselt und so dargestellt, als ob das «böse» Weibliche nur in der Frau, nicht aber auch im Mann wäre. Kann die Frau diesem Bild der «guten Mutter» nicht nachkommen, meint sie gleich, die böse Verschlingende zu sein. Dies verstrickt sie in Schuldgefühle, sie kommt sich schlecht und machtlos vor und verhält sich auch so. Die Mutlosigkeit, die viele Frauen überfällt, wenn sie Macht ausüben sollen, hängt mit der Angst, als aggressive Frau oder böse Mutter bezeichnet zu werden, zusammen. Margarete Mitscherlich drückt es so aus: «Folglich fällt es vielen Frauen schwer, mit Macht umzugehen. Sie vermeiden es ängstlich, irgendwelche Positionen, die sie in Verbindung mit Macht und Einfluß bringen können, zu übernehmen. Vermutlich nehmen sie die psycho-

analytischen Vorstellungen von der Allmacht der Mutter, wie sie für das Erleben des abhängigen Kleinkindes bestehen, als gesellschaftlich real hin. Kindliche Phantasie und Realität werden einander gleichgesetzt . . .»[17]
Medeas Verhalten zeigt uns, daß diese Ideologie auch in einer männlichen Kultur überwunden werden kann, und welches der Preis ist: Offene Auseinandersetzung anstatt masochistischer Demutshaltung und permanenter Abhängigkeit. Medea lehrt uns den Umgang mit Liebesverlust.

9. Das Muttersein – ein Komplex?

Nicht nur in der Psychologie, auch in laienhaftem Psychologisieren ist es Mode geworden, daß fast jede menschliche Fehlentwicklung und jedes menschliche Unglück, nicht nur das des Kleinkindes, sondern auch des Erwachsenen, das ganze Leben lang bei einem Fehlverhalten der Mutter gesucht wird. Durch diese Schuldzuschiebung wird die Frau weiterhin in jenem Abseits gehalten, aus dem sie versucht, herauszukommen. «Mit dem Slogan ‹Die Mutter ist an allem schuld› wurden Frauen erneut mit Schuldgefühlen überhäuft und zurück in die Rolle der abhängig Dienenden gedrängt.»[18]
Wenn an der Idee, daß die Mutter an allem schuld sei, festgehalten wird, dient dies einer Gier, alles, was man nicht bekommen hat, nachholen zu wollen. Die Forderung, daß die Frau, besonders als Mutter, aber auch als liebende Ehefrau, nie versagen darf, wurde von Medea durchbrochen. Sie reagierte nicht mit depressiven Schuldgefühlen, was Frauen in solchen Situationen zu tun pflegen, «was ihre Neigung, abhängig von den Meinungen und der Zuwendung anderer zu sein, noch verstärkt; allzu große Abhängigkeit ruft wiederum untergründige Aggressionen wach, auf die erneut mit Schuldgefühlen reagiert wird.»[19] Medea verhielt sich anders.
Hinter dieser festgelegten Rolle, die die Frau als Mutter in unse-

rer Gesellschaft lange innehatte, ist teils versteckter, teils offener Frauenhaß zu spüren. Wir kennen die Glorifizierung des Muttérseins im Faschismus und im Christentum. Da ist auf der einen Seite die faschistische Ideologie der Mutterverehrung, weil Söhne für den Krieg gebraucht werden. Die christliche Ideologie, die aus der Frau eine Unaggressive, Verklärte macht – im Grunde aber eine lächerliche Figur, stellt eine Abwehr der männlichen und weiblichen Ängste vor dem Potential der Frau dar und weist auf das Bedürfnis hin, das Dunkle unbedingt unter Kontrolle zu halten. Margarete Mitscherlich zitiert den Bundeskanzler Kohl aus einem Interview, in dem er bekennt: «Meine Hochachtung gehört unseren Müttern ... die ein Leben lang ihre Pflicht getan haben, ohne zu protestieren. Die nie demonstrieren konnten – gar nicht wissen, wie das geht.» «Protest», schreibt Mitscherlich, «scheint für den Bundeskanzler etwas Schlechtes, Anrüchiges, ja fast Obszönes zu sein, vor allem, wenn er von Frauen kommt.»[20]

Wir finden Mutter und Frauenhaß auch bei der Frau. Da ist er als unbewußte Identifikation mit der männlichen Frauenangst zu verstehen.[21] Jener Haß stellt die Angst des Mannes und der Frau vor ihren eigenen Abhängigkeitswünschen dar, die von ihnen nicht zugelassen werden können. Diese äußern sich dann in dem beschriebenen männlichen Verhalten. Jason verleugnet seine Abhängigkeit von Medea, indem er nach höherer und weiterer Macht greift und die Königstochter Kreusa freit. Er hat Angst vor Medea und ihrer Dunkelheit und läuft weg vor ihrem Potential, ihrem dunklen Wissen um Unterweltliches, und rettet sich zu der konventionellen Kreusa, die als Vaterstochter für ihn emotional sicherlich ungefährlich ist. An Medea stellt er eine Double-bind-Forderung: Sie soll ihm «gute Mutter» sein, indem sie ihn zur Neuen, zur Königstochter, klaglos ziehen läßt. Er mutet ihr aber auch zu, sich von ihren Kindern zu trennen, also «böse Mutter» zu sein.

Hillman sagt, daß eigentlich die böse Mutter die gute sei, und begründet es damit, daß die in unserer Kultur übliche Idealisierung des Mutterbildes sich langsam als leer und nichtssagend erweist. «The idols fall; the supportive saints fade. She awakens only to see that good images have bad effects. And, as the good reveals the badness, so the deepest experience of her badness (her inferiority and failure) proves to be where her goodness actually resides.»[22] («Die Idole stürzen; die unterstützenden Heiligen verblassen. Sie [die Frau] wacht auf, nur um zu erkennen, daß gute Bilder böse Effekte haben können. Und in dem Maße, wie das Gute das Böse zum Vorschein bringt, erweist sich, daß in der tiefsten Erfahrung ihres Böseseins gerade ihr Gutsein liegt.» Übers. A. v. R.) Hillman meint damit, daß die «gute» Mutter ihre dunklen Seiten unterdrückt, aber mit dem Ich und dem Willen, eine gute Mutter zu sein, nichts erreicht. Außerdem ist die Mutter erst dann nahe ihrem weiblichen Urgrund des Mütterlichen, wenn sie erlebt, daß alle normativen kollektiven Fantasien des Mutterseins versagen. Dann erst kann sie die Suche und Versuche, wie man eine gute Mutter ist, aufgeben.

Wo alle Normen uns nicht mehr gültig erscheinen, beginnt die kreative Fantasie. Die «böse» Mutter ist gut, weil sie Grenzen setzen kann und riskiert, nicht immer geliebt zu werden. Die sogenannte gute Mutter setzt keine Grenzen, weil sie immer geliebt werden möchte. Außerdem projiziert sie ihre eigenen Abhängigkeitswünsche auf das Kind, sie delegiert ihre Sehnsüchte nach einer unbeschwerten Kindheit an ihr Kind und möchte das Kindsein an dem Kind noch einmal erleben bzw. nachholen. Die «gute» Mutter ist eine Schablone, ihre Güte ist eine Fassade, sie läßt nie ihre Dunkelheiten an das Kind heran.

Auch hat die Frau, dadurch, daß sie einem Idealbild des Mütterlichen nachlebt, ihre eigene Kindlichkeit, an das Kind delegiert, wie übrigens auch die Männer in unserer Kultur. Warum müssen wir, wenn wir frisch, naiv, einfach sind, dann «wie die Kinder» sein. Und muß unbedingt das Kind unsere Ganzheit, unser Spiel, unseren Eros, unsere kreative Befreiung tragen, fragt Hillman.[23]

Medea hat, indem sie ihre Kinder versteckte, sie dem väterlichen

Zugriff entzogen und sie auf einer anderen Ebene wieder belebt. Es heißt, sie wollte sie im Hera-Tempel unsterblich machen. Was bedeutet das anderes als daß Kinder im Palast, in dem ein Jason und ein Kreon herrschen, in dem das Weibliche gedemütigt wird, nicht leben können?

Darüber hinaus wird deutlich, daß Muttersein innerhalb patriarchaler Strukturen, die in der Gesellschaft wie auch in der Psyche wirken, zur nichtssagenden Stereotypie zu verkommen droht, und daß die Frau da keine Erosbeziehung zum Kind haben kann, weder zu ihrem inneren noch zu einem äußeren.

Genauso wie die Frau sehr lange als «Kind» bezeichnet und auch vom Mann angeredet wurde, wie sie als minderwertig behandelt oder von ihm verniedlicht wurde, rechtlos war, genauso geht die Gesellschaft mit dem Kind um. Es wird auch verniedlicht, ist rechtlos, wird verharmlost. Frauen und Kinder dürfen keinen Schatten, keine dunkle Seite haben. Die Angst vor Trieben und Sexualität machten nicht nur aus Frauen reine Engel, sondern auch aus den Kindern, auch sie waren und werden zum Teil auch heute noch als sexlose Wesen angesehen.[24]

Medeas Tat ist die Rache an der Gesellschaftsstruktur, die ihr, der Frau, ein Leben an der Seite des Mannes in Gleichberechtigung verwehrt hat. Daß sie dies nicht hingenommen hat, daß sie sich gegen Jason auflehnte, für ihre Bedürfnisse offen die Verantwortung übernahm, ist ihr Triumph.

Ariadne – Die Überaus-Reine

«Das Erlernen der Einsamkeit ist eine Kraft und nicht ein Ziel.»
Elisabeth Badinter

«Ariadne: Es gibt ein Reich, wo alles rein ist:
Es hat auch einen Namen: Totenreich.»
Ariadne auf Naxos,
Hofmannsthal

1. Herkunft

Ariadne ist wie Medea als Königstochter geboren und göttlicher Abstammung. Ihr Vater war König Minos von Kreta und ihre Mutter Königin Pasiphäe. Minos war ein Sohn des Zeus, Pasiphäe eine Tochter der Sonne. Mit diesen halbgöttlichen Eltern verbrachte Ariadne ihre Kindheit im Palast zu Knossos. Ihr Name war ursprünglich Ariagne, was die «Heilige, Reine» bedeutet, ein Beiname, den auch die Unterweltsgöttin Perspehone hatte. Zwei Schwestern von ihr, Phädra, «die Glänzende», und Aigle, «die Lichte», gehören mit zur Familie. Auf Kreta wurde Ariadne auch Aridela, die Überaus-Klare, genannt – eine Bezeichnung, mit der auch der Mond beschrieben wurde.[1] Sie ist von Anfang an mit der Nachtseite der Natur und der Psyche verbunden.

Minos selber stammte aus der Vereinigung des Zeus mit Europe, der er sich als Stier genähert hatte. Minos war ein weiser und gerechter Herrscher auf Kreta, und er soll der Menschheit die erste Gesetzgebung gebracht haben. Er regierte mit einem goldenen Zepter zusammen mit seiner Gattin Pasphäe, «die allen Leuch-

tende», über die Insel Kreta. Nach seinem Tod wird er im Reich der Schatten zum Totenrichter. Das sowie die unheimlichen Geschehnisse im Palast weisen auf eine dunkle Seite hin; Homer nennt ihn auch «den auf Verderben Sinnenden».[2]
Am Anfang seiner Herrschaft bittet Minos Poseidon, ihm aus den Meerestiefen einen Stier zur Opferung zu schicken. Poseidon tut es, aber der Stier ist so schön, daß Minos ihn behält und statt dessen einen anderen opfert. Zur Strafe veranlaßt Poseidon, daß Pasiphäe sich in diesen wunderschönen weißen Stier verliebt. Sie, die den Stier begehrt, läßt sich von Daidalos eine hölzerne Kuh bauen, in die sie hineinschlüpft. Der Stier läßt sich täuschen, vereinigt sich mit Pasiphäe, und sie gebiert den Minotauros, einen Menschen mit einem Stierkopf. Um ihn zu verstekken, läßt Minos für ihn das Labyrinth bauen, wo der Minotauros als unterweltlicher Stier, Asterios genannt, haust.
Es ist anzunehmen, daß Minos sich für das Stierkind eingesetzt hat, weil es seine nicht gelebte triebhafte und auch dunkle Seite verkörperte; jene Seite, die er von seinem Vater Zeus geerbt, der ihn als Stier gezeugt hatte und die er als Weiser und Gerechter immer hat unterdrücken müssen. Es ist denkbar, daß Pasiphäe bei dem sehr weisen Gatten, der auch als «Gesprächspartner» des großen Zeus galt, keine sexuelle Lust mehr fand, so daß sie sich dem Stier, in wilder Leidenschaft entbrannt, hingab.

2. Ariadne

Es muß unheimlich gewesen sein für Ariadne, in diesem Königspalast in Knossos, wo ihr gerechter, aber «auf Böses sinnender» Vater zusammen mit dieser sinnlichen Mutter herrschte. Sicherlich hat sie die unerlaubte Leidenschaft ihrer Mutter geahnt und die Anwesenheit des älteren Monsterbruders, der an einem Ort des Todes versteckt wurde, als unheimlich erlebt. Schreckenerregend muß es für sie gewesen sein, daß alle neun Jahre sieben Jungfrauen und sieben Jünglinge aus Athen in Knossos anka-

men, als fürchterlicher Tribut, dem Bruder zum Fraß vorgeworfen.
Ariadne und Pasiphäe wurden manchmal miteinander verwechselt, beide waren Leuchtende, jedoch die Mutter war eine Tochter der Sonne, während Ariadnes Namen auf den Mond hinweist. Ariadne war mit den Dunkelheiten der Seele vertraut. Es wird erzählt, daß der Gott Dionysos sie schon früh zur Braut erwählte und ihr einen Strahlenkranz schenkte, der einst Aphrodite gehörte.
Paisphäe versuchte, dem Gatten Minos zu entgehen, indem sie es wagte, ihre sexuelle Leidenschaft zu leben, Ariadne trennte sich von Minos auf andere Weise. Um selbständig zu werden und ihren starken, mächtigen Vater und ihre hemmungslose Mutter verlassen zu können, half sie, wie Medea, beim Brudermord mit.

3. Das Labyrinth und der Minotauros

Das Labyrinth, als Teil des Palastes gebaut, ist für den Minotauros ein Ort der Verbannung und des Todes gewesen: «Wer hier eingeschlossen bleibt, verliert das Leben.»[3] Es wurde auch «Palast der Eingeweide» genannt.
Das Labyrinth hatte aber noch eine ganz andere Bedeutung, es war auch ein Ort des kultischen Tanzes, durch den Sterben und Wiedergeburt dargestellt wurden, und Ariadne war die Gebieterin des Labyrinths, ihr zu Ehren wurde getanzt. Nach links getanzt wendete man sich dem Tod zu, die Kehrtwende nach rechts ging dem Leben entgegen. Die Wiederkehr aus dem Labyrinth wurde als Wiedergeburt gefeiert.
Für Ariadne war es sicherlich ein Ort der einsamen Zurückgezogenheit, wo sie, fern vom Machtgeschehen des Palastes, für sich sein konnte. Früh wurde sie dort mit Geburt und Tod vertraut, jenen zwei Aspekten, die das Labyrinth spiegelt. «. . . der Tanz weist auf Gefängnis und Befreiung, weist auf Tod und zugleich darüber hinaus.»[4] Das Labyrinth ist ein unerklärbares Geheim-

nis; ein Geheimnis, das erklärt werden kann, ist keines, sagt Kerenyi.
So ist auch der Minotauros, dessen Gefängnis das Labyrinth ist, Geheimnis: Ein himmlisches Sternenwesen, durch den Stierkopf mit Zeus und Dionysos, die beide oft in Stiergestalt erscheinen, verwandt, verkörpert er eine monströse Leidenschaftlichkeit, die vor der Außenwelt verborgen werden muß. Seine wunderbare Zeugung stellt ihn in die Reihe jener außerordentlichen Kinder, die früh verfolgt und oft auch getötet werden. Er stellt das Kind in uns dar, das wir vor der Verfolgung und Verachtung durch väterliche Normen schützen müssen. Daß man ihm alle neun Jahre das Fleisch von Jungfrauen und Jünglingen als Opfer vorwerfen muß, heißt einerseits, daß die Triebseite jenes junge Menschliche frißt, das zu kultiviert und intellektuell ist – denn Athen stellt zu jener Zeit Kultur und Intellekt dar –; es kann aber auch als Versuch und Hoffnung verstanden werden, daß sich diese verborgene ungebändigte Stierleidenschaft vermenschlichen möchte, indem sie sich Menschen einverleibt.

4. Theseus

Theseus war der Sohn des Aigeus, des Königs von Athen. Er wuchs am Hofe seiner Mutter auf und nahm sich das von seinem Vater hinterlassene Schwert und ein Paar Sandalen, die er unter einem Felsen hervorziehen konnte. Er besaß ungeheure Kräfte und erschlug unzählige Männer auf dem Weg nach Athen zu seinem Vater. Herakles, der Held, war sein Vorbild; wie er hatte er eine Keule, mit der er durch das Land zog und die auf seine Unbesiegbarkeit hinwies. Plutarch beschreibt ihn als einen Mann, der keine Müdigkeit kennt. Er ist als Räuber von Frauen bekannt. So tötet er Phaea, eine wilde Sau, von der auch gesagt wurde, es sei eine Frau gewesen, die ein lustvolles, ein sogenanntes ausschweifendes Leben geführt hatte.[5] Wir sehen hier wieder den Helden als Feind der Lust und des Weiblichen. Auch als Töter wilder Tiere trat er auf, ganz im Gegensatz zu Dionysos, der wilde Tiere als seine Freunde und Begleiter hatte. Schon als Knabe schlug Theseus mit seiner Keule auf ein Löwenfell ein, weil er glaubte, einen lebenden Löwen vor sich zu haben – das Fell gehörte übrigens dem Herakles.

Mit Herakles zog er in den Krieg gegen die Amazonen, also gegen Frauen, die selbständig waren und ihre Macht nicht auf Männer stützen wollten – diese bekämpfte er. Er heiratete dann auch eine Amazone, die aber in der Ehe mit ihm starb. Andere Frauenraube folgten.

Auch als Frevler, der die Ruhe der Unterwelt stört, machte er von sich reden. Mit seinem Gefährten Peirithoos wollte er Ungeheuerliches, nämlich Persephone, die Königin der Unterwelt, rauben. Damit forderte er Hades selber, den König der Unterwelt, heraus. Hades ließ die beiden auf Thronsesseln Platz nehmen und gab vor, ihnen Geschenke zu holen. Die Sessel waren aber die der Vergessenheit, der Lethe. Durch Schlangen oder Hunderte von Ketten mußten sie gefesselt auf den Sesseln sitzen, bis Herakles sie befreite.[6] Wer das Totenreich frevlerisch betritt, zeigt mangelnde Ehrfurcht vor dem Tod und will ihn, wie die beiden Helden, überwinden. Die Frauenraube deuten darauf hin, daß die Frau als Beute gesehen wird. Dieser versuchte Raub von Persephone mit Peirithoos, «dem Umherlaufenden», heißt, daß sich der Held mit seinem schweifenden, vagabundierenden Schatten das dunkle göttliche Weibliche aneignen will, frevelhaft, scherzhaft, einfach so, ohne Respekt. Seine Strafe ist dann, daß er in die Lethe, nämlich in totale Unbewußtheit, fällt, in eine Art Katatonie, denn es heißt: Sie «saßen» [da] wie gefesselt, die Selbstvergessenheit ließ sie «erstarren»[7], aus der sie auch nur eine erneute heldenhafte Anstrengung befreien kann (Herakles).

Theseus hat, wie die meisten Helden, keine Furcht vor dem Tod, und so meldet er sich als einziger freiwillig als eines der Opfer, die in Kreta dem Minotauros vorgeworfen werden sollen. Dort angelangt, empfängt ihn Ariadne. Es ist nicht überliefert, wie und ob Ariadne sich in ihn verliebt und somit Dionysos, dessen Braut sie schon gewesen sein soll, untreu wird. Als Theseus ankommt, ist sie gerade dabei zu spinnen. Sie hilft ihm, ins Labyrinth einzudringen und wieder herauszufinden, indem sie ihm die Spindel mit dem Faden gibt. Das Ende des Fadens sollte Theseus an der Türe des Labyrinths befestigen, damit er eindringen und auf demselben Wege das Labyrinth wieder verlassen konnte, denn das war die Vorschrift. Es heißt auch, Ariadne habe ihn begleitet und ihm mit dem Strahlenkranz, dem Brautgeschenk des Dionysos, geleuchtet. Nachdem Theseus den Minotauros getötet hat und dem Labyrinth entronnen ist, besteigt er mit Ariadne und ihren Schwestern Phaidra und Aigle sein Schiff. Sie landen auf der Insel Dia, auch als Naxos bekannt. Nach einer Version hat Theseus Ariadne da einfach vergessen und segelt ohne sie weiter. Es heißt, Dionysos habe Vergessenheit über ihn geschickt. Nach einer anderen Version erscheint Dionysos ihm in der Nacht und nimmt dem Helden seine Braut Ariadne weg.

5. Ariadne und Theseus

Wie bei Medea sehen wir auch bei Ariadne, daß ihre Loslösung vom Elternhaus in der männlich bestimmten Kultur über den Helden geht. Ariadne besitzt von Anfang an genug Eigenständigkeit und weibliche Initiative, um unbeschadeter als Medea mit dem Helden umzugehen. Wie in der Geschichte von Jason und Medea tritt hier zunächst das Motiv des Helfens auf. Theseus braucht Ariadne, um seine Taten auszuführen. Immer ist es weibliche Umsicht, Klugheit und Eigenständigkeit, die jedoch bei der Frau schon zu Anfang da sein müssen, damit die männliche Tat vollbracht werden kann.

Ariadne ist beim Spinnen, als Theseus auftaucht. Zum Spinnen braucht die Frau Geschicklichkeit und Ausdauer, und sie hat dabei viel Zeit nachzudenken. Vermutlich spinnt sie gerade den Faden, mit dem Theseus aus dem Labyrinth herausfinden soll.

Ohne den Faden hätte Theseus untergehen müssen, wäre er Beute des gefräßigen Minotauros geworden; genauso wie Jason Medeas Zauberkünste gebraucht hat, um das goldene Vlies zu erobern. – Und mit dem Faden fabriziert sie auch ein Mittel, das auch *sie* aus dem dunklen Palast der Eltern herausführt.
Wie Medea muß Ariadne genügend Härte besitzen, um den eigenen Bruder zu verraten. Er war ihr Tribut, das sie ihrer Selbständigkeit und Befreiung opfern mußte. Das alte Denken hat aus Medea und Ariadne «Frevlerinnen», nämlich Brudermörderinnen gemacht. Auf archetypischer Ebene stellt der Minotauros, der Asterion, Stern war, jene Kräfte, halb Kind halb Tier dar, die im Labyrinth der Seele hausen und die als zu archaisch überwunden werden müssen. Für Ariadne war diese Tötung notwendige Vorbereitung auf ihre Ehe mit Dionysos. Mit dem Faden durchschneidet sie zum Schluß auch die Bindung an das Elternhaus und trennt sich so von der Machtwelt auf Kreta.

6. Ariadnes Verlassenheit

Als Gebieterin über das Labyrinth war Ariadne in zwei Welten zu Hause. Ihr Faden stellt eine Verbindung zwischen oben und unten, innen und außen her, der jenseitigen Welt, durch die sie Kenntnis von Wandlung und Tod hat, und der diesseitigen, dem Palast ihrer Eltern, wo es um Macht und Herrschen ging und wo die Mutter ihr Liebe, Leidenschaft und List vorgelebt hat. Es ist immer leichter für eine Frau, zur Liebe zu finden, wenn sie selber eine Mutter gehabt hat, die Liebe und Sexualität nicht abgelehnt, sondern genossen hat.
Doch obwohl das Labyrinth Ariadnes Herrschaft unterstellt war, war es kein Ort, wo das Weibliche auf die Dauer bleiben kann. Ist es doch ein von einem *Mann* (Daidalos) auf Geheiß des *Vaters* Minos erbautes System, um das göttliche Stierkind zu verstekken. Zu Unrecht wird das Labyrinth als weiblich dargestellt, weil es Geburt und Tod symbolisiert. Als Ort der Eingeweide rückt es

eher in die Nähe *männlicher Projektion* vom verschlingenden Weiblichen. So ist das Labyrinth die männliche Sicht dessen, was als weiblich zu gelten hat.

Ariadne mußte zunächst ihre eigene Einsamkeit erfahren, um zu Dionysos zu finden, und das war erst nach der Trennung von Theseus möglich. Der lieblose Taten- und Machtmensch, der Frauenräuber, paßte nicht zu ihr, zu der selbständigen Frau, die einen Faden als Ausweg aus dem Labyrinth hat spinnen können. Theseus, der ewige Verführer, der eine nach der andern gewinnen mußte, hat keine Entwicklung erlebt, während Ariadne einen Prozeß durchmacht. Und er, der Frevel in der Unterwelt begangen hatte, ist für Ariadne, die selber eine Unterweltliche ist, nicht akzeptabel. Und als Braut des Dionysos ist sie gerade mit seinen unterweltlichen Seiten verbunden. So hat sie sich auch Theseus, so wird berichtet, nicht sexuell hingegeben und war deshalb, anders als Medea, an ihren Geliebten nicht so stark gebunden. Denn sexuelle Hingabe ist für eine Frau eine stark bindende Macht. Die Lust, die sie mit einem Mann erlebt, hinterläßt Spuren, sie meint, solches mit dem nächsten nicht mehr erleben zu können, jedes sexuelle Erlebnis hat Einmaligkeitscharakter bei ihr.

Als Ariadne auf Dia (Naxos) von Theseus zurückgelassen wird, erlebt sie tiefste kosmische Verlassenheit und Einsamkeit. *Dieses Erleben ist für eine Frau notwendig, wenn sie allein und ohne männlichen Schutz zu sich selbst finden will.* Hier wird deutlich, daß sie eine andere Wandlung durchlaufen hat als Medea. Ariadne hat keine Rachegefühle und kann das Alleinsein akzeptieren.

Die Insel ist hell und sonnendurchflutet, und die Einsamkeit auf Dia ist eine fruchtbare. Es ist nicht die Einsamkeit einer Frau, die meint, mit dem entschwundenen Mann alles verloren zu haben, die sich als Versagerin fühlt, weil sie überzeugt ist, ihr einziges Glück sei dahin, vielleicht sogar durch ihre Schuld: Weder Verzweiflung noch Selbstmitleid, zwei Emotionen, die immer mit Opfersein und einer Märtyrerrolle verbunden sind, haben Ariadne ergriffen. Sie wartet nicht auf einen Retter, und sie glaubt nicht, irgend etwas *tun* zu müssen. Sie fühlt sich von der Macht der Eltern und des Helden befreit. Sie *ist* auf dieser Insel und nimmt ihre Verlassenheit an. Sie ist bereit für den Tod wie auch für das Leben.

7. Dionysos

Es gibt zwei Geburtsversionen von Dionysos. Nach der einen ist er der Sohn des Zeus und einer irdischen Frau, Semele, deren Name «die Unterirdische» bedeutet. Als Semele von Zeus bereits schwanger mit Dionysos war, stiftete die eifersüchtige Hera sie an, Zeus zu bitten, ihr in seiner göttlichen Gestalt zu erscheinen. Zeus mußte ihr die Bitte gewähren, kam als Blitz zu ihr, und Semele wurde von diesem Blitz getötet und kam in die Unterwelt. Zeus nahm das ungeborene Kind von Semele und nähte es in seinen Schenkel ein, von wo aus er Dionysos dann gebar.

In der anderen Version geht es um den unterweltlichen Dionysos Chthonios, und der war ein Kind des Zeus und der Persephone. In Schlangengestalt erschien Zeus der Unterweltsgöttin, als sie gerade in einer Höhle mit Wolle arbeitete und dabei war, für Vater und Mutter ein Bild der ganzen Welt zu weben. So wurde der unterirdische Dionysos gezeugt, als seine Mutter in eine weibliche Arbeit von kosmischer Dimension vertieft war.

Als zartes Kind wurde er dann geboren, in einer Höhle, versehen mit unglaublichen Kräften. Von liebenden Ammen großgezogen, wurde er, wie kein anderer olympischer Gott, ein Freund der Frauen. Schon früh war er durch Feinde bedroht, wurde zerstückelt, gekocht, zerrissen und wieder zusammengesetzt.

Dionysos wurde auch Zagreus, «Jäger», «Zerreißer» genannt. Den frühen Verlust der Ganzheit erlebte er und trat dann später selber als einer auf, der andere zerriß und zerstückelte. Dieses Zerstückeln ist nicht nur ein Wiedergeburtsmotiv, sondern ein Hinweis, daß Dionysos als Zerrissener und Zerreißer die Ganzheit immer wieder in Frage stellen kann. 1979 schrieb ich bereits: *«Die Suche nach Ganzheit ist in der heutigen Welt illusionär geworden. Vielmehr gilt es, die innere Zerrissenheit zu akzeptieren* (wie Jung in einem Brief schreibt), *um ihr nicht immer nur außen zu begegnen.»*[8] Die Idee der Ganzheit, der Panzerung der Stärke haben wir als heldische Eigenschaften schon kennengelernt. Auch Hillman sagte 1980, daß wir Zentrierung und Ganzheit als eine abwehrende Kompensation gegen die Erfahrung von Auflösung und Dionysischem anwenden.[9]

Dionysos ist ein Freund des Weiblichen. Er ist der einzige olympische Gott, der nur Frauen als Begleiterinnen hat, die Mänaden, und der nur eine einzige Gattin in seinem Leben hatte, Ariadne. Auch ist er der einzige unter den Olympiern, der Frauen nie verachtet, sie nie verächtlich behandelt hat. Früh schon als Kind war er nur von Frauen umgeben, von Nymphen großgezogen, zog er mit den Mänaden, die auch Ammen, Pflegerinnen waren, umher: «Ihr vollkommenstes Bild heißt Ariadne.»[10] Trotzdem erweckt und erlebt er keine mütterliche Umsorgung. Deshalb ist er nicht muttergebunden, deshalb ist er ein Gebender, kein männliches Wesen, das nur haben will. Wie Hillman schon bemerkte, die nurse, die Amme ist nicht persönlich verbunden mit dem Kind, und die Geschichte des Kindes ist nicht ihre Geschichte. Die Amme nährt das Kind, wenn es schwach ist, und hilft ihm, während das Bemuttern etwas erwartet, nämlich Wachstum.[11] Das Kind ist nicht in erster Linie etwas, was Entwicklung zu etwas Besserem versprechen muß. Es ist das ewig Neue, aber auch das Unvollendete, das Revolutionäre, das, was nicht beim alten bleibt, das Wechsel verheißt, aber nicht Vollendung.[11]

Als Frauenfreund erweist Dionysos sich auch, als er in die Unterwelt herabsteigt, um seine Mutter Semele zu holen. Für die Unterwelt brauchte er einen Führer «und mußte als Preis dafür völlige weibliche Hingabe versprechen: nur so konnte er zur Mutter gelangen und sie zurückholen». Dazu benutzte er einen Phallus aus Feigenholz, der «Prossymnos», «der Vielbesungene», hieß.[12] Er hatte eigentlich seinem Führer sexuelle Hingabe versprochen, aber dieser war gestorben, als der Gott wieder zu ihm zurückkehrte, so daß er, um sein Versprechen zu halten, dann mit dem Holzphallos Sexualverkehr hatte.

So holte er seine Mutter auf die Erde zurück. Später machte er sie auch unsterblich, indem er sie in den Olymp erhob und ihr den Namen Thyone, «die schwärmerisch Rasende», gab. Während der patriarchale Mann Heldentaten vollbringt wie Drachentötung und ähnliches, um die Mutter zu überwinden, ist der androgyne Dionysos anders: Hier hat ein Mann, ein Gott, die Mutter nicht überwunden, nicht getötet nach alter Heldenmanier, sondern er hat sie wieder von den Toten heraufgeholt. *Denn Befreiung von der Mutter heißt nicht, sich ihrer entledigen.* Dionysos ehrte seine irdische Mutter. Erst wenn man die Mutter ehren kann, hat man sich von ihr gelöst. Der Preis dafür war für Dionysos sogenanntes weibliches Verhalten: Er mußte sich als Mann einem Mann, seinem Führer in der Unterwelt, hingeben. Hier wird die Androgynie des Gottes angedeutet, die seinen Mythos durchzieht, und so wird er auch immer wieder dargestellt. «Er selbst hat etwas Weibliches in seiner Natur. Zwar ist er durchaus kein Schwächling, sondern ein Kämpfer und Triumphator... Aber seine Männlichkeit feiert in den Armen des vollkommenen Weibes ihren sublimsten Sieg. Darum ist ihm, trotz seines kriegerischen Sinnes, das eigentliche Heroentum fremd.»[13]

Dionysos ist als Weingott und Stiergott und Freund der Frauen ein Gott des Lebens, ein Gott des Lichtes, «Licht des Zeus» wird er dann genannt. Als Sohn der Persephone war er Chthonios, der Unterirdische und so ein Gott des Todes. Beides stellt ein Gegenbild zum Helden dar, der weder leben noch sterben kann. Dionysos' Zerstückelung und Wiedergeburt ist keine Todesüberwindung, *sondern eine Lebens- und Todesbejahung.*

Mangel an Ehrfurcht für Dionysos und Respektlosigkeit Frauen gegenüber werden als ein und dasselbe gesehen. Dionysos bestraft die, die ihn nicht ehren, indem er sie zerreißen läßt. So ergeht es z. B. dem berüchtigten Hippolytos, Sohn des Theseus,

der nur Artemis verehren will, keusch und frauenfeindlich sein Leben fristet. Nicht nur Aphrodite zürnt ihm, weil er sie, die Göttin der Liebe, verachtet, sondern auch Dionysos nimmt, wegen Hippolytos' Frauenhaß, Rache an ihm: Als wilder Stier entsteigt er dem Meer und reißt Theseus' Sohn zusammen mit seinem Pferdegespann über eine Felsenklippe ins Meer.[14]
Auch Pentheus ist ein Mann, der zu nüchtern und kontrolliert ist und auch mit dem Tod bestraft wird, weil er Dionysos und seine Gaben verunglimpft, die Frauen verhöhnt hat und dem Fest des Gottes ferngeblieben war.
Dieser Gott stellt nach Kerenyi die zoe, das «unzerstörbare Leben» dar. Nietzsche spricht von einem «dionysischen Zustand» als einem «Willen zum Leben», es ist dies «das triumphierende Ja zum Leben über Tod und Wandel hinaus»[15]. Leben und Tod bilden in Dionysos eine Einheit. So sind die wilden Tiere, seine Begleiter und Gefährten, Inbegriff des schäumenden wilden Lebens, vor allem der Panther, der ein Zerreißer, aber auch ein überaus schönes Tier ist, das in vielen Religionen wegen seiner Schönheit und Grazie als göttlich angesehen wird. Diese Begleiter sind bei den heldischen Männern nicht zu finden. Theseus und auch Herakles trugen zwar ein Löwen*fell,* aber sie *benutzten* die Tiere als Beute, um sich darzustellen oder um eines anderen Gewinnes willen, wie dies auch heute noch besonders in extrem patriarchalen Ländern der Fall ist, wo Tierschutz fast unbekannt ist und Tiere gejagt, erschlagen und ausgehungert werden (z. B. in Mexiko, Spanien, Italien).
Dionysos hat nichts mit sexueller Ausschweifung zu tun, wie einige meinen, doch auch die keusche Jungfräulichkeit ist ihm fremd.

«Dionysos wird die Frauen niemals nötigen
Zur Keuschheit wider Kypris: ob sie von Natur
In allen Dingen maßvoll sind zu jeder Zeit,
Das untersuche, denn in Bakchos' hohem Dienst
Entartet nie ein Weib, das keusch und maßvoll ist.»[16]

Er ist ein Gott der Ekstase, des Ergriffenseins, der Begeisterung, «ein der Welt selbst innewohnender Wahnsinn, nicht jene vorübergehende oder dauernde Verstörung, die über einen Menschen als Krankheit kommen kann, keine Erkrankung, kein Verfall des Lebens, sondern der Begleiter seiner höchsten Gesundheit ...»[17] Das Zerrissenwerden erlebt der einzelne Mensch, indem er sich dem Leben leidenschaftlich hingibt, ohne zu große Angst vor Risiko, wenn er voll und mit Intensität lebt. Als Dionysos Lysios war er der Auflöser. Mit der Sehnsucht nach Auflösung alter Strukturen und Panzer ergreift uns auch die Sehnsucht nach Dionysos' Weisheit.
Seine Welt ist jedoch weder erotisierend noch ist sie mütterlich. Sie ist überschäumend, aber dadurch, daß der Tod zu ihr gehört, auch nicht grenzenlos. Ganz anders als die Suchtwelt des Dracula, die von Stillstand und Todesstarre und einer Verstiegenheit, ewig leben zu müssen, gekennzeichnet ist, hat das Dionysische Lebendigkeit und Ewigkeitscharakter.

8. Ariadne und Dionysos

Ariadne auf Naxos oder Dia ist einsam. Von Erschöpfung überwältigt, ist sie eingeschlafen. In tiefem Schlaf findet Dionysos die Braut und weckt sie, indem er mit der Hand ihr Herz berührt. Trotz der ihn begleitenden Wildheit und des Hinreißenden ist es die Berührung des Herzens, die am meisten zu Dionysos gehört.[18] Sie, die von dem Gott schon zuvor den Strahlenkranz, die *Corona borealis,* erhalten hat, wird auf Naxos seine Gattin und damit göttlich. Später steigt sie mit ihm in den Olymp auf. So ist die Hochzeit von Ariadne und Dionysos eine heilige Hochzeit und symbolisiert unsere seelische Sehnsucht nach Vereinigung von Weiblichem und Männlichem.
In Hofmannsthals Lustspiel «Ariadne auf Naxos», das die Vorlage zur Oper von Richard Strauss geworden ist, wird dieses Sehnen noch einmal deutlich. Dionysos erscheint Ariadne, und sie

hält ihn für den Tod; wenn sie ihm folgt, meint sie sterben zu müssen, aber der Gott verkündet, daß mit seinem Kommen erst das Leben anfängt, nicht nur für sie, für beide:

«Ich sage dir, nun hebt sich erst das Leben an
Für dich und mich!»[19]

Auch der Gott wird durch diese Vereinigung verwandelt. – Hofmannsthal schrieb an Richard Strauss über seine «Ariadne»: «Sie gibt sich ihm, denn sie nimmt ihn für den Tod: er ist Tod und Leben zugleich, die ungeheueren Tiefen der eigenen Natur enthüllt er ihr, macht sie selber zur Zauberin, zur Magierin ...» – «Es handelt sich um ein simples und ungeheueres Lebensproblem: das der Treue. An dem Verlorenen festhalten, ewig beharren, bis an den Tod. Oder aber leben, weiterleben, hinwegkommen, sich verwandeln, die Einheit der Seele preisgeben, und dennoch in der Verwandlung sich bewahren.»[20]

Ariadnes Treue ist kein Festhalten an Theseus, das in Erstarrung enden würde. Die Treue der trauernden Ariadne ist die zu sich selbst, zu ihrer Einsamkeit. Schon im Labyrinth hat sie Theseus mit dem Strahlen-Brautkranz geleuchtet, den sie von Dionysos erhalten hatte. Sie war immer die seine gewesen. Theseus war nur ein Übergang. Der erwartete Tod kommt nicht, sondern es kommt der unterirdische Gott, der Tod und Leben zugleich ist. So geht Ariadnes Emanzipation, ihr Freiwerden, über das Todeserlebnis.

Die tiefe Beziehung zwischen Ariadne und Dionysos hängt mit verschiedenem zusammen. Beide sind menschennahe, Ariadne ist eine Menschenfrau, Dionysos hat eine Menschenfrau zur Mutter. Beide, Ariadne und Dionysos, sind sowohl mit dem vollen Leben wie auch mit dem Totenreich verbunden. «Es gehört zum Wesen des Dionysischen, daß sich bei denen, die dem Gott nahestehen, Leben und Tod, Sterblichkeit und Ewigkeit auf wunderbare Weise miteinander vermischen. ... so gehen die Frauen, mit denen er am innigsten verbunden ist, nur durch tie-

fes Weh in die Herrlichkeit ein.»[21] Wichtig ist das androgyne Element, das beide in sich haben und das tiefe seelische Bindung herstellt, die bleibend ist. Die Androgynie des Dionysos macht die gute und nahe Beziehung zum Weiblichen aus. Auch Ariadne hat androgyne Züge: Einer ihrer Brüder hieß Androgeos, und auf Zypern gab es ein Ritual, bei dem Männer Wehen zu ihren Ehren simulierten. Sie ist nicht nur sanft. Wie die Mänaden, von denen, so wird berichtet, Ariadne auch eine gewesen ist, ist sie findig und stark, voller Vitalität. Die psychologische Realisierung der Androgynie bewirkt, daß Männliches und Weibliches nicht mehr als bi-polare Gegensätze erlebt werden und sich feindlich oder fremd als das ganz andere gegenüberstehen müssen. *Nur so, wenn die seelische Androgynie gelebt wird, könnte ein neues Verstehen zwischen den Geschlechtern eines Tages möglich sein.* Das verheißen Ariadne und Dionysos als Paar.
Androgynes ist mit Unterweltlichem eng verknüpft. Auch der blinde Seher Teiresias in der Unterwelt ist androgyn, und noch als alter Mann kränzt er sein Haar mit Efeu und zieht zum Tanz zu Dionysos' Ehren. Dies weist darauf hin, daß es eine weiblich-männliche Bewußtheit braucht, «um die unsichtbare Welt von Thanatos zu durchdringen und all jene psychischen Komponenten der menschlichen Natur, die vom Tod kommen und die nur durch die eine einzige Gewißheit der Seele verstanden werden können: den Tod. Oder um es noch präziser zu sagen: Die Annäherung an den Hermaphroditen ist ein Todeserlebnis.»[22]
Die Vereinigung von Ariadne und Dionysos stellt die Treue und Liebe zum Leben dar, wie auch die Annahme des Todes. Das Androgyne bei beiden ist Zeichen für und Gleichwertigkeit von Frau und Mann. Ariadne und Semele, Gattin und Mutter, selber zu Göttinnen geworden, sitzen mit Dionysos, dem Gott, auf dem Olymp als Gleichgestellte.
Indem Ariadne Dionysos zum Gatten nimmt, geht sie weg von der Verlassenheit, die sie als Gefährtin des Helden Theseus erlebt hatte, und kehrt zu ihrem Ursprung zurück, zu ihrer eigenen

Dunkelheit, die zu ihr als Gebieterin des Labyrinths gehört hat von Anfang an. *«Ich bin dein Labyrinth»,* sagt Dionysos zu Ariadne bei Nietzsche.[23] Er ist ihr Licht als olympischer Gott und ihre Dunkelheit als Unterirdischer. Und sie ist seine Einsamkeit und sein strahlendes Licht am Himmel, verbunden sind beide in Leben und Tod.

Ariadne bekommt von Dionysos ein Kind, das sie in der Unterwelt gebiert. Dieses Kind, im Totenreich geboren, ist auch wieder Dionysos, was besagen will, daß das Kind ein unterweltliches, seelisches ist.[24] Das neue Kind Dionysos, das von Dionysos gezeugt und von Ariadne geboren ist, garantiert, daß das Neue, Beglückende, Originale, Fantasiereiche, Wilde nicht ausstirbt. Dieses Kind ist entstanden aus der Vereinigung von einer Frau und einem Mann, die beide autonom sind, für die weder Macht noch Verzicht auf Sexualität in der Beziehung eine Rolle gespielt haben – und die einander sehr ähnlich sind.

Ausblick

«Welche Eigenschaften schätzen sie an einem Mann
am meisten: *Weiblichkeit.*
Welche Eigenschaften schätzen Sie an einer Frau
am meisten: *das Kämpferische.*»
Nach eigenen Angaben,
Peter Turrini

Während sich das Patriarchat, nach Elisabeth Badinter, in Agonie befindet, leiden Menschen in unserer Gesellschaft zunehmend an Störungen, die zwischen dem Bedürfnis nach hehrer Einsamkeit mit komplettem Auf-sich-bezogen-Sein, ohne andere wahrzunehmen und sie zu brauchen, einerseits und völligem symbiotischen Klammern an einen Partner andererseits zu finden sind. Diese Phänomene sind vielleicht als Überbleibsel, als eine Art Restsymptomatik unseres alten Gesellschaftssystems zu verstehen.

Ariadne und Dionysos stellen ein Gegengewicht zu diesen Leiden dar und können heilend auf die Seele, gegen das heldische Omnipotenzstreben, wirken. Es geht Dionysos nie darum, mit anderen konkurrierend Macht zu gewinnen, sondern um die Liebe zum Leben, darum, die Herzen zu berühren, nicht nur sporadisch, sondern für immer. Und Ariadne ist eine Frau, die ihre seelischen und geistigen Kräfte für sich einsetzt, wie sie sich auch als Herrin des Labyrinths kultischen Aufgaben, die im Dienst der Gemeinschaft stehen, widmet. Auch in der Einsamkeit, dem Tod nahe, bleibt sie selbständig und autonom. Das Ertragen der Einsamkeit auf Naxos ist der Beginn ihres Abstiegs und die Voraussetzung für ihre Vereinigung mit dem Gatten.

Denn Dionysos ist anders als jene Männer, die entweder, wie Dumuzi, zum Abstieg gezwungen werden müssen oder ihn überhaupt nicht wagen. Wir wissen, daß Dionysos freiwillig in die Unterwelt hinabsteigt, um seine Mutter Semele zu holen, und er bringt das «Opfer», weiblich und hingebungsvoll zu sein. So stellt er sich offen gegen die Gepflogenheiten, die damals wie heute unter Helden (Herakles, Theseus etc.) üblich sind.

Dionysos ist ein sozial eingestellter, geselliger Gott, der selten allein erscheint und der die Gemeinschaft von Menschen liebt. Von einem Zug von Frauen, den Mänaden begleitet, gibt er sich Musik, Wein und Tänzen hin, und mit den ihn begleitenden Frauen verbindet ihn eine Seelenverwandtschaft. Auch als Unterweltlicher werden Feste für ihn gefeiert, die er oft selber anführt. «Dionysische Bewußtheit braucht *thiasos,* eine Gemeinschaft; und diese Gemeinschaft ist nicht nur eine äußere ... sondern eine Vereinigung ... mit den Seelen anderer.»[1] Doch auch dem Tod sind beide nah. Ariadne und Dionysos zeigen uns, wie Liebe und Tod zusammengehören. Dionysos, der Ariadne als Tod erscheint, kommt als Liebender.

Heute ist es nicht nur eine persönliche Entscheidung, die jede Frau treffen muß, ob sie allein bleiben kann und dies bejaht – es ist auch ein kollektives Problem. *Denn die Erfahrung des Abstiegs, der Unterwelt, die heute immer mehr Frauen machen, wird von den meisten Männern noch nicht geteilt.* Dieses Erlebnis der Dunkelheiten der Seele konstelliert bei der Frau ein bestimmtes Bewußtsein und macht ihr die Beziehung zum patriarchal bestimmten Mann unmöglich. Und so ist es heute auch ein praktisches Problem: Wie und wo findet die neue Frau einen Mann, der nicht mehr von alten Werten geprägt, bereit ist, mit oder wenigstens nach ihr den Prozeß des Abstiegs zu durchleben, um auch selber zu seiner eigenen Dunkelheit zu finden?

Ariadnes Hochzeit mit Dionysos stellt die tiefe Seelenverwandtschaft sowie die geglückte Vereinigung der beiden Seinsweisen, Einsamkeit und sozialer Kommunion, dar. Das mysterium coniunctionis, die Verbindung von Weiblichem und Männlichem findet in Ariadne und Dionysos ihre Erfüllung; es ist möglich, weil Ariadne eine autonome Frau ist und frei. Der Geist, der Dionysos und Ariadne durchdringt, der ihre Vereinigung bewirkt, gibt Hoffnung, daß eine andere Form der Beziehung Frau-Mann, in der es keine Überlegenen gibt, auch für uns einmal möglich sein wird, und zwar dann, wenn die Gleichheit der Geschlechter hergestellt ist, ohne daß Differenzen aufgehoben sind. «Die einzige Gleichheit, die vor dem tiefer eindringenden Blick besteht, ist die Gleichheit der Gegensätze», schrieb Hofmannsthal schon vor sechzig Jahren.[2] Inzwischen gibt es auch Strömungen in der Psychoanalyse, die sich mit Androgynie und Bisexualität, nicht nur symbolisch, auseinandersetzen, sondern sie ganz konkret als psycho-kulturelles Phänomen unserer Zeit sehen. Der französische Psychoanalytiker Christian David, der von Elisabeth Badinter zitiert wird, schreibt, daß das dialektische Gleichgewicht zwischen dem Männlichen und dem Weiblichen heute gefährdet ist, daß aber auch das Unbewußte auf Veränderungen und Herausforderungen der Umwelt reagiert. Wir müssen uns deshalb dem Phänomen der Bisexualität zuwenden, weil in ihm schöpferische Möglichkeiten für eine neue Form der Geschlechterbeziehung zu finden sind. *«. . . Die Bisexualität ist – und dies ist eine ihrer Paradoxien – eine Quelle von Fremdheit, aber sie vermittelt auch Zugang zum Fremden»,* schreibt David.[3]

Darüber hinaus ist die seelische Androgynie eine innere Haltung, ein Ausweg aus dem alten Rollenverständnis, die der dionysische Geist uns aufzeigt. Sie bedeutet aber nicht Bisexualität konkret ausagiert. Wir werden an die archetypischen Gestalten von Animus und Anima C. G. Jungs erinnert, nur daß diese das Gegengeschlechtliche in der Psyche als polare Gegensätze zum Ich darstellen. Sie sind als bipolare Mächte Widersacher, zwar nicht der Seele, aber des Ich. Und da sie jeweils den unbewußten Anteil der Psyche ausmachen, reißen sie die Gegensätze weiblich-männlich auf, denn sie vertreten dem Ich gegenüber das unbewußte ganz andere. So ist im Konzept Animus-Anima das

Gegengeschlechtliche eine unbewußte und zum Teil antagonistische Macht in der Seele des Menschen, während die psychische Bisexualität, wie David und Badinter sie verstehen, als Vermittlerin und Brücke zur Verständigung der Geschlechter beiträgt. Das Gegengeschlechtliche in der Psyche wäre dann nicht mehr das «Minderwertige», weil Unbewußte.

Die Gleichheit, von der Hofmannsthal spricht, taucht immer wieder sporadisch zwischen Frau und Mann auf und verwirklicht sich da, wo beide nicht bedürftig, weder Opfer noch Retter oder Retterin sind. Wo immer und solange das nicht geht, gilt der Gedanke Ingeborg Bachmanns von «Drei Wege zum See»: Jeder muß erst für sich allein bleiben, um frei zu werden von gegenseitiger Unterdrückung und Abhängigkeit. Allein leben, es erlernen wollen, ist die Voraussetzung für eine Vereinigung von Frau und Mann in Gleichheit.

Anmerkungen

Gedanken zur Frau und ihrer Situation heute

1 *Christa Wolf,* «Kassandra», Darmstadt und Neuwied 1983.
2 *Marion Woodman,* «Addiction to Perfection», S. 132, meine Übers.
3 Ebd.
4 *Sylvia Perera,* «Der Weg zur Göttin der Tiefe», Interlaken 1985, S. 9.
5 *Perera, a. a. O.*
6 *Barbara Walker,* «Die Weise Alte», München 1986, S. 24ff.
7 Ebd., S. 24. Im Buch Henoch und den apokryphen Schriften heißt es, so Walker, die Frau sei für den Tod eines jeden Mannes verantwortlich.
8 *Horst Eberhard Richter,* «Der Gotteskomplex», Reinbek 1979.
9 *Walker,* a. a. O., S. 18.
10 Vgl. dazu das exzellente Werk von *Klaus Theweleit,* «Männerphantasien», Frankfurt 1977.
11 Vgl. die wunderbare Studie von *Christa Wolf* über Karoline von Günderrode: «Der Schatten eines Traumes», Darmstadt 1979.
12 *Theodor W. Adorno,* «Der autoritäre Charakter», Frankfurt 1973.
13 *Peter Brückner,* in: *Gisela Dischner* (Hrsg.), «Eine stumme Generation berichtet», S. 19. *Dischner,* «Frauen der Dreißiger und Vierziger Jahre», Frankfurt 1982.
14 *Anita von Raffay,* Traumbild Unterwelt, Von den dunklen Göttern der Tiefe (Reihe: Träume als Wegweiser), Olten 1986.

Sophie

1 *Thomas Mann,* «Zauberberg», Berlin 1970, S. 751.
2 «Powerless responsibility» – *Adrienne Rich,* «Of Women Born», New York 1981, S. 36.
3 *Margarete Mitscherlich,* «Die friedfertige Frau», Frankfurt 1985, S. 16.
4 *Arno Gruen,* «Der Verrat am Selbst», München 1984, S. 102.
5 Ebd., S. 99.
6 Ebd., S. 97.

[7] *Mitscherlich,* a.a.O., S. 142.
[8] *Gruen,* a.a.O., S. 96.
[9] Dieser Ausdruck stammt von Sylvia Perera.
[10] Russell Lockhart, persönl. Mitteilung.
[11] *Mitscherlich,* a.a.O., S. 100.
[12] Ebd., S. 9.
[13] Ebd., S. 158.

Zwei Märchen: «Der Bräutigam mit der goldenen Nase» und «Mr. Fox»

[1] «Der Bräutigam mit der goldenen Nase», aus: Finnische und Estnische Märchen, Düsseldorf/Köln 1962.
[2] Vgl. «Handwörterbuch des Deutschen Aberglaubens», hrsg. v. Hanns Bächtold-Stäubli, Berlin 1942.
[3] Ich verdanke diese Deutung Valerie von Raffay.
[4] Zitiert von *Klaus Theweleit,* «Männerphantasien», Frankfurt 1978, Bd. II, S. 293.
[5] «Mr. Fox», in: «Die Frau, die auszog ihren Mann zu erlösen», hrsg. v. Sigrid Früh, Frankfurt 1986.

Der Held und das Weibliche

[1] Der Ausdruck stammt von Horst Eberhard Richter.
[2] *Gruen,* «Der Verrat am Selbst», München 1984, S. 97.
[3] Sepp Maderegger, persönliche Mitteilung.
[4] *J. Lacarrière,* «Die Gotttrunkenen», Wiesbaden 1961, S. 90, ist der Titel eines Buches über die Wüstenheiligen. Vgl. auch *Anita von Raffay,* «Der Salome Komplex», in: Analytische Psychologie 12, 1981.
[5] *Ludger Lütkehaus,* «Aufstieg für den Abstieg», in: «Die Zeit», Nr. 27, 26. Juni 1987.
[6] Ebd.
[7] Ebd.
[8] *C. G. Jung,* «Über die Archetypen des kollektiven Unbewußten, GW 9I, S. 41.
[9] *Albert Camus,* «Der Mythos von Sisyphos», Hamburg 1976, S. 101.
[10] *Lütkehaus,* a.a.O.
[11] *Arno Gruen,* «Der Wahnsinn der Normalität», München 1987, S. 43.
[12] *Elisabeth Badinter,* «Ich bin Du», München 1987, S. 140.
[13] *Lacarrière,* a.a.O., S. 35.

[14] *Gruen,* a.a.O. 1987.
[15] *Gruen,* Ebd., S. 82.
[16] *Gruen* schreibt in diesem Zusammenhang: «Im Dritten Reich gab es Anstifter zum Massenmord, die sich nicht scheuten, von der moralischen Belastung des Mordens zu sprechen. Heinrich Himmler sagte im Oktober 1943 in Posen vor den versammelten SS-Gruppenführern im Hinblick auf die Judenvernichtung: ‹Von euch werden die meisten wissen, was es heißt, wenn hundert Leichen beisammen liegen, wenn fünfhundert oder wenn tausend daliegen. Dies durchgehalten zu haben und dabei – abgesehen von Ausnahmen menschlicher Schwächen – anständig geblieben zu sein, das hat uns hart gemacht› », Gruen 1987, S. 58.
[17] Er meint damit Auschwitz (A. v. R.).
[18] *Spiegel,* Nr. 28, 11. Juli 1988, Liftons Buch erschien im September 1988 unter dem Titel: «Ärzte im Dritten Reich» bei Klett.
[19] *Gruen* 1987, S. 46.
[20] Ebd., S. 137.
[21] *Klaus Theweleit,* «Männerphantasien», Frankfurt 1978, Bd. 2, S. 102. Vgl. auch *Anita von Raffay,* Beitrag zu «Polytheismus-Diskussion» in «Gorgo» 2/79.
[22] *Barbara Walker,* «Die Weise Alte», München 1986, S. 171.
[23] Vgl. Hierzu *Horst E. Richter,* «Der Gotteskomplex», Reinbek 1979.
[24] *Ulrich Greiner,* «Das Lächeln des Perschau», in: «Die Zeit» Nr. 47, 14. 11. 1986.
[25] Ebd.
[26] *Elisabeth Badinter,* a.a.O.
[27] Ebd., S. 141.
[28] Ebd., S. 147.
[29] Ebd., S. 148ff.
[30] *Sylvia Perera,* «Der Weg zur Göttin der Tiefe», Interlaken 1985, S. 45ff.
[31] Für eine detaillierte Schilderung und Auslegung des Mythos vgl. ebd.
[32] Vgl. *Diane Wolkenstein,* «Introduction», in: *Wolkenstein and Kramer,* «Inanna», New York 1983.
[33] Vgl. dazu *Anita von Raffay,* «Traumbild Unterwelt. Von den dunklen Göttern der Tiefe».

Senta und der Fliegende Holländer – versessen auf Untergang

[1] *Richard Wagner,* «Eine Mitteilung an meine Freunde», in: Der fliegende Holländer, hrsg. v. *Attila Csampai und Dietmar Holland,* S. 80.
[2] Vgl. hierzu *Erich Fromm,* «Anatomie der menschlichen Destruktivität», Stuttgart 1974, S. 335ff.
[3] *Gruen,* «Der Wahnsinn der Normalität, München 1987, S. 58.
[4] *Martin Gregor-Dellin,* «Richard Wagner», München 1980, S. 257ff.

[5] *Isolde Vetter,* «Senta und der Holländer – eine narzißtische Kullusion mit tödlichem Ausgang», in: *Csampai,* a. a. O., S. 13.
[6] *Klaus Theweleit,* «Männerphantasien», Frankfurt 1978.
[7] Vgl. hierzu *Anita von Raffay,* Interpretation der «Zauberflöte» in: «Traumbild Unterwelt», S. 73 ff.
[8] *Gruen* 1987, a. a. O., S. 153.
[9] Buch in Vorbereitung: *Anita v. Raffay* und *Heinz Gramann,* «Die Frau-Mann-Beziehung in den Musikdramen Richard Wagners».
[10] *Richard Wagner,* in: *Csampai,* a. a. O., S. 83 ff.
[11] *Richard Wagner,* «Bemerkungen zur Aufführung der Oper ‹Der Fliegende Holländer› », in: *Csampai,* a. a. O., S. 186.
[12] Ebd., S. 187–188.
[13] *Gruen* 1987, a. a. O., S. 159.
[14] Ebd., S. 57.

Dracula – Archetyp der Sucht und seine Opfer

[1] *Bram Stoker,* «Dracula», München 1986. Alle Textzitate stammen aus diesem Werk.
[2] Vgl. *Linda Schierse Leonard,* «On The Way To The Wedding», Boston 1986.
[3] Vgl. hierzu *Barbara Walker,* die dieses Problem genau erläutert, in: «Die Weise Alte», München 1986.
[4] *Penelope Shuttle* and *Peter Redgrove,* «The Wise Wound, Menstruation and Everywoman», Harmondsworth 1978, S. 266.
[5] Ebd., S. 268, meine Übers.
[6] Vgl. dazu ebd., S. 268, «In effect, the blood of Jesus has taken away the power from the blood of menstruating women, especially since Christianity is concerned principally with the values of ovulation, and women, not as representatives of the deity, but as breeding-stock to bring more sons of God into the world.» «Mit Sicherheit hat das Blut Jesu der Frau die Macht des Menstruationsblutes weggenommen, insbesondere da das Christentum primär sich um die Werte der Ovulation kümmert und Frauen nicht als Repräsentantinnen der Gottheit sieht, sondern als Zuchttiere, um mehr Söhne Gottes in die Welt zu setzen» (meine Übersetzung). Vgl. auch die detaillierte Information über den Gral als Ersatz für weibliches uraltes Wissen bei Barbara Walker, Kap. 5, a. a. O.
[7] Ebd.
[8] Vgl. auch *«Der Spiegel»* vom 14. 3. 1988, «Gefährliches Fasten – Raubbau am Körper».
[9] *Mündl. Mitteilung Albin Beck.*

Don Juan und seine Frauen

[1] Nacherzählt in Anlehnung an *Attila Csampai,* «Inhalt der Oper», in: «Don Giovanni», hrsg. v. Csampai und Holland, München 1986.
[2] Vgl. den Bestseller von *Robin Norwood,* «Wenn Frauen zu sehr lieben», Rowohlt.
[3] *Arno Gruen,* «Der Wahnsinn der Normalität», München 1987, S. 154.
[4] Ebd., S. 70.
[5] Vgl. *Csampai,* S. 16; *Felsenstein,* S. 262, in: *Csampai,* a. a. O.
[6] Ebd., S. 16.
[7] *Felsenstein,* ebd., S. 262 ff.
[8] Ebd., S. 33.
[9] Ebd., S. 266.
[10] Ebd., S. 19.
[11] *Sören Kierkegaard,* «Tagebuch eines Verführers», Frankfurt 1983, S. 211.
[12] Ebd.
[13] *James Hillman,* «Verrat», in: Analyt. Psych. 2/79, S. 99. Vgl. auch *Elisabeth Liening,* «Es gibt Wichtigeres als die Liebe: Die Liebe zum Absoluten», unveröffentl. Manuskript.
[14] Vgl. hierzu *Gruen* 1987, S. 151.
[15] *Csampai,* a. a. O., S. 22.
[16] *Adorno,* in: ebd., S. 260.
[17] *Max Frisch,* «Don Juan oder Die Liebe zur Geometrie», Frankfurt 1963.
[18] Ebd., S. 97.
[19] Dieser Gedanke stammt von Valerie von Raffay.
[20] *Max Frisch,* a. a. O., S. 94.

Der Schwierige

[1] Alle Zitate stammen aus *Hugo von Hofmannsthal,* «Der Schwierige», in: Gesammelte Werke, «Lustspiele» Bd. II, Frankfurt 1954.
[2] *C. G. Jung,* Briefe I, Olten 1972, S. 76–77.
[3] *Emil Staiger,* «Hugo von Hofmannsthal: ‹Der Schwierige›, in: *Hugo von Hofmannsthal,* Wege der Forschung, Darmstadt 1968, S. 429.
[4] *Elisabeth Badinter,* «Ich bin Du», München 1987, S. 248.
[5] *Hugo von Hofmannsthal,* «Ad me ipsum», in: Gesammelte Werke, «Aufzeichnungen», Frankfurt 1959, S. 226.

Der Weg aus der Opferrolle – «Der Fall Franza»

[1] *Elisabeth Badinter,* «Ich bin Du», München 1987, S. 142ff., schreibt: «Die Frauen erfahren ... die gleiche Behandlung wie die Juden und die Gegner des Regimes. Doch im Unterschied zu den letztgenannten, die man sterilisieren und ausrotten will, fordert das Dritte Reich die deutschen Frauen auf, ihren Körper für die Erneuerung der germanischen Rasse zur Verfügung zu stellen ... Die Nazis führen den Gedanken, daß die Frau ein animalisches Wesen sei, zu Ende und schaffen den berühmten ‹Lebensborn›, ein regelrechtes SS-Gestüt ... Am 8. Mai 1942 befiehlt Himmler die Planung einer großen Zentrale für den ‹Lebensborn›, die 400 000 Frauen aufnehmen sollte ... Die Nazi-Ideologie macht sich im Gefolge frauenfeindlicher Denker von Schopenhauer bis zu Otto Weininger die These von der Bipolarität männlich-weiblich zu eigen, ähnlich der Bipolarität zwischen Geist und Materie, Vernunft und Instinkt, Licht und Finsternis.»

[2] Alle Zitate des «Der Fall Franza» stammen aus: *Ingeborg Bachmann,* Werke Bd. 3, München 1982.

[3] *Sara Lennox,* «Geschlecht, Rasse und Geschichte», in: «Der Fall Franza», in: «Ingeborg Bachmann», hrsg. v. *Heinz Ludwig Arnold,* Darmstadt 1984, S. 163.

[4] Ebd., S. 164.

[5] Vgl. auch *Marion Woodman,* «Addiction to Perfection».

[6] *Ingeborg Bachmann,* «Wir müssen wahre Sätze finden», München 1983, S. 97.

[7] *Lennox,* a. a. O., S. 164.

[8] *Lennox,* a. a. O., S. 171.

[9] *Bernd Nitzschke,* «Männerängste, Männerwünsche», München 1980, S. 114. «Kein Grund zum Klagen: ‹Und die kühle Siggi habe ich ganz normal durchgezogen, ohne daß sie geklagt hätte hinterher›», Nitzschke, Grass zitierend, 1977, S. 577. Und dann weiter: «Nachtisch: ‹Und auch das Mädchen wurde von mir ... wie nebenbei vernascht›», aus: Grass, 1977, S. 577. – «Die vermeintliche Angst der Frau vor dem Alter: ‹Nur nicht alt werden! Nicht mehr begehrt, befummelt, begrapscht und in allen Löchern bewohnt sein von einem Stück Mann, spargellang; denn nur um das dreht es sich – um dieses ausgelatschte Stück Fummelfleisch, das ein Loch bildet, extra groß für den strammen Max›», aus: Grass, 1977, S. 579. «Soweit der Kleingärtner und Spargelzüchter Grass», schreibt Nitzschke.

[10] *Nitzschke* zitiert *Günter Grass,* «Der Butt», 1977, S. 624f.: «Aber sie sagten nur gar nichts oder nur ‹Sau!› zu ihr ... ‹Na warte, du Sau! Dich reißen wir auf, du Sau! ... Und hatten einer nach dem anderen, wie auf *Befehl* (Herv.-B. N.), einen Ständer. Und standen an zur Kommunion ... Und rotzten einer nach dem anderen ihren Rotz in sie rein ... Traten sie auch, bevor sie, nachdem sie, mit ihren Extrastiefeln ... Und einer schob ihr, als alle fertig waren, einen knackigen Tannenzapfen in die Wunde.›» Danach überrollten sie Billy mit dem Auto. Nitzschke fragt daraufhin: «Was ist die von einem Faschisten geschilderte ver-

gleichsweise archaisch anmutende Tötung durch einen Stier gegen diese mit Sadismen angereicherte Szene? Stammt sie aus einem Landserroman, einer drittklassigen Illustrierten, einem Sadoporno? Günther Grass hat sie so meisterhaft zu Papier gebracht.»

11 Z. B. *Sara Lennox,* a. a. O.

12 *Lennox,* a. a. O., S. 168. Lennox bemerkt, daß Bachmann damit auch auf die inzestuöse Geschwisterliebe zwischen Ulrich und Agathe in Musils «Der Mann ohne Eigenschaften» hinweist.

13 *Ingeborg Bachmann,* «Wir müssen wahre Sätze finden», S. 111.

14 *Ingeborg Bachmann,* Werke Bd. II, S. 159ff.

15 Ebd., S. 177.

16 Zitiert von *Sigrid Weigel,* «Ein Ende mit der Schrift. Ein andrer Anfang», in: *Ingeborg Bachmann,* a. a. O., S. 74.

17 *Ernst Bloch,* «Das Prinzip Hoffnung», Frankfurt 1959.

18 *Lennox,* a. a. O., S. 175. Im übrigen sagt Barbara Walker, daß das Nein der Frau dem Mann die größte Angst macht, weil es zu ihrer Unabhängigkeit führt.

19 *Bachmann,* «Wahre Sätze», a. a. O., S. 113.

20 *Thomas Bernhard,* «Auslöschung», Frankfurt 1986.

Medea – die Dunkle – Die mit dem guten Rat

1 *Pindar,* «Oden», München 1958, 4. Pyth. Ode., S. 80.

2 *Karl Kerényi,* «Die Heroen der Griechen», Zürich 1958, S. 284.

3 Für Medeas Geschichte stützte ich mich auf *Kerényi,* «Goddesses of Sun and Moon», Irving, Texas 1979.

4 *Ovid,* «Metamorphosen», München 1981, VII, 240ff.

5 *Euripides,* «Sämtliche Tragödien», Bd. II, «Medea», 370ff.

6 Ebd., 444.

7 Ebd., 586–612.

8 *Katherine Tyson,* «Medea: Priestess Who Guards the Dark Door», in: «Dragonflies», Irving, Texas 1980, S. 74, meine Übers. aus dem Englischen nach der Übers. aus dem Griechischen von Robinson Jeffers.

9 *Silvia Vegetti Finzi,* «Psychoanalyse und Feminismus», in: «Lettre International», Sommer 1988.

10 *Euripides,* a. a. O., 746–810.

11 *Finzi,* a. a. O.

12 *Euripides,* a. a. O., 479–515.

13 *Tyson,* a. a. O., S. 88.

14 *Christa Wolf,* «Kassandra», Darmstadt 1983, S. 20.

15 *Adrienne Rich,* «Of Women Born», New York 1976, S. 15, meine Übers.

16 *Finzi,* a. a. O.

[17] *Margarete Mitscherlich,* «Die friedfertige Frau», Frankfurt 1985, S. 10.
[18] Ebd., S. 10.
[19] Ebd., S. 16.
[20] Ebd., S. 4.
[21] Ebd., S. 30.
[22] *James Hillman,* «The Bad Mother», in: «Spring 1983», Dallas 1983, S. 171.
[23] *James Hillman,* «Loose Ends», Dallas 1978, S. 42.
[24] Valerie von Raffay, mündliche Mitteilung.

Ariadne, die Überaus-Reine

[1] *Karl Kerényi,* «Dionysos», München 1976.
[2] *Homer,* «Odyssee», 11, 320, Berlin o. J.
[3] *Kerényi,* a. a. O., S. 88.
[4] *Karl Kerényi,* «Labyrinth-Studien», in: «Humanistische Seelenforschung», München 1978, S. 255.
[5] *Plutarch,* «Theseus», New York o. J., S. 5 ff.
[6] *Kerényi* 1978, a. a. O., S. 258.
[7] Ebd., S. 258.
[8] *Anita v. Raffay,* «Polytheismus-Diskussion», in: «Gorgo» 2/79, S. 81. Vgl. auch *Roman Lesmeister,* «Außenseitertum und dionysischer Geist», unveröffentlichtes Manuskript. Vgl. auch *C. G. Jung,* Briefe I, S. 437.
[9] *James Hillman,* «Dionysos in Jung's Writings», in: «Facing the Gods», Irving, Texas 1980, S. 163.
[10] *Walter F. Otto,* «Dionysos, Mythos und Kultus», Frankfurt 1980, S. 156.
[11] Vgl. *James Hillman,* «Loose Ends», Dallas 1978.
[12] *Karl Kerényi,* «Die Mythologie der Griechen», Zürich 1951, S. 251.
[13] *Otto,* a. a. O., S. 159.
[14] *Euripides,* «Hippolytos», in: Gesammelte Werke, Bd. I, 1200–1267.
[15] *Friedrich Nietzsche,* «Götzendämmerung», in: Werke, Bd. 2, Leipzig 1930, S. 208. Vgl. auch *Tom Moore,* «Artemis and the Puer», in: «Puer Papers», Irving, Texas 1979, S. 173.
[16] *Euripides,* a. a. O., «Die Bakchen», 296–330.
[17] *Otto* zitiert von *Kerényi* in: «Dionysos», a. a. O., S. 117.
[18] Vgl. dazu *Linda Fierz-David,* «Women's Dionysian Initiation», Dallas 1986.
[19] *Hugo von Hofmannsthal,* «Ariadne auf Naxos», in: Gesammelte Werke, Lustspiele, Bd. III.
[20] «*Richard Strauss,* Hugo von Hofmannsthal, Briefwechsel», S. 130.
[21] *Otto,* a. a. O., S. 167.
[22] *James Hillman,* «The Myth of Analysis», Evanston 1972, meine Übersetzung, S. 280 ff.

[23] *Friedrich Nietzsche,* «Gedichte», Stuttgart 1964. Ich verdanke die Kenntnis dieses Gedichtes Roman Lesmeister.
[24] Vgl. *Anita von Raffay,* 1986.

Ausblick

[1] *James Hillman,* «The Myth of Analysis», Evanston 1972, S. 296.
[2] *Hugo von Hofmannsthal,* «Buch der Freunde», in: «Aufzeichnungen», Ges. Werke. Ich verdanke die Kenntnis dieser Zeilen Hofmannsthals Valerie von Raffay.
[3] *Elisabeth Badinter,* «Ich bin Du», München 1987, C. David zitierend, S. 214.

Bibliographie

Adorno, Theodor W: Der autoritäre Charakter. Suhrkamp Verlag, Frankfurt 1973

Bachmann, Ingeborg: Werke, hrsg. v. Christine Koschel, Inge von Weidenbaum, Clemens Münster. Piper Verlag, München/Zürich 1978

Bachmann, Ingeborg: Wir müssen wahre Sätze finden: Gespräche und Interviews, hrsg. v. Christine Koschel und Inge von Weidenbaum. Piper Verlag, München/Zürich 1983

Badinter, Elisabeth: Ich bin Du. Die neue Beziehung zwischen Mann und Frau oder Die androgyne Revolution. Piper Verlag, München/Zürich 1988

Bernhard, Thomas: Auslöschung. Suhrkamp Verlag, Frankfurt 1986

Bloch, Ernst: Das Prinzip Hoffnung. Suhrkamp Verlag, Taschenbuch, Frankfurt 1976

Camus, Albert: Der Mythos von Sisyphos. Ein Versuch über das Absurde. Rohwohlts Deutsche Enzyklopädie, Hamburg 1959

Canetti, Elias: Masse und Macht. Claassen Verlag, Hamburg 1984

Csampai, Attila, in: Don Giovanni, Texte, Materialien, Kommentare, hrsg. v. Attila Csampai und Dietmar Holland. Rowohlt Verlag, Reinbek 1981

Der Bräutigam mit der goldenen Nase, in: Finnische und Estnische Märchen. Eugen Diederichs Verlag, Düsseldorf/Köln 1962

Dischner, Gisela: Eine stumme Generation berichtet, in: G. Dischner (Hg.): Die Frau in der Gesellschaft, Fischer Verlag, Frankfurt 1982

Euripides: Sämtliche Werke. Alfred Kröner Verlag, Stuttgart 1958

Fierz-David, Linda: Women's Dionysian Initiation. Spring Publications, Dallas 1988

Finzi, Silvia Vegetti: Psychoanalyse und Feminismus, in: Lettre International 68, Sommer 1988

Frisch, Max: Don Juan oder Die Liebe zur Geometrie. Suhrkamp Verlag, Frankfurt 1963

Fromm, Erich: Anatomie der menschlichen Destruktivität. Deutsche Verlagsanstalt, Stuttgart 1974

Greiner, Ulrich: Das Lächeln des Perschau, in: Die Zeit, Nr. 47, 14. November 1986

Gruen, Arno: Der Verrat am Selbst. Deutscher Taschenbuchverlag, München 1984

Gruen, Arno: Der Wahnsinn der Normalität. Kösel Verlag, München 1987
Günderrode, Karoline von: Der Schatten eines Traumes, hrsg. v. Christa Wolf, Luchterhand Verlag, Darmstadt und Neuwied 1979
Handwörterbuch des deutschen Aberglaubens, hrsg. v. Hanns Bächtold-Stäubli, W. de Gruyter Verlag, Berlin und Leipzig 1929/30
Hillman, James et al.: Fathers and Mothers. Spring Publications, Zürich 1973
Hillman, James: The Bad Mother, in: Spring, an Annual of Archetypical Psychology and Jungian Thought, Dallas, 1983
Hillman, James: Dionysos in Jung's Writings, in: Facing the Gods. Spring Publications, Irving, Texas 1980
Hillman, James: Loose Ends. Spring Publications, Irving, Texas 1975
Hillman, James: The Myth of Analysis. Northwestern University Press, Evanston 1972
Hillman, James: Verrat, in: Analytische Psychologie, Karger, Basel, 2/1979
Hofmannsthal, Hugo von, und Strauss, Richard: Briefwechsel. Atlantis Verlag, Zürich 1952
Hofmannsthal, Hugo von: Ad me Ipsum, in: Aufzeichnungen, Gesammelte Werke, Fischer Verlag, Frankfurt 1959
Hofmannsthal, Hugo von: Ariadne, in: Ges. Werke, Lustspiele, Bd. III
Hofmannsthal, Hugo von: Buch der Freunde, in: Aufzeichnungen, Gesammelte Werke.
Hofmannsthal, Hugo von: Der Schwierige, in: Gesammelte Werke, Lustspiele Bd. II, Fischer Verlag, Frankfurt 1954
Homer: Odyssee. Tempel Verlag, Berlin und Leipzig o. J.
Jung, Carl Gustav: Briefe I 1906–1945. Walter Verlag, Olten 1972
Jung, Carl Gustav: Über die Archetypen des kollektiven Unbewußten, in: Ges. Werke 9 I, Olten 1985; Grundwerk C. G. Jung 2, Olten ^{2}1987
Kerényi, Karl: Die Heroen der Griechen. Rhein Verlag, Zürich 1958
Kerényi, Karl: Die Mythologie der Griechen. Rhein Verlag, Zürich 1951
Kerényi, Karl: Dionysos, Urbild des unzerstörbaren Lebens. Langen Müller, München/Wien 1976
Kerényi, Karl: Goddesses of Sun and Moon. Spring Publications, Irving, Texas 1979
Kerényi, Karl: Humanistische Seelenforschung. VMA Verlag, Wiesbaden 1978
Kierkegaard, Sören: Tagebuch eines Verführers. Insel Verlag, Frankfurt 1983
Lacarrière, J.: Die Gotttrunkenen. Limes Verlag, Wiesbaden 1961
Lennox, Sara: Geschlecht, Rasse und Geschichte, in: Ingeborg Bachmann, hrsg. v. Heinz Ludwig Arnold. Wissenschaftliche Buchgesellschaft, Darmstadt 1984
Leonard, Linda Schierse: On The Way To The Wedding. Shambhala, Boston and London 1986
Lesmeister, Roman: Außenseitertum und dionysischer Geist. Unveröffentlichtes Manuskript

Liening, Elisabeth: Es gibt Wichtigeres als die Liebe: die Liebe zum Absoluten. Unveröffentlichtes Manuskript
Lütkehaus, Ludger: Aufstieg für den Abstieg, in: Die Zeit Nr. 27, 26. Juni 1987
Mann, Thomas: Der Zauberberg. Fischer Verlag, Frankfurt 1970
Mitscherlich, Margarete: Die friedfertige Frau. S. Fischer Verlag, Frankfurt 1986
Moore, Thomas: Artemis and the Puer, in: Puer Papers. Spring Publications, Irving, Texas 1979
Mr. Fox, in: Die Frau, die auszog ihren Mann zu erlösen, hrsg. v. Sigrid Früh. Fischer Verlag, Frankfurt 1986
Nietzsche, Friedrich: Gedichte. Reclam Verlag, Stuttgart 1981
Nietzsche, Friedrich: Götzendämmerung, in: Werke in zwei Bänden. Alfred Kröner Verlag, Leipzig 1930
Nitzschke, Bernd: Männerwünsche, Männerängste. Matthes und Seitz Verlag, München 1980
Norwood, Robin: Women Who Love Too Much. Simon and Schuster, Inc., New York 1985 (dt.: Wenn Frauen zu sehr lieben, Rowohlt)
Otto, Walter F.: Dionysos, Mythos und Kultus. Klostermann Verlag, Frankfurt 1980
Ovid: Metamorphosen. Goldmann Verlag, München 1981
Perera, Sylvia: Der Weg zur Göttin der Tiefe. Ansata Verlag, Interlaken 1985
Pindar: Oden. Goldmann Verlag, Taschenbuch, München 1958
Plutarch: Lives. Random House, New York o. J.
Raffay, Anita von: Polytheismus-Diskussion, ein Beitrag, in: Gorgo, Zeitschrift für archetypische Psychologie und bildhaftes Denken. Bonz Verlag, Fellbach, Heft 2, Jg. 1979
Raffay, Anita von: Traumbild Unterwelt. Von den dunklen Göttern der Tiefe (Reihe: Träume als Wegweiser). Walter Verlag, Olten 1986
Rich, Adrienne: Of Women Born. W. W. Norton, New York 1981
Richter, Horst E.: Der Gotteskomplex. Rowohlt Verlag, Reinbek 1979
Shuttle, Penelope and Redgrove, Peter: The Wise Wound Menstruation. Penguin Books, Harmondsworth 1978
Staiger, Emil: Der Schwierige, in: Hugo von Hofmannsthal, Wege der Forschung. Wissenschaftliche Buchgesellschaft, Darmstadt 1968
Stoker, Bram: Dracula. Heyne Verlag, München 1986
Theweleit, Klaus: Männerphantasien. Verlag Roter Stern, Frankfurt 1977
Tyson, Katherine: Medea: Priestess Who Guards the Dark Door, in: Dragonflies, Summer 1980. Department of Psychology, Irving, Texas
Wagner, Richard: Mitteilung an meine Freunde, in: Der Fliegende Holländer, Texte, Materialien, Kommentare, hrsg. v. Attila Csampai und Dietmar Holland. Ricordi, Rowohlt Verlag, Reinbek 1982
Walker, Barbara G.: Die weise Alte. Frauenoffensive, München 1986

Weigel, Sigrid: Ein Ende mit der Schrift. Ein anderer Anfang, in: Ingeborg Bachmann, hrsg. v. H. L. Arnold. Wissenschaftliche Buchgesellschaft, Darmstadt 1984
Wolf, Christa: Kassandra. Luchterhand Verlag, Darmstadt und Neuwied 1983
Wolkenstein, Diane and Kramer, Samuel: Inanna, Queen of Heaven and Earth. Harper and Row, Publishers, New York 1983
Woodman, Marion: Addiction to Perfection. Inner City Books, Toronto 1982